•课程思政研究丛书•

本书出版得到北京农学院马克思主义学院2022年教育教学改革研究项目资助

综合实践引论

张子睿　郭传真　熊学艺　著

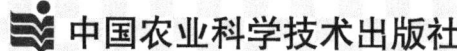

图书在版编目(CIP)数据

综合实践引论/张子睿,郭传真,熊学艺著.--北京:中国农业科学技术出版社,2022.8

ISBN 978-7-5116-5840-1

Ⅰ.①综… Ⅱ.①张…②郭…③熊… Ⅲ.①活动课程-教学研究-高等学校 Ⅳ.①G642.3

中国版本图书馆 CIP 数据核字(2022)第 132591 号

责任编辑	倪小勋 史咏竹
责任校对	马广洋
责任印制	姜义伟 王思文

出 版 者	中国农业科学技术出版社 北京市中关村南大街 12 号 邮编:100081
电 话	(010)82105169(编辑室) (010)82109702(发行部) (010)82109709(读者服务部)
网 址	http://www.castp.cn
经 销 者	各地新华书店
印 刷 者	北京建宏印刷有限公司
开 本	170 mm×240 mm 1/16
印 张	14.5
字 数	256 千字
版 次	2022 年 8 月第 1 版 2022 年 8 月第 1 次印刷
定 价	56.00 元

━━◇◆◇ 版权所有·翻印必究 ◇◆◇━━

前　言

全面提高综合素质，培养德智体美全面发展的中国特色社会主义合格建设者和可靠接班人，培养担当民族复兴大任的时代新人，首要工作就是帮助学生牢固树立"四个意识"，坚定"四个自信"。

当代中国的大学是党领导下的高校，是中国特色社会主义高校。培养政治立场坚定的大学生是高等学校的第一要务。中国高校必须坚持以马克思主义为指导，全面贯彻党的教育方针。要坚持不懈传播马克思主义科学理论，抓好马克思主义理论教育，为学生成长奠定科学的思想基础。要坚持不懈培育和弘扬社会主义核心价值观，引导广大师生做社会主义核心价值观的坚定信仰者、积极传播者、模范践行者。

加强大学生的思想政治教育工作十分必要，必须引起高度重视，高校思想政治工作必须围绕学生、关照学生、服务学生，不断提高学生思想水平、政治觉悟、道德品质、文化素养，让学生成为德才兼备、全面发展的人才。

要实现上述目标，坚持正确政治方向，强化思想政治教育工作是关键。思想政治理论课在思想政治教育工作中处于重要地位，思想政治理论课课前、课中、课后各环节都是不能忽视的，同时还要处理好思想政治理论课与其他课程之间的关系。

思想政治教育领域实践育人的重要工作，就是要开发思想政治理论必修课以外的活动空间。在国家高度重视高校思想政治教育工作的背景下，很多高校都成立了马克思主义学院，而在马克思主义学院建设过程中，一些人事编制归属于马克思主义学院，而所授课程又不属于马克思主义理论学科的教师如何更好地参与到大学生思想政治教育工作中去，是一个比较现实的问题。加强思想政治教育领域实践育人工作，需要非马克思主义理论学科教师的参与，而身处于马克思主义学院的上述教师更要首先参与。

2018年4月12日，教育部①印发了《新时代高校思想政治理论课教学工作基本要求》的通知，文件中指出："从本科思想政治理论课现有学分中划出2个学分、从专科思想政治理论课现有学分中划出1个学分，开展本专科思想政治理论课实践教学。学生既可通过参加教师统一组织的实践教学获得相应学分，也可通过提交与思想政治理论课学习相关的实践成果申请获得相应学分。"

从文件中关于思想政治理论课实践教学的要求看，思想政治理论课实践教学首先要考虑系统性，实践活动要把本科生"四门课"、专科生"两门课"作为一个整体，每一门课的工作都要围绕这个系统目标开展；其次，要保证规范性，不能把思想政治理论课实践教学和课堂教学混为一谈；最后，允许适度的灵活性，学生可以参加统一活动，也可以自主开展实践活动。

必须清醒地认识到：在国家高度重视高校思想政治教育工作的背景下，思想政治理论课实践教学活动取得了很多成果，但也面临很多亟待解决的问题。在统一开展思想政治理论课实践活动难以实现的情况下，如何保证学生自主开展实践活动效果就成为思想政治理论课必须解决的问题。以思想政治教育领域实践育人工作政策为指导，在思想政治理论课领域以外做好实践育人工作，不仅可以拓展思想政治教育工作空间，还可以形成对思想政治理论课实践教学的支撑，而且是提高学生就业竞争力的重要环节，这是时代赋予高校思想政治教育领域实践育人工作的使命。笔者结合工作探索，提出了开发"课程思政研究丛书"的想法，虽然2020年年初新冠肺炎疫情突发，但是仍然在2020年5月初完成了《课程思政实践研究》等两部作品。

2020年5月28日，教育部印发了《高等学校课程思政建设指导纲要》（教高〔2020〕3号），文件为实践育人与学生思想政治教育有机结合指明了方向，拓展了思想政治教育工作领域。同时，在基础教育领域，2017年教育部印发了《中小学综合实践活动课程指导纲要》（教材〔2017〕4号），明确指出中小学综

---

① 中华人民共和国教育部，全书简称教育部。

合实践活动课程的发展方向。

2018年起,作者结合多年来对于综合实践活动的思考,以及参与指导和评审综合实践活动项目的心得体会,深入研究了中小学阶段开展综合实践活动课程的经验,同时,对大学阶段开展综合实践活动的现状也进行了全面的调研,提出本书的写作提纲,并于2019年完成初稿。在北京师范大学科学传播与教育研究中心、北京京师同创教育咨询有限公司的支持下,笔者征询了有关教师对书稿的意见,将对于最新政策的理解融入书稿,最终完成了《综合实践引论》一书。本书一方面讨论了综合实践的基本问题、综合实践活动的动力和主客体关系、系统思想与综合实践活动、综合实践活动的环境建设、学生综合实践活动选题和研究方法等五方面的理论问题;另一方面围绕"德、智、体、美、劳"五育并举的原则,结合笔者一些工作探索分析综合实践活动与德、智、体、美、劳有机结合的路径。

在本书即将撰写完成之际,获悉《课程思政实践研究》为北京高校"三全育人"成果中专著类的三本获奖作品之一,该书获奖也鼓励作者继续完成本书,作为"课程思政研究丛书"的第三部作品,为最初的写作计划画上一个句号。

由于笔者水平有限,书中不当之处亦在所难免。恳请领导、专家、教师同行以及读者朋友们批评指正!

张子睿　郭传真　熊学艺
2022年3月

目 录

第一章 综合实践的基本问题 …………………………………………… (1)
 第一节 人类实践活动价值的哲学反思 ………………………… (1)
  一、实践是人类社会不可或缺的元素 ………………………… (2)
  二、实践在人类认识中处于十分重要的基础地位 …………… (5)
  三、理性认识向实践飞跃是学生参与实践活动的理论依据 … (7)
 第二节 学生综合实践教学活动的核心问题回顾 ……………… (8)
  一、综合实践活动的本质和层次性 …………………………… (8)
  二、综合实践活动的特点、作用、原则及学生能力培养目标 … (13)
  三、开展综合实践活动需要关注的问题 ……………………… (17)

第二章 综合实践活动的动力和主客体关系 …………………………… (19)
 第一节 综合实践活动的动力分析 ……………………………… (19)
  一、需求是综合实践活动的原始动力 ………………………… (19)
  二、人才培养目标是综合实践活动的直接动力 ……………… (24)
 第二节 综合实践活动的主客体及其关系 ……………………… (28)
  一、综合实践活动的工作主体 ………………………………… (28)
  二、综合实践活动的工作客体 ………………………………… (34)
  三、综合实践活动工作主体和客体的辩证关系 ……………… (37)

第三章 系统思想与综合实践活动 ……………………………………… (40)
 第一节 系统与系统思维回顾 …………………………………… (40)
  一、系统的类型 ………………………………………………… (41)

二、系统的特征 …………………………………………………… (48)
　　三、社会系统 ……………………………………………………… (55)
　　四、系统思维及其特征 …………………………………………… (58)
　　五、系统思维方法 ………………………………………………… (64)
 第二节　系统思考上下贯通推动综合实践活动 ………………………… (74)
　　一、坚定文化自信，上下贯通把握综合实践活动方向 ………… (74)
　　二、上下贯通开展综合实践活动需要处理好几种矛盾关系 …… (77)

第四章　综合实践活动的环境建设 ………………………………………… (87)
 第一节　学生综合实践活动的社会思想文化环境建设 ………………… (87)
　　一、丰富社会思想文化 …………………………………………… (87)
　　二、提升综合实践活动管理工作意识 …………………………… (91)
 第二节　学生综合实践活动一体化课程构建 ………………………… (103)
　　一、构建一体化综合实践活动课程 ……………………………… (103)
　　二、综合实践活动一体化课程中的教、学环节分析 …………… (108)

第五章　学生综合实践活动选题和研究方法 …………………………… (113)
 第一节　学生综合实践活动题目的确立 ……………………………… (113)
　　一、善于发现问题 ………………………………………………… (114)
　　二、学生综合实践目标具体化的基本程序 ……………………… (116)
 第二节　学生综合实践活动中的调查研究方法 ……………………… (120)
　　一、资料收集的方法 ……………………………………………… (120)
　　二、质的调查研究方法 …………………………………………… (123)
　　三、抽样方法 ……………………………………………………… (124)
　　四、问卷设计 ……………………………………………………… (130)

第六章　综合实践活动与德育工作融合 ………………………………… (137)
 第一节　围绕思政课程开展综合实践 ………………………………… (137)
　　一、学生思想政治教育系统结构 ………………………………… (137)
　　二、结合研学旅行开展德育综合实践意义及其典型案例回顾 … (139)
　　三、围绕高校思想政治理论课程开展综合实践 ………………… (143)

第二节 用课程思政理念指导高校专业综合实践·················(148)
　　一、理解课程思政工作的实践本质·····················(149)
　　二、明确参与大学生思想政治教育工作对专业课教师的要求·······(154)
第七章 综合实践活动与创新教育有机融合·····················(160)
第一节 在综合实践活动中融入创新理念······················(160)
　　一、正确理解创造创新与生产实践的关系··················(160)
　　二、综合实践活动中融合创造创新内容的对策···············(167)
第二节 理解生产实践系统演化中创新推动综合实践活动···········(175)
　　一、理解生产实践系统进化过程······················(176)
　　二、掌握生产实践系统进化的基本原则··················(182)
　　三、理解"洋为中用",促进创新教育与综合实践活动融合········(184)
第八章 综合实践活动与体、美、劳融合·······················(191)
第一节 综合实践活动与体育、美育有机结合·················(191)
　　一、综合实践活动与体育有机结合····················(191)
　　二、结合艺术鉴赏教育与实践开展综合实践活动··············(194)
第二节 综合实践活动与劳动教育有机结合··················(201)
　　一、理解马克思主义农业思想,保持涉农劳动教育的正确方向·······(202)
　　二、结合劳动教育培育工匠精神·····················(208)
参考文献···(217)

第一章 综合实践的基本问题

大凡写一本书或一篇文章，首先要回答的一个问题就是为什么要做这件事。学位论文的开题报告也有首先回答研究目的和意义的书写规范。于是，本书无法回避的事情就是要解决"教师如何做好综合实践？"这个问题所要面对的一系列话题。因此，本书开篇就要介绍综合实践的概念和综合实践的基本问题。

第一节 人类实践活动价值的哲学反思

运动和发展中的物质世界会表现出千差万别、无限多样的存在形态。在众多形态的存在中，人类社会本身这种存在对于人类具有特殊意义，需要特别加以认识。如果不能够认识人类社会的内在本质，就不可能对物质世界及其发展规律有完整、正确的理解。

人类社会作为最高的物质运动形式，是宇宙中最为复杂的一种存在，它同其他的自然存在、自然运动形式有着根本性质的区别，在一定意义上可以说，人类社会是自然本身进入自己的否定存在的一种形式，即它由自然而来又对自然进行着能动改造的物质存在形式。

在人类发展历史上，关于实践的论述可以说是源远流长。亚里士多德在《政治学》中就身心教育和训练论述了人的全面发展。他认为，体格和智力全面发展或"身心两俱"就是"超群拔类"的人。在我国古代《周礼》中记载的"六艺"，即礼、乐、射、御（驭）、书、数，是对身心、知情意行、文治武功全面发展的要求。要达成亚里士多德的"身心两俱"或《周礼》中的"六艺"，都不可能脱离实践的磨炼。

实践是马克思主义哲学的逻辑起点，是马克思主义认识论的基础。实践是人类存在和发展的根本方式，是人类实现自我教育的基本途径之一。在马克思主义者看来，实践"是人们为着满足一定的需要而进行的能动改造和探索物质世界的活动"。实践包括生产实践、处理和变革社会关系的实践以及科学实验。实践不仅可以改造自然界和社会，而且可以改造人类的思维，使人类的思维从此岸到达彼岸，体现有效的导向功能。马克思曾指出："虽然工厂儿童上课的时间要比正规的日校学生少一半，但学到的东西一样多，而且往往更多。"出现这种情况，就是因为实践具有改造人类思维、优化主体的客观教育功能，实践包含着特殊的教育功效。实践是实现人的全面发展的重要途径。

因此，我们认为：要探讨综合实践活动价值就需要对人类实践活动价值进行哲学反思。

一、实践是人类社会不可或缺的元素

观察和认识人类社会的根本出发点，反映出不同哲学的观点和原则。马克思主义哲学理论认为：人是以实践为本质的存在，人在实践活动中，首先是生产实践活动中创造了人类社会；实践既是人之所以成为人，而非动物的基础，也是社会从自然分化出来形成社会的基础。要理解人类社会的本质和特征，必须从实践入手并以实践为基础才能得到正确的了解。

（一）实践导致了人类社会的产生

恩格斯指出，劳动是"整个人类生活的第一个基本条件，而且达到这样的程度，以致我们在某种意义上不得不说：劳动创造了人本身"。恩格斯的伟大贡献，就在于他提出并确立了劳动实践的观点，从而揭示了由自然向社会、由猿向人转变的基础和机制。

人类与动物的最大区别就在于，人类不是从外部环境中摄取自然所提供的现成的物质和能量，而是依靠自己的劳动去创造自己所需要的物质生活资料，通过劳动改变外界物质的自然形态，以满足自己的生存需要，是人所特有的生存方式。所以我们说，劳动是人与动物的最根本分界线。因此，马克思主义哲学在人类社会产生问题上的观点就是：劳动生产是人及其社会存在和发展的基础，人是在劳动生产中形成的。

恩格斯在《劳动在从猿到人转变过程中的作用》一文中详细地论述了这一转变过程。首先，由于劳动，使古猿不适于抓和握的爪，逐步变成了适合劳动的手。手的形成，意味着它已具有了从事劳动的专门器官。其次，劳动提出了交流信息的需要，由此逐步形成了人类语言。再次，由于劳动和语言，促进了大脑的发展，逐步形成了人类独有的思维器官，发展出了人类的意识、精神。最后，劳动是一种社会化的活动，正是在劳动的基础上形成了人类社会，发展了人类的文化和文明。"动物仅仅利用外部自然界，单纯地以自己的存在来使自然界改变；而人则通过他所作出的改变来使自然界为自己的目的服务，来支配自然界。这便是人同其他动物最本质的区别，而造成这一区别的还是劳动。"

人和人类社会是在劳动实践中形成的，也是在劳动实践基础上不断发展的。人类形成以后，正是由于人自己的实践活动，使人类来自于自然，却超越了自然的限制，成为能够支配自然的特殊存在。

（二）人类实践活动的本质分析

中外古代的许多思想家都讲到过"实践"。他们最早是从"实行""践履"的意义上去理解实践这种活动的。"实行""践履"与"目的""知道"相对应，"实践"就是指贯彻目的的行动，实现"知"的行为。在这种理解中，虽然主要限于修身、养性的那种道德性活动，但它已把实践看作是"目的性"的活动。近代哲学，特别是德国古典哲学，进一步深化了对实践的理解。康德从意志支配的自主活动去理解，把实践看作一种理性自主的道德活动。费希特从自我设立非我的观点出发，使实践从道德领域扩展到整个理性领域，并赋予实践概念以"创造性"的内容和性质。黑格尔总结了这些思想成果，把实践理解为主观改造客观对象的创造性的精神活动。在这种理解中，黑格尔还接触到了劳动生产活动的意义。但是，所有这些理解，都只限制于精神性活动的范围之内。

马克思发现了劳动生产活动是人的最基本的实践活动，而劳动生产活动既体现着人的能动的创造性本质，又属于感性的物质活动。马克思正是把劳动生产实践看成人类全部实践活动的基础，才在认识上把实践的这两种对立的性质统一起来，建立了科学的实践理论。

实践是人类所特有的本质活动。人的活动与动物活动不同。人类在实践活动中总是怀有某种目的，使用特定的工具，采取特定的方法去改造自然对象，从而满足人的生存和生活的需要。人类这种以一定手段有目的地改造外部世界的活动，就是实践。因此，人类实践活动具有如下的特点。

首先，人类实践活动是具有客观现实性的感性活动。人类的实践活动都是在一定目的支配下的有意识的活动，人类正是依靠实践活动才能把思想、观念变成直接现实的对象存在。所以，实践活动与单纯思想、精神的活动是有根本区别的。正如马克思明确指出的，实践是"真正现实的、感性的活动"，即"客观的活动"。

其次，人类实践活动是具有创造性的能动活动。人是有思想、有理性的动物，人类的实践活动是有目的性的活动，活动的目的就是要使客观世界按照人的意志和要求得到改造，从而使自然对象成为满足人的需要的"为我之物"。人在劳动中不仅使自然物发生形式变化，同时还在自然物中实现自己的目的。

最后，人类实践活动是社会性的历史活动。在人类的实践活动中，独立的人类个体无法同强大的自然力量相对抗，个人只有在社会关系中结合为统一整体，形成超出个体的社会力量，才能战胜自然。人的实践力量是其所处的历史现状影响的，每一时代的人都只能也必须在继承前人实践成果的基础上开始自己的活动。每代人把前代人的实践力量纳入自己的活动之中，从而壮大了自己的实践能力。所以，尽管有时人类的实践活动可以表现为单个人类个体的活动，但在具体的活动中，这些单个人类个体却总是凭借人类的力量去同自然发生关系、从事实践活动。这就是实践的社会性和历史性。

人类的实践活动的过程包括目的、手段、结果三个基本环节。目的是人从事实践活动的出发点，是人类从事活动所追求的目标。实践活动就是凭借一定的手段以实现目的的活动。手段是人对外部对象所采用的作用方式，是目的在客观对象中实现自身的中介。手段依目的选定，并在目的制约下发挥功能，因而手段中体现着强烈的目的性。实践的结果是在外部世界中以客观形式实现了主观目的，一般表现为劳动产品。马克思指出："劳动的产品就是固定在某个对象中、物化为对象的劳动,这就是劳动的对象化。"

随着物质生产实践的发展,人类在物质生活基础上,又有了精神文化的创造活动。这也是一种社会实践活动,它包括科学实验、文化教育和意识形态的创造等。科学、艺术和教育等实践构成人类总体实践的必要环节和部分,在人类社会生活中起着越来越重要的作用。

二、实践在人类认识中处于十分重要的基础地位

人类社会的实践活动对认识起着决定的作用,是整个认识过程的基础。实践在认识中的基础性地位或对认识的决定作用,主要表现在以下四个方面。

(一) 实践是认识的动力

实践是人们有目的地改造和探索客观世界的物质活动,它总是在一定认识的指导下进行的。人们要改造世界就必须认识世界,认识是适应人类实践活动的需要而产生的。

人类的认识活动,总是为各个时代社会实践的特定需要服务的,科学研究的任务是围绕着人类实践需要这个中心来确定的。在古代,游牧民族和农业民族确定季节、了解气候,以及后来航海的需要,产生了天文学;丈量土地、衡量容积和其他计算上的需要,产生了数学;建筑工程、手工业以及战争的需要,产生了力学;天文学和力学的发展又促进了数学的发展。近代资本主义生产的发展,产生了对新动力的需要,在这种需要的推动下,出现了蒸汽机。对蒸汽机的研究和改造,又进一步推动了动力学、热力学和机械学的发展。正如恩格斯指出的:"资产阶级为了发展它的工业生产,需要有探索自然物体的物理特性和自然力的活动方式的科学。"

(二) 实践为认识提供物质条件

人类实践活动提出的问题归根到底只能依靠实践来解决。实践不仅产生了认识的需要,而且通过创造出必要的物质条件,提供了认识及其发展的可能性。

从对自然科学认识看,生产实践不是只发考题的主考官。它既提问,又给解决问题提供物质的保证,包括提供经验资料,提供科学研究所需的实验仪器和工具等。恩格斯指出,近代工业的巨大发展"不但提供了大量可供观察的材料,而

且自身也提供了和以往完全不同的实验手段，并使新工具的制造成为可能。可以说，真正有系统的实验科学，这时候才第一次成为可能"。

恩格斯在谈到唯物史观创立的社会历史条件时指出，近代机器大生产的出现，使社会的阶级关系简单化，使阶级斗争、政治斗争与经济关系、物质生产的联系更清楚地表现出来，使历史的动因与它的结果之间的联系更清楚地表现出来，只有在这时人们才能揭示历史的动因，发现历史发展的规律。他说："在以前的各个时期，对历史的这些动因的探究几乎是不可能的，因为它们和自己的结果的联系是混乱而隐蔽的，在我们今天这个时期，这种联系已经非常简单化了，因而人们有可能揭开这个谜了。"因此，我们认为物质生产实践的发展为人们正确地认识社会历史的本质和规律提供了可能。

（三）实践是认识的来源

实践为认识提供动力和物质条件，这还只是为认识创造了可能。一方面，任何事物在自发存在的状态下是不可能充分显示它多方面的现象的，只有改变它的状态和环境，把它置于各种不同的条件、不同的关系之中，才能使它许多隐匿着的现象呈现出来；另一方面，人们只有使自己的肉体感官同事物的现象接触，才能使这些现象反映到头脑中来，成为感觉经验，从而为把握这一事物的本质和规律准备必不可少的材料。因此，要认识某一对象的本质和规律，就只有亲身参加变革这一对象的实践，除此之外别无他途。要认识某一物质生产的本质和规律，就得参加这种生产过程，进行变革原材料的实践；要认识某一阶级斗争的本质和规律，就得参加这种阶级斗争的过程，进行变革阶级关系的实践；要认识某一物质的结构和性质，就得参加科学实验，进行变革这种物质的实践。实践是认识的唯一来源，"实践出真知"简洁地概括了这一原理。

（四）实践是检验认识真理的唯一标准

人们要在实践中实现预想的目的，必须使自己的认识符合客观实际，即符合客观外界的规律性，否则就会失败。因此，对人们改造世界的任务来说，认识是否符合实际是一个至关重要的问题。要检验和判定某种认识是否符合实际，即是否具有真理性，需要有一个客观的可靠的标准，这个标准也只能是实践。这是实践在认识中的基础地位的又一重要内容。

因此，认识是来源于实践，为实践服务，并受实践检验的。离开实践的认识是不可能的。这就是马克思主义关于认识对实践的依赖关系的根本观点。

三、理性认识向实践飞跃是学生参与实践活动的理论依据

在学生综合实践教学活动中，理论知识是基础，但是要检验理论的正确性和把理论应用于实践都必须开展实践活动。

一方面，由理性认识向实践的飞跃，是理性认识本身发展的要求，是检验理论和发展理论的过程，因而是整个认识过程的一个必不可少的环节。正如毛泽东指出的："理论的东西之是否符合于客观真理性这个问题，在前面说的由感性到理性之认识运动中是没有完全解决的，也不能完全解决的。要完全地解决这个问题，只有把理性的认识再回到社会实践中去，应用理论于实践，看它是否能够达到预想的目的。"这就是说，要检验理性认识是否正确，唯一的途径就是由理性认识能动地飞跃到实践，也就是开展理论指导下的实践活动。

理性认识不但需要检验，而且需要发展。理性认识的发展同样离不开实践。理性认识归根到底还是在实践中对客观事物的反映，是对实践经验的概括和总结。只有让理性认识重新回到实践中去，从不断发展着的实践中汲取新的经验，才能保持自己的生命力，不断地得到丰富和发展。

另一方面，由理性认识向实践的飞跃，也是实践本身的要求，是整个认识过程的必然归宿。人类把握事物的本质和规律，形成理性认识的根本目的就是在认识世界的基础上自觉地、能动地改造世界。正如毛泽东所说："辩证唯物论的认识运动，如果只到理性认识为止，那末还只说到问题的一半。而且对于马克思主义的哲学说来，还只说到非十分重要的那一半。马克思主义的哲学认为十分重要的问题，不在于懂得了客观世界的规律性，因而能够解释世界，而在于懂得了这种对于客观规律性的认识去能动地改造世界。"

列宁曾说，"没有革命的理论，就不会有革命的运动"。毛泽东更为明确地指出，在一定的条件下，理论可以对实践起主要的决定作用。然而，马克思主义重视理论，正是因为理论能够指导实践。"如果有了正确的理论，只是把它空谈一阵，束之高阁，并不实行，那末，这种理论再好也是没有意义的。"

人的全部活动无非是两个方面，一是认识世界，一是改造世界，或者说，一是在实践中形成思想，一是在实践中实现思想。第一次飞跃解决的是认识世界、形成思想的问题，第二次飞跃解决的主要是改造世界、实现思想的问题，同时又是认识过程的继续和完成。第一次飞跃是第二次飞跃的准备，第二次飞跃是第一次飞跃的归宿。由于第二次飞跃内在地包含着第一次飞跃的成果，因而它比第一次飞跃具有更大的能动性。正如毛泽东所说："认识的能动作用，不但表现于从感性的认识到理性的认识之能动的飞跃，更重要的还须表现于从理性的认识到革命的实践这一个飞跃。"

开展学生综合实践教学活动，正是把学生在课堂上学到的思想政治和业务专业理论知识应用到实践中，检验理论的正确性，同时通过实践活动获得新的理性认识，发展理论的一个过程。

第二节　学生综合实践教学活动的核心问题回顾

21世纪全球竞争的关键是人才的竞争，人才竞争的基础保障则在于教育。高校是全面实施素质教育、培养学生职业能力的关键场所，是国家创新体系的重要组成部分，在加强基础知识和基本理论教学的同时，高度重视学生实践能力的培养，造就能适应21世纪知识经济要求的人才，已成为高校的重大历史使命。

现代社会化大生产，越来越要求人的全面发展，适应社会主义现代化建设需要的人才，是理想、道德、知识、智力与技能，以及体质、心理素质等诸多因素全面发展，相互协调的人才。学生参加综合实践活动，是培养德智体美全面发展的人的不可缺少的重要环节。

组织学生参加综合实践活动是中国特色社会主义教育的重要组成部分，是全面贯彻党的教育方针，推进学生素质教育的重大措施和不可缺少的环节，是促进教育与科技、经济结合的重要形式和途径。因此，在理解实践的基本问题下，进一步讨论综合实践的内涵和外延。

一、综合实践活动的本质和层次性

《中共中央　国务院关于深化教育改革全面推进素质教育的决定》站在国家

兴衰、民族存亡、科教兴国的高度，提出实施素质教育的紧迫性、重要性和战略性，提出："学校教育不仅要抓好智育，重视德育，还要加强体育、美育、劳动技术教育社会实践，使诸方面教育相互渗透、协调发展，促进学生的全面发展和健康成长。"这一要求明确了社会实践在素质教育中的地位，即社会实践是实施素质教育的重要教育环节。要更好地理解大学生综合实践活动的内涵和外延，就需要界定大学生综合实践活动的概念。

马克思主义哲学辩证地分析了实践的矛盾本性，认为必须从主观与客观、人与世界的对立统一关系中去把握实践。从历史上看，是劳动实践使人类从自然界中分化出来，并使统一的物质世界分化为物质和精神两个对立的方面。同时，又是由于人的实践活动才使人们的主观意识能够反映客观物质世界，并改造客观物质世界。因此，实践既是主观与客观、人与世界对立的基础，又是使对立双方达到统一的基础。马克思说："环境的改变和人的活动的一致，只能被看作并合理地理解为变革的实践。"列宁说主体和客体、主观和客观的"交错点＝人的和人类历史的实践"。毛泽东则进一步把实践简要地规定为"主观见之于客观的东西"。这些都是从实践的矛盾本性出发对综合实践概念作出的科学规定。

教育部《中小学综合实践活动课程指导纲要》规定："综合实践活动是从学生的真实生活和发展需要出发，从生活情境中发现问题，转化为活动主题，通过探究、服务、制作、体验等方式，培养学生综合素质的跨学科实践性课程。"同时，该文件规定："综合实践活动是国家义务教育和普通高中课程方案规定的必修课程，与学科课程并列设置，是基础教育课程体系的重要组成部分。该课程由地方统筹管理和指导，具体内容以学校开发为主，自小学一年级至高中三年级全面实施。"文件中已经从课程角度将中小学综合实践活动课程设计给出非常明确的规定，而在大学阶段虽然没有以"综合实践活动"为名称的课程，但是却有很多有着综合实践属性的教学环节和学生活动。

因此，为了更好地展开讨论，综合大学和中等职业学校教育相关活动，对整个教育阶段涉及的广义综合实践给出一个定义十分必要，我们在教育部文件表述略作修改给出全教育阶段综合实践的定义如下：所谓广义综合实践活动是教育工作者从学生的真实生活和发展需要出发，从专业学习和生活情境中发现问题，转化为活动主题,通过探究、服务、制作、体验等方式,培养学生综合素质的跨课程乃至跨学科专业的实践性活动。

在普通高中和义务教育阶段,学科是对应着具体的课程。因此,综合实践活动体现为跨学科性,按照教育部《中小学综合实践活动课程指导纲要》主要包括考察探究活动、社会服务活动、设计制作活动(包括信息技术、劳动技术两个小类别)、职业体验及其他活动,共四大类五小类活动。

在大学和中等职业教育的教学体系中,更多的是以专业为区分的。在专业学习中一些课程在完成理论教学之后,会开展一些课程性实习、实践或课程设计,这种活动带有一些综合性,这是一种性质的综合实践活动。同时,那些把一个专业不同课程综合起来的专业类活动是第二个层面的综合实践活动,主要表现为毕业前的综合性实习、毕业设计或毕业论文等。同时,还有为了全面提高学生素质,尤其是学生思想政治素质的跨专业的综合实践活动,可以归为思想政治教育类综合实践活动。这样就形成了三个不同层次的综合实践活动。因此,要深入研究思想政治理论课实践教学,就需要对类型有一个概貌性的了解。大学和中等职业教育阶段的综合实践活动主要包含如下几种。

1. 思想政治理论课实践教学活动

思想政治理论课实践教学活动,是思想政治理论课的组成部分,该活动是以理论教学为基础,为了进一步巩固思想政治理论课所讲授的内容,深入社会开展课程实践教学活动。该项工作应该由教师全程掌控。

2. 大学生暑期社会实践活动

大学生暑期社会实践活动,从20世纪80年代开展以来,已经发展成为目前高校中影响力最大的大学生综合实践活动。

大学生暑期社会实践活动是指大学生利用暑期进行的时间相对集中的、大规模、大面积的社会实践活动。其内容十分丰富,包括社会调查(去革命老区、大中企业、乡镇企业、边远山区、经济特区参观访问、调查研究)、社会服务(面向社会各界的科技服务、教育服务、医疗服务、文化服务)、企业咨询(技术咨询、管理咨询)、专业调研(承担某项科研课题,围绕着课题需要进行的调查研究)、科技扶贫、智力支乡、回乡考察、义务劳动、社会宣传、慰问演出等。

大学生暑期社会实践活动，每年一次，时间集中，参加人数多，社会接触面大，一方面可以促使每个大学生树立理想、坚定信念、了解国情、热爱劳动人民、增长才干，另一方面可以在高校范围内形成关心祖国、面向社会、服务人民的群众观念和良好风尚，是一种十分重要的大学生实践活动形式。

3. 科技、文化、卫生"三下乡"活动

科技、文化、卫生"三下乡"活动是大学生们持续多年的一项社会实践活动，并且已取得了可喜的成果。"三下乡"社会实践活动的内容包括科技扶助、企业帮扶、文化宣传、医疗服务、法律普及、支教扫盲、环境保护等。在实践中，大学生可以充分发挥自身的知识技能优势，深入农村乡镇、田间地头乃至农户家中，广泛开展支教扫盲、文艺下乡、图书站建设、企业咨询会诊、卫生常识普及等多种形式的志愿服务活动，受到了基层干部和人民群众的欢迎。

4. "青年志愿者"活动

大学生"青年志愿者"活动是大学生积极响应团中央号召，利用课余时间和假期开展了形式多样的"青年志愿者"活动，大学生通过悬挂横幅、散发传单、现场解说、图片展览、出黑板报等方式，弘扬中华民族的传统美德和新时代先进的道德观念。

大学生"青年志愿者"活动囊括了以大学生利用周末、节假日或平时课余时间走上社会，从事各种义务服务活动（不取报酬）为载体的社会服务活动，以及公益劳动和环境保护活动等多种实践活动。北京奥运会期间，大学生"青年志愿者"活动成为奥运志愿者活动的重要组成部分。一句"志愿者的微笑是北京最好的名片"成为中国大学生和中国"青年志愿者"活动的最佳诠释。

5. 社会调查和考察

社会调查和考察是社会实践常用的重要形式。毛泽东同志曾指出"没有调查就没有发言权"，社会调查一般结合课程学习和论文工作进行，既可以安排在平时，也可以放到寒暑假和节假日，既可以分散进行也可以集中组织。北京市科学技术协会结合大学生暑期社会实践活动开展大学生暑期社会实践科普调研报告征文比赛，已经成为展示首都高校大学生交流暑假社会调查和考察成果的平台。

6. 专业实习和专业性社会实践

专业实习是结合专业教学进行的劳动实践，一般分为校内和校外两种类型。

专业性社会实践指除专业实习之外，大学生在毕业设计（论文）之前，集中三个月、半年或一年，到专业对口单位跟班实践。由于实践时间长，又是以普通工作人员的身份跟班工作，对国情民情了解得更全面、更深入，角色的变化又有效地增强了学生的社会责任感，较长时间的实际工作也为发挥学生的业务专长提供了广阔的舞台。这一活动在我国计划经济时代被长期采用，效果很好。随着市场经济的发展，有偿实习不断增加，使这种实践形式逐步减少，近年来，专业性社会实践又以岗位实习形式出现，受到了高校师生和大学生家长的一致好评。

7. 勤工助学活动

勤工助学指大学生利用课余时间，参加体力或智力活动，获得一定的劳动报酬，以资助学习的实践活动，是社会实践活动的有偿形式。高校在组织勤工助学活动中，一般优先安排生活困难、学习刻苦的同学。勤工助学活动有利于培养学生的自强、自立精神，热爱劳动、艰苦奋斗精神，树立参与意识，锻炼工作能力，也有利于家庭困难的学生减轻家庭负担，顺利完成学业。

8. 军　训

军训一般安排在大学一、二年级，内容包括军事训练、政治教育、品德作风教育和国防教育。军训有利于大学生克服自我中心意识和懒散作风，树立国防观念、纪律观念和集体观念，培养吃苦耐劳的精神和克服困难的坚强意志。

9. 挂职锻炼

挂职锻炼指学生参加社会实践活动期间，按照社会实践的教育要求，根据学生的个人条件和接受单位的可能性，在社会实践活动接受单位担任某项具体职务的实践活动，如担任乡、镇团委副书记或团委书记助理，中小企业、乡镇企业厂长助理、工程师助理等，主要指组织高年级学生到城乡基层挂职锻炼。这种方式的优点是让学生直接承担一部分基层的管理工作，从"旁观者"变成"当事人"，有利于学生更深入地了解社会、了解国情，更普遍地接触劳动人民，锻炼实际才干。北京市在1988年组织了"百乡千厂挂职锻炼"活动，收到了很好的效果。此后，该活动受到团中央[①]的关注，并将其逐步纳入大学生暑期社会实践活动中去。

---

① 中国共产主义青年团中央委员会，全书简称团中央。

10. 党团组织活动

学生党支部和团支部主办的党团活动,如北京举办的红色"1+1"活动等。

二、综合实践活动的特点、作用、原则及学生能力培养目标

在前述实践活动,专业实习和专业性综合实践、军训属于专业性很强的特殊环节,勤工助学活动大多数属于个人行为,其他都属于比较典型的综合实践活动。而思想政治领域实践工作属于国家通过文件明确要求开展的实践活动,也是综合实践的排名第一的工作。因此,分析综合实践育人工作的典型问题十分必要。

(一)综合实践育人工作的特点

1. 理论和实践双重性

综合实践育人工作既有课程教学的属性,又有社会教育的属性,是连接课堂教育和社会教育的重要纽带。它不仅仅是理论指导实践的第一课堂的延伸,而且是学生在实践中形成新的理性认识的基础。

2. 多功能综合协同性

综合实践育人工作的教育目标或价值,既可以体现在认知发展、实践能力形成等多方面素质提升,也可以体现在情感体验、品德与态度等树立正确的世界观、人生观、价值观方面。在具体的实践活动中,既可以进行德育,也可以进行智育、体育、美育、劳动教育和心理教育等多方面的教育内容,进而达到综合而不单一的教育目标、任务。

综合实践育人工作要求各门思想政治理论课程教师之间、学校其他课程教师与家长及社会有关机构人员之间相互配合,家庭、学校、社会形成合力,协同完成任务,而且要求学生在充分发挥自己进行评价的同时,充分利用与合作伙伴相互交流、分享成果的机会,培养锻炼人际交往能力和团队合作的精神。

3. 全员参与性和开放性

综合实践育人活动是学生作为社会政治生活、经济生活、文化生活的一员,广泛地参与到广阔的大自然改造和丰富的社会活动之中,亲自接触和感知各种人

和事，通过了解社会，从而增加对理论知识理解、社会的生活积累，并获得对社会物质文化、精神文化和制度文化的认知、理解、体验和感悟的经历，这个过程中要求每一个学生必须参加，一个都不能少。思想政治领域实践育人工作的开放性包括：①活动内容具有开放性——在思想政治教育理论指导下，具体选题足够开放；②在大自然和人类社会的广阔天地中去学习和发展，活动时空与形式具有开放性；③活动评价的过程和活动开展的开放性等。

4. 稳定性和灵活性

随着综合实践育人工作的深入开展，在不断探索和总结经验的基础上，为保证该项活动能持久有效地开展，已逐步建立了一套行之有效的规章制度，很多高校建立了一批"思想政治教育实践基地"和"专业实践基地"，为思想政治领域实践育人工作持久、稳定地开展创造了有利的条件。在此基础上，高校有关部门开始不断尝试用新的运作方式来开展综合实践育人活动，从经费保障到具体形式都不断创新，使综合实践育人工作不断向前发展。

(二) 综合实践育人工作的作用

综合实践育人活动作为我国教育的一个重要组成部分，在教育中发挥着不可替代的重要作用。具体地说，综合实践育人工作的作用表现在以下几个方面。

1. 促进学生的健康成长

思想政治领域实践育人工作使大学生加深对思想政治理论的理解，坚定正确的政治方向；通过使学生接触人民群众，有助于他们加深对人民群众的了解，同人民群众建立感情，树立全心全意为人民服务的思想；通过使学生了解社会对知识和人才的需求，增强勤奋学习、奋发成才的责任感；通过探究近现代历史遗迹、了解改革和建设的长期性和复杂性，克服偏激急躁情绪，增强维护社会稳定的自觉性，并最终促进大学生思想政治素质的提高。

专业领域的综合实践活动使大学生在实践中检验自己的知识和技能，发现自身知识、能力结构的缺陷，主动调整知识和能力结构，培养学生不断追求新知的科学精神，激发学生的学习积极性和主动性。

不仅如此，综合实践活动还有利于学生社会角色的转变，强化其角色类型的分辨能力，角色扮演心态的健全能力，角色的适应能力。社会实践有利于提高学生的实际工作能力,如心理承受能力、适应能力、人际交往能力、组织管理能力和应变创新能力等。

2. 促进教育的改革和发展

综合实践活动可以加强学校与社会的联系,有利于动员社会各个方面的力量,加强和丰富学校的教育工作体系,拓宽新形势下加强和改进教育工作的新路子,为学校工作注入生机和活力。

(三) 综合实践育人工作应当坚持的原则

在开展思想政治领域实践育人工作时,应遵循如下原则。

1. 旗帜鲜明

"旗帜鲜明"就是指在思想政治领域实践育人工作中要坚持以正确政治方向为指导。思想政治领域实践育人工作,作为社会主义高等学校教育不可缺少的组成部分,它必须以马克思列宁主义、毛泽东思想、邓小平理论、"三个代表"重要思想、科学发展观、习近平新时代中国特色社会主义思想为指导。要坚持正确政治方向,强化思想政治理论价值引领功能;以综合实践活动为抓手,增强学生获得感,实现思想政治教育和学生综合素质提升,内容有虚有实、有棱有角、有情有义、有滋有味是必由之路。

2. 周密策划

"周密策划"就是指在活动开始前要精心组织。在具体工作中要重点把握好三个环节:一是事先进行动员、联系,确定社会实践的内容和形式、参加人员、接待单位、经费来源等;二是活动开展过程中,带队教师、干部和学生骨干进行精心的指导,帮助学生解决在活动过程中遇到的思想问题和实际问题,对于可能出现的消极因素进行引导;三是活动后,对活动成果进行总结、消化,对好的经验进行推广。

3. 因材施教

"因材施教"就是指综合实践活动应当根据不同教学阶段、大学生阶段不同学科、不同年级、不同专业学生的思想特点和教育的要求,有针对性地确定具体的实践教学主题和内容、形式,使学生能够通过参加实践教学活动更好地全方面受到教育。在具体的工作中要根据不同专业、不同年级学生的专业特点和专业水平，精心安排实践教学活动的内容。充分发挥教师在实践教学活动中的指导作用，保证实践教学工作方向。

（四）综合实践活动对学生能力的要求

现代社会的发展对各行各业的工作人员的素质要求越来越高，社会主义经济建设需要的人才，是理想、道德、知识、智力与技能，以及体质、心理素质等诸多因素全面发展，相互协调的人才。人才素质的构成是全方位的，它包括人的知识储备、职业素养、表达能力等。

传统的观点认为，人才按其知识和能力结构的类型可以分为学术型（科学型、理论型）、工程型（设计型、规划型、决策型）、技术型（工艺型、执行型、中间型）和技能型（操作型）。工业文明需要大批训练有素的劳动者，这就要求学校按一个统一的模式把成批学生制造成规格化的"标准件"去满足工业文明的需要。现代社会对人才需求是全方位的，对人才的素质要求也是全方位的。在扎实的本专业基础理论和专业应用技能之外，人的非专业素质成为衡量人能力的关键。因此，人才需求的类型与传统的类型有着较大的区别，即便是普通劳动者也不是简单操作型人才。

适应现代社会的能力主要有思维能力、表达能力（包括书面表达能力和口头表达能力）和解决问题能力。在此基础之上加上良好的心态就形成了现代人才社会实践能力体系，如图1-1所示。简而言之，现代人所需能力的核心就是以良好的心态为基础的综合解决问题能力。

分析图1-1，不难发现要做好综合实践育人工作，就要全面提升学生综合素质。这就要求在培养学生参与实践活动过程中，应该在传统教育注重的共性发展、社会本位基础上，注重个性的发展、个人本位，注重传统教育手段和现代教育手段结合；把传统教育注重知识，学生勤奋、踏实、谦虚，与现代教育注重智力开发、综合能力培养，学生兴趣广、视野宽、胆子大、敢冒险结合起来；把传统教育强调知识的严密、完整、系统，与现代教育注重掌握知识的内在精神和发展方向结合起来；把传统教育强调学生基础知识扎实，与现代教育强调学生自立、开拓结合起来；把传统教育强调求实的作风，与现代教育追求浪漫的风格结合起来；把传统教育"学多悟少"，与现代教育"学少悟多"结合起来。上述观念是培养学生综合素

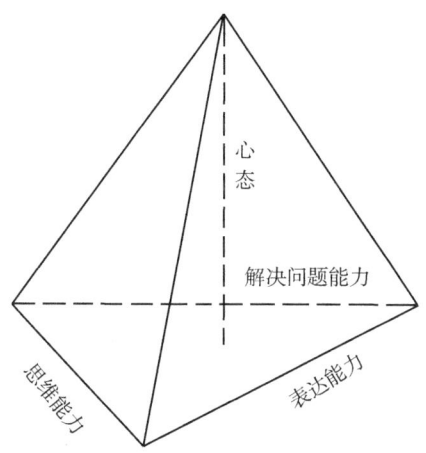

图1-1 现代人非专业能力体系结构

质的核心,也是开展综合实践活动需要解决的重要问题之一。

三、开展综合实践活动需要关注的问题

开展综合实践活动是一种新的教育形态,因此,在研究综合实践活动时有如下一些问题是需要回答和思考的。

第一,为什么要进行综合实践活动?谁是综合实践活动的主体?综合实践活动的客体有哪些?

第二,综合实践活动和理论教学有什么区别和联系?综合实践活动是具体的,但是否学生参与或体验之后就算进行了综合实践活动?如果认为学生参与具体活动就是进行综合实践活动了,那么这种活动和由来已久的一般实践活动有何区别呢?如果认为学生体验了某种活动就是进行综合实践活动了,那么这种活动和职业体验、专业学生实习又有何区别?

第三,如何在综合实践活动中"实现全程育人、全员育人、全方位育人",融入思想政治工作元素,并努力实现大学、中学、小学开展综合实践活动的有效衔接?

第四,当代的生产和生活实践中存在各种形式的劳动,如简单劳动和复杂劳

动、体力劳动和脑力劳动、传统劳动和数字化劳动、重复性劳动和创造性劳动等，这种差异是否会影响到综合实践活动项目的选择？

第五，我国的教育方针强调"德、智、体、美、劳"全面发展，在努力实现综合实践活动和德育工作有机结合的同时，是否还需努力实现综合实践活动和智育、体育、美育、劳动教育四方面工作的有机结合？

第六，综合实践活动涉及的技术和工具的发展是社会进步的关键要素，是否需要在综合实践活动中揭示创新价值和创新规律，并且帮助学生掌握创新所需的知识？

第七，综合实践活动所产生的产品蕴含着文化要素。综合实践活动过程中是否也蕴含着文化？如何在教育中传播优秀文化？

第八，综合实践活动与学生未来选择职业和专业有无关系？是否需要在综合实践活动中加入职业生涯规划内容？如果需要，在哪个阶段开始加入是比较合适的？

第九，在综合实践活动过程中应当选择哪些教学方法？

第十，对于已经进入非基础教育阶段的学生，在综合实践活动中还需要增加哪些知识为学生未来就业服务？

人们或许会说，上面讲的这些虽然与综合实践活动有关，也很重要，但涉及内容宽泛，应当以何者为主？

上面列举的十个方面是开展综合实践活动会涉及的主要问题，当然本书作为"引论"可能很难回答上述问题的全部，但是努力回答部分问题却是必须的。接下来本书将围绕"学校教师如何做好综合实践活动"这一主题，探讨上述问题中的一些典型问题。

第二章 综合实践活动的动力和主客体关系

综合实践活动，是全面提升学生素质的必由之路，综合实践活动以课堂理论教学为基础，同时，也为学生进一步深刻领会课堂理论教学所学知识服务。因此，从哲学视角理解综合实践活动和理论教学的区别和联系是一项有价值的工作。

第一节 综合实践活动的动力分析

马克思主义历史唯物观告诉我们，社会的基本矛盾是生产力和生产关系、经济基础和上层建筑的矛盾，它是推动社会发展的根本动力。但是，在这个根本动力之后还有没有其他在不同领域中表现有所不同的特殊动力因素呢？笔者认为，需求和人才培养目标是综合实践活动的两大动力。

一、需求是综合实践活动的原始动力

从哲学角度出发，人们喜欢问一些问题：人类为什么要生产？人类为什么要交往？人类为什么要创造精神产品？人类为什么还要将创造精神产品通过教育进行传播呢？

如果把上述问题归结为一个因素，那就是需要，因为人类的需要和新的需要，这种需要是人类各种实践活动和社会基本矛盾背后的原始动力，综合实践活动也不例外。

马克思主义哲学理论告诉我们：人类的需要和动物的需要有本质区别。"通

过实践创造对象世界，改造无机界，人证明自己是有意识的类存在物，就是说人是这样一种存在物，它把类看作自己的本质，或者说把自身看作类存在物。诚然，动物也生产。……但是动物只生产它自己或它的幼仔所直接需要的东西；动物的生产是片面的，而人的生产是全面的；动物只是在直接的肉体需要的支配下生产，而人甚至不受肉体需要的影响也进行生产；并且只有不受这种需要的影响才进行真正的生产；动物只生产自身，而人在生产整个自然界；动物的产品直接属于肉体，而人则自由地面对自己的产品。动物只是按照它所属的那个种的尺度和需要来构造，而人懂得按照任何一个种的尺度来进行生产，并且懂得处处都把内在的尺度运用于对象；因此，人也按照美的规律来构造。"可见，人类的需要不是动物式的直接需要、片面的需要和肉体需要，人的需要是多层次、全面的、立体化的需要体系。除了直接需要，还有间接需要，除了肉体的需要，还有其他的物质需要、交往需要和精神需要，除了必要需要，还有奢侈需要。这些需要的满足需要依赖自然界，但是大多数需求又无法直接取之于自然界。人类需要的特点决定了人类必须进行物质生产、交往和精神生产，必须通过实践活动，才能满足自己的需要。需要是人们发挥能动性的源泉，也是人类不断发展和进步的基础。综合实践活动，是帮助学生掌握未来参与实践活动的基础。因此，从这个意义上说，需要是开展综合实践活动的原始动力。

在研究综合实践活动动力时，历史唯物主义是教育领域工作者必须坚持的原则。马克思历史唯物主义认为："我们首先应当确定一切人类生存的第一个前提，也就是一切历史的第一个前提，这个前提是，人们为了能够'创造历史'，必须能够生活。但是为了生活，首先就需要吃喝住穿以及其他一些东西。因此第一个历史活动就是生产满足这些需要的资料，即生产物质生活本身。"可以说，人类的生产活动，人类的第一个具有"综合性"的实践活动，是为了满足人类的最基本的需要——生存需要而进行的。人类的需要正是在这个基本需要的基础上发展起来的，人们的各种实践活动也是在满足人类第一个需要的生产实践的基础上丰富起来的。

需要作为综合实践活动的原始动力主要表现在以下两个方面。

一方面，教育的需要是最贴近主观能动的客观现实，它在起点触发了教育工作者的整个创造性的活动过程。需要是人类社会内部客观存在的一种状态，它不但体现了人的存在和发展对于客观世界的依赖，而且表达了人的超越性的生存方式。需要和人的主观世界关系密切，一旦产生就会激发人的欲望。需要是客观存在的，也最贴近人类意识世界，充满了主观能动的色彩。需要作为客观现实，一旦产生，就会在第一时间转化为主体的欲望。欲望是激发主体能动性的催化剂，它在主体意识世界的萌动，会调动一切理性和非理性的精神因素，使需要变成主体自觉的价值目标。这个价值目标作为对现实的超越又必然地和客观世界产生矛盾，即客观世界不能直接满足人的需要。为了解决这个矛盾，使客体满足主体的需要，就需要发挥人的主观能动性，认识和利用客观规律，变纯粹的客观世界为人化的客观世界。这个过程的实现是依靠人类实践活动来完成的。综合实践活动为教育领域提供新的物质工具和生产方法，使教育工作者原来利用过的资源能够更好地满足教育的需要，使原来人们无法利用的资源成为可以控制的教育产品；综合实践活动协调师生之间的关系，提高教育活动效率，满足人的交往需要；综合实践活动也为人类提供精神食粮，丰富教育过程的精神世界，满足人的精神需要。

另一方面，人的需要和人的本质的一致，决定了需要是教育领域综合实践活动内在的必然的推动力量。马克思在《詹姆斯·穆勒〈政治经济学原理〉一书摘要》中曾说："人的本质是人的真正的社会联系，所以人在积极实现自己本质的过程中创造、生产人的社会联系、社会本质，而社会本质不是一种同单个人相对立的抽象的一般的力量，而是每一个单个人的本质，是他自己的活动，他自己的生活，他自己的享受，他自己的财富。因此，……真正的社会联系并不是由反思产生的，它是由于有了个人的需要和利己主义才出现的，也就是个人积极实现其存在时的直接产物。""这些个人是怎样的，这种社会联系本身就是怎样的。"因此，人的需要和人的本质具有一致性，师生在综合实践活动中满足自己需要的过程，就是人的本质实现的过程。人的本质的生成、人新的需要的满足和实践是同一个过程，需要作为综合实践活动的动力具有内在必然性。

需要作为综合实践活动的原始动力，它的特点决定了综合实践活动的基本面貌。

首先，需要鲜明的主观能动性决定综合实践活动浓重的主观色彩。综合实践活动是教育工作者实现教育创新的方式，它是现实的，同时也是观念的，观念的超越先于现实的超越。人的意识不是对客观世界的镜面反映，尽管它的信息来源于客观世界，但是它在被需要激发开始自身活动的时候起，就已经开始在头脑中利用一切精神因素，构建出一个超越的蓝图。人们随后对这张蓝图的运用，就是人的本质力量的实现，处处体现主观能动性的作用。教育技术和教育规范及资源的选择、调整、建设等，都是在需要和需要所激发的主观能动性的引导下完成的。

其次，需要的社会性推动一般制度的发展和进步。马克思在《论犹太人》一文中说："把人和社会联结起来的唯一纽带是天然必然性，是需要和私人利益，是对他们财产和利己主义个人的保护。"人为了满足自己的需要就要生产，而无论是物质生产还是精神生产，都不是孤立的个人的生产，而是社会性的生产。也就是说，一切生产都是一定生产关系中的生产，需要也不是抽象的需要，而是一定社会关系中的需要，他联结着人与人，人与社会。教育领域的综合实践活动是一种特殊形式的"精神生产"，其目的就是培养合格的国家建设者。而在综合实践活动初期形成的规范，都可以使后来的受教育者受益。

再次，需要的无限超越性决定了人类实践活动的无限发展，不同时代的人生活在不同的实践活动方式之中。人的需要是一个历史范畴，需要总是一定历史阶段、一定社会关系中的需要。需要具有无限超越的性质，当人的最初的需要在人的第一个实践活动中得到实现之后，人就会产生一个新的需要。新的需要，不会在自然中得到直接的满足，又呼唤再次的改造性实践活动。然后又产生新的需要，新的实践活动。可以说，整个人类历史，就是人们不断地创新，不断地满足需要，不断地创新，不断地满足人的新的需要的过程。不同的只是，在不同的历史时期，实践活动的水平和特点不同。在人类社会早期，人的需要还很简单，人们从事手工劳动，人和人之间是以血缘和地缘为基础的依赖关系，脑力劳动和体力劳动分工不久，精神产品还很匮乏，人的新的需要产生的周期比较长，创新活动的频率比较低，创新一般具有偶然性和自发性。到了工业社会，资本追求剩余价值的本性，促使资本家不断开发人的需要潜力，被激发的新的需要又促发人类新一轮的社会进步。马克思说："以资本为基础的生产，……创造出一个普遍利用自然属性和人的属性的体系，创造出一个普遍有用性的体系，甚至科学也同人的一切物质的和精神的属性一样，表现为这个普遍有用性体系的体现者，而且再也没有什么东西在这个社会生产和交换的范围之外表现为自在的更高的东西，表现为自为的合理的东西。"人类在物的控制下，为了满足自身的需要，利用可以利用的一切，不仅包括以机器为核心的技术，而且包括分工和协作；不仅包括微观的企业制度，而且包括国家体制；不仅包括制度前提，而且包括科学和一切精神产品。代表人的本质力量的工业图景的展现，代表现代制度文明的资本主义民主的建立，代表人类智慧的科学的纷纷独立和创立，证明人们的实践活动在膨胀的需要的促动下从自发转向了自觉。即将到来的知识经济社会，是人类的当代需要在更高的层次上与客观世界的碰撞。原有的工业生产方式对自然资源的掠夺，已经造成常规资源的短缺，人类的生存环境受到威胁，不但无法满足人类发展的需要，而且也与人类已有的需要背道而驰。人类实践活动的方式必须发生改变。在这个时代问题面前，人类的回答是，只有依靠知识的强大创造力，才能解决这个矛盾，满足人类新的需要。我国处于社会主义初级阶段，具有多元经济的特点，即不仅包括农业经济、工业经济，而且也融合了知识经济的特点，但是总的来说，其主要矛盾是人们日益增长的物质文化需要和落后的社会生产之间的矛盾，根据我国社会特点，解决这个矛盾的方式应该不拘一格，其中最主要的是知识的力量。要让知识的力量发挥更大的作用，就需要一大批有知识和实践能力的劳动者，这就对于学校提出了更高的要求。开发综合实践活动是对理论课堂的有益补充，是实现理论知识应用于实践的重要环节。社会主义建设的需求是综合实践活动进入不同阶段教育领域的推动力，也是综合实践活动及综合实践活动课程作为一种教育制度被教育部提出的关键原因。

最后，需要的全面性决定综合实践活动的全面展开和人的全面发展的价值目标的确立。人类的需要不仅是无限发展的，而且是全面的，这包含两层意思：一是指需要涉及的领域是全面的，不仅有物质需要，而且有精神需要和交往需要；二是指需要在各个领域内的展开也是全面的，以精神需要为例，不仅包括对真理的需要，而且包括对善良和美感的追求。需要的不断全面化，必然要求实现需要的手段不断全面化。它推动着综合实践活动在物质生产领域、交往领域和精神生产领域的全面展开，技术实践活动、制度实践活动、知识实践活动既彼此独立，又相互作用，形成一幅综合实践活动的完整画面。

需要的全面性，也催发了人的全面发展的价值目标的确立。马克思在《1844年经济学哲学手稿》中曾说：全面发展的人"同时就是需要有完整的人的生命表现的人，在这样的人的身上，他自己的实现表现为内在的必然性、表现为需要"。人的自由而全面的发展不是外在给予的，而是人自身发展的必然性，这一内在的必然性表现为需要。需要是人发展的标志，需要内容的不断丰富、水平的不断提高，标志着人越来越接近全面而自由的发展目标。只有在人的全面的需要得到确立和满足的时候，人的全面发展的价值目标才能实现。社会主义教育的需求，就是培养全面发展的人才，服务于国家建设，实现未来劳动者全面发展，是综合实践活动最终被写入学校教育目标的理论依据。

需要是人的本质的体现，是人的内部的一种不平衡状态，也是人对外部环境的依靠和追求，它总是处于主观欲望和客观现实的矛盾之中。矛盾在未得解决之前，表现为匮乏；在解决之后，表现为超越。需要就是在匮乏和超越之间的一种不平衡状态。它触动人类发挥一切主观能动性，联合一切社会力量，利用可以利用的一切物质工具，超越现实，在无限发展中生存，实现自由而全面的发展。人的一切实践活动，都是以需要作为原因和根据，需要是综合实践活动的原始动力。

二、人才培养目标是综合实践活动的直接动力

在经济领域，需要和利益是经常同时出现的两个概念，具有密切的关系。两者体现着主体与客观世界的对立统一关系，具有相似的结构，都是人类创造活动的原因。但是，它们还是存在差别。在人与客观世界的对立统一关系中，需要和利益都是客观存在的，具有对应关系，但是需要是一个起点，它表现为人对客观需求对象的直接欲求和依赖关系，表现为一种间接可能性；而利益是一个结果，它是建立在人的实践理性和实践活动及其成果基础上的需要的满足，表现为人们对于物质生活条件和精神财富的分配关系，具有直接的现实性。因此我们说需要

是人类实践的原始动力，利益是人类经济发展的直接动力。

综合实践活动虽然不需要像经济活动那样去追求直接的利益，但是是否也会存在可以被归纳为直接动力的因素呢？笔者认为，虽然教育工作者和学生会因为好奇心、兴趣和爱好而开展综合实践活动，但是，由于教育工作需要规范的制度作为指导，同时探索综合实践活动的过程也表现出艰辛性和风险性，因此大多数综合实践活动是在教育管理部门或学校指定的人才培养目标指导下完成的，利益是"人民生活中最敏感的神经"，目标是人类活动的重要导向性标志，追求人才培养目标是教育活动的直接动因。目标是实现需要的满足和需要的社会化的标准。人才培养目标既以客观现实为依托，具有现实性，又随着人类社会的发展而变化发展，具有历史性，是现实性和历史性的统一。作为一个现实范畴，人才培养目标的基本含义很广，至少包括德、智、体、美、劳等方面；作为一个历史范畴，人才培养目标总是在一定水平的生产力之上，一定性质的教育理念之中的，所有具体的人才培养目标的现实性都归结于一定历史阶段的现实性。人才培养目标对于综合实践活动的推动作用就体现在现实性与历史性的统一之中，这是一个辩证发展的过程，不同历史阶段的人才培养目标内容、格局和特点直接决定了教育工作及综合实践活动的面貌和特点。

在人类之初，生存作为人们的共同目标，带有教育性质的活动也是围绕生存技能展开的。韩非子《五蠹》中说："上古之世，人民少而禽兽众，人民不胜禽兽虫蛇。有圣人作，构木为巢以避群害，而民说之，使王天下，号之曰有巢氏。民食果蓏蚌蛤，腥臊恶臭而伤害腹胃，民多疾病。有圣人作，钻燧取火以化腥臊，而民说之，使王天下，号之曰燧人氏。"房子和火，都是人类为了解决基本生存问题而进行的发明和发现，要让更多人掌握这种技能，一方面需要有人教，另一方面则需要在不断使用中去努力实践。虽然这种教与实践不是现代意义上的教学和综合实践活动，但是，却可以证明目标导向的价值。

奴隶社会和封建社会，按照马克思的说法，也属于人与人依赖关系的社会。但是奴隶社会和封建社会的人对人的依赖关系已经相对原始社会发生了质的变化。人在与自然的斗争中，已经取得了初步的胜利，生产有了剩余，出现了私有制。因此奴隶社会和封建社会的人与人的依赖关系，是一种基于人的出身不同的等级关系。在中国古代，受教育的权力最初是因出身等级而决定的，直到孔子提出"有教无类"的理念。

在孔子的生平中，周游列国是重要的一段历程。公元前497年，孔子感觉到在鲁国无法实施自己的政治理想，于是率领众弟子从鲁国到了卫国，开始了周游列国的历程。从公元前497年到公元前484年，季康子迎孔子回鲁，14年的时间里孔子和他亲近弟子们的足迹到达过卫国、曹国、宋国、齐国、郑国、晋国、陈国、蔡国、楚国等地。

现代人一般都把孔子周游列国作为中国古代游学活动的起源，同时认为孔子周游列国有两大方面的意义。一方面，周游列国使孔子的学术思想进一步发展和完善；另一方面，周游列国为孔子培养学生创造了一个多样性的教学环境。这种游学活动中也有现代综合实践活动可以借鉴的内容。

从儒家经典著作对孔子周游列国期间的主要活动和言论记录来看，孔子周游列国，首先是政治思想传播之旅。一方面，孔子做出周游列国决定的最初动机不是为了研究学问和丰富思想，而是感觉在鲁国无法实施自己的政治理念，想到其他国家去推行仁政，寻找实现自己政治理想的机会。另一方面，周游列国的时间长达14年，到达的国家众多，都不是孔子最初的设计。在孔子周游列国期间，各国争霸战乱频繁，"仁政"思想很难得到各国最高统治者的认同，这才是孔子不得不从一个国家到另一个国家去"推销"自己政治理念的根本原因。

虽然孔子周游列国没有实现最初的目的，但是，在14年周游列国的旅途中，孔子广泛接触各界名士，丰富阅历，考察各国政治体制，研究政风民情，也使得他的学术思想得到进一步完善，并为儒家思想体系化、成熟化奠定了坚实的基础。

如果按照现代的综合实践活动理念，把孔子和他的学生当作是一个综合实践活动团队进行类比分析，孔子的身份就会从一位游学领导者转化为一位综合实践活动指导老师。孔子在周游列国的旅途中，结合真实的社会情境，向学生阐述做学问、做人、治国理政的理念和方法，学生们则是边学习、边研究、边实践，在周游列国的过程中参与了很多国家的重要政治、军事事件的谋划。在这个过程中，参与周游列国的弟子们，也学习到了在鲁国的课堂上无法学到的实践知识，促进了每个人学术思想的形成，并实现了理论与实践的结合。

孔子周游列国最大的特色在于，游学的全过程都有孔子率领的学生们参与，这种由学生在旅行过程中开展实践的教学行为，是孔子与西方早期的先贤思想家们的差异。这种有"指导老师"、有"学生团队"的游学活动，可以被认为中国古代游学的发端，也是在开展现代综合实践活动中可以参考的教学模式。

在孔子之后，走出书斋的实践活动在中国历史上不同时期也有所体现，并在一定程度上对学术思想的发展起到了促进作用。在唐朝以诗仙李白、诗圣杜甫为代表的大诗人都进行了大量的游历活动，这些活动都对他们的诗歌写作起到了巨大作用，当代人在诵读唐诗时，都可以体会到诗人当年的游历经历和实践成果。宋代词人的游历经历，也为当代人留下不朽的作品。苏东坡被贬官，从黄州到惠州再到儋州的被迫迁行，给后世留下了很多文学名作；辛弃疾作为反抗金国的起义军将领从北方战斗到江南，留下了爱国词人的豪情。明代的王阳明，在贵州的游历和思考中，逐步形成并提出的"知行合一"的教育思想，已经成为现代教育的理论依据和思想源泉之一。

中国封建社会实行科举制度，直接导致知识分子的精力全部投入古代文本的学习，实践和科技活动自然很少参与。《天工开物》是一部中国古代农工业生产的百科全书，也就是一部实用性很强的技术专著。作者在这本书的序言里有这样一段文字："丐大业文人，弃掷案头！此书与功名进取毫不关也！"虽然，随着时代的进步，这句话已经被删除，但是，当时科举制度导致大多数知识分子不关注科技的实际情况可见一斑。

近代中国，外敌入侵导致国力衰落，中国逐步沦为半封建半殖民地国家。科学救国、实业救国成为很多教育家培养人才的目标，于是，一些与国家发展密切相关的人才也脱颖而出。

中华人民共和国成立以后，国家大力推动经济建设。在笔者就读的东北大学（当时名为东北工学院）就有很多优秀的学生，从不同的热门专业转专业到国家急需的采煤专业。并且形成一个在东北大学历史上非常有名气的班级"54煤"。不仅如此，新中国历史上"两弹一星"、航天领域的一代又一代人才，都是在国家人才培养目标指引下，学好本专业理论知识、积极参与综合实践活动，逐步成长起来的。因此，可以说，人才培养目标是综合实践活动的直接动力。

第二节　综合实践活动的主客体及其关系

综合实践活动，是学生德、智、体、美、劳全面发展的主要手段之一，综合实践活动是工作主体（教师）能动作用于工作客体（主要是受教育者）的对象性活动，是教育工作者在综合实践活动总体工作思路下按照自己选择的目标和行动方案，通过教学在提高学生专业能力的同时，引导学生提高全面素养的过程。综合实践活动是一项意义重大的工作，只有认真理解综合实践活动主客体关系与工作方法，才能根据不同阶段的学生特点开展综合实践的实践探索。

一、综合实践活动的工作主体

主体和客体是哲学中两个极其重要的范畴。所谓主体，是指按照一定目的去认识和改造客观对象的人。所谓客体，是指被认识和被改造的客观对象。主体和客体不同于主观和客观。主观是指人的精神世界，客观是指个体意识之外的客观世界或客观存在。主体无疑是人，但又不能认为凡人皆为主体。缺少自我意识，居于被动地位的人不是主体。具有明确自我意识、居于主动支配地位的人才是主体。综合实践活动工作系统是由人和"物"组成的，其中物的因素不可能成为主体，不同学习阶段的学生是处于被引导地位的人，也不是主体，只有处于支配地位的人才是主体。概而言之，综合实践活动的工作主体就是综合实践活动工作中从事教育活动的教师。基于此，综合实践活动工作主体应当具备如下几方面素质。

首先，综合实践活动的工作主体必须具有开展综合实践活动教学工作所需的专门知识。知识是社会意识研究领域的基本范畴，众多学科都对其有所论述，关于它的含义界定很多，并存在或大或小的差异。所谓知识是人们对客观对象的浅层感知和深层认识的总称，知识作为人类认识世界的成果和改造世界的武器，是一种无形的财富和巨大的力量。本书中所使用的知识范畴，不局限在某个具体的领域，是指人类知识的整体。这些知识按照哲学上的诉求目标可以分为真理知识、善德知识和美感知识；按照学科可以分为自然科学知识、社会科学知识和思维科学知识；按照反映客体信息的水平又可以分为经验知识和理论知识；按照获得知识的途径还可以分为直接知识和间接知识。总体来说就是两个视角：横向和纵向。横向是指知识的不同领域，比如前两种分类；纵向主要是指知识的层次性，比如后两种分类。在开展综合实践活动过程中，教师无疑需要有专业知识，而且还要掌握更多的知识，这主要包括以下几点。第一，有关专业工作领域的科学知识和专门技术，这是成为专业教师的基本要求。第二，尽可能通晓有关的思想政治教育理论和社会科学知识。综合实践活动作为一种人类教育实践活动，自始至终是在社会大系统中进行的。综合实践活动的工作主体要实现自己的意图，有效进行综合实践活动，除了通晓有关专业技术知识之外，还要掌握思想政治教育理论和社会科学知识，这就要求教师认真学习党和国家的文件、习近平总书记重要讲话等带有鲜明时代特征并具有现实指导意义的知识。如果缺乏这些知识，就不能在复杂多变的社会环境中审时度势、选择更合理的手段教育学生。第三，要特别熟悉关于人的知识。综合实践活动的工作对象虽然包括物，但主要是人，综合实践活动就是做人的工作。因此，教师作为综合实践活动的工作主体，应当熟悉自己的对象，懂得人的生理、心理、需要、追求、信仰、期待和他们的行为规律，掌握有关的生理学知识、心理学知识、社会学知识、行为科学知识等人学知识。如果不懂得人，将活人看作死物，或者对人知道得很少，片面地将学生看作是"知识接收器"，就无法搞好综合实践活动工作。相反，只有掌握有关的人学知识，了解人的心理活动和思想变化，才可能沟通主客体的关系，将教师的意图化为学生对综合实践活动目标的理解。第四，作为综合实践活动的工作主体，还必须学习运用哲学。哲学是各门科学知识的最高概括，具有认识世界和改造世界的多种特殊功能，它为教师提供综观全局、预测未来、揭示因果、防微应变的方法论，也为教师如何正确决策确定价值坐标。其是按照唯物主义观点或唯心主义观点来决策，是以系统辩证的方法或以形而上学方法来处理教学工作中的有关问题，直接关系到综合实践活动的成败。所以，要开展综合实践活动必须要学好哲学。

其次，综合实践活动的工作主体还应具备丰富的教学经验和实践能力。知识作为综合实践活动的工作主体的一种潜能，还只是综合实践活动的一个前提条件，它只意味着搞好综合实践活动的可能。要使可能变为现实，教师还应具备将各种知识转化为指导综合实践活动的能力，不断在综合实践活动的具体工作中学会如何具体应用这些知识。这就是说，在综合实践活动中知识很重要，没有足够的相关知识自然谈不上能力的培养，因为能力不是凭空产生而是由知识转化而来的，将知识同能力、理论同实践对立起来，片面强调学生工作实际能力的观点是不正确的。但同时也必须明白看到，知识并不等于能力，有知识而无能力只能是空谈家而不可能成为优秀的教师。从这个角度分析，能力比知识更为重要。当年恩格斯在《给〈萨克森工人报〉编辑部的答复》一文中对少数年轻干部奢望党的领导地位曾经这样说过："他们那种本来还需要加以深刻的批判性自我检查的'学院式教育'，并没有给予他们一种军官官衔和在党内取得相应地位的权利；在我们党内，每个人都应该从当兵做起；要在党内担任负责的职务，仅仅有写作才能或者理论才能，甚至二者全都具备，都是不够的；要担任领导职务，还需要熟悉党的斗争条件，掌握这种斗争方式，具备久经考验的耿耿忠心和坚强性格，最后还必须自愿地把自己列入战士的行列中。"我国古代法家韩非子在选拔高级官员时也提出："故明主之吏，宰相必起于州部，猛将必发于卒伍。"这都说明知识不等于能力，能力是在综合实践活动中从知识逐步转化而来的。

再次，综合实践活动的工作主体总是同一定权力相联系的。所谓权力，是按照预定方式引起别人心理或行为变化的权威和能力。它是通过约定俗成或通过法律程序所赋予的一部分人对另一部分人的影响力和支配权。权力作为一种欲望，人皆有之。但权力欲并不可能无条件地转化为现实的权力，拥有权力的人只能是少数。在综合实践活动中的教师，正是权力的拥有者。所谓综合实践活动的工作主体，一定要有相应的影响支配别人的权力。至于这种权力是通过习惯由一些人传递给另一些人，还是通过某种学校的规章制度赋予一些人，无论人们对之采取何种态度，它都是综合实践活动的工作主体的质的规定性。只有获得现实的综合实践活动工作权力的主体才能成为真正的综合实践活动的工作主体，否则就不能区别综合实践活动的工作主体和客体，教师就无权决策，无法对活动中的学生行使指挥、调度、奖惩、控制。在有分工有协作的社会生产和生活中，权力欲的产生和权力的运用不仅是必然的，而且总的说来是合理的。恩格斯在《论权威》中明确地指出："联合活动，互相依赖的工作进程的复杂化，正在取代各个人的独立活动。但是联合活动就是组织起来。而没有权威能够组织起来吗？"可见，权力是社会发展的产物，也是综合实践活动的工作主体质的规定性。如果失去权力或有权力不敢运用，综合实践活动的工作主体就不复存在。

最后，综合实践活动的工作主体还是同威信联系在一起的，教师个人的威望和信誉是综合实践活动的工作主体的又一质的规定性。所谓威望，是指教师良好的品德和超常的能力在学生中造成的特殊影响力。所谓信用，则是教师和学生通过教学活动为载体交往、相互沟通所形成的后者对前者的尊重和信任。同权力不同，威信不是由习惯和法律自外赋予综合实践活动的工作主体的，而是学生对教师的一种认同，是教师自身造就并通过学生所赋予的。在一部分人影响另一部分人的心理行为的意义上，综合实践活动的工作主体的威信也是一种权力，因为凭借威信同样可以达到支配别人的目的。所不同的是，权力是一种强制影响力，威信是一种自然影响力，前者是由地位决定的，后者是自发产生的。所以，权力同威望、威信并不一样，不能认为有权必威、有权必信，威信同权力是构成综合实践活动的工作主体的两个并列的内在规定性。有一种观点认为，综合实践活动的工作既然是一部分人支配另一部分人的行为活动过程，那么权力之中就包含着威信，威信是从权力地位中自然产生的。根据这种看法，有权必威，有权必信，权力必然产生权威，但事实并非如此，权力和威信并不具有必然的联系。有权是否同时具有威信，这要看教师如何看待权力和运用权力，看他是否正确对待学生。一般说来，只有不迷信滥用权力的教师，才有可能恰当地运用权力，由此才能逐渐树立威望并取信于民。相反，认为权力是万能的，以为有了权就有了一切，就可以颐指气使、以权压人，企图采用简单的行政命令手段开展综合实践活动的教师，必然引起学生的反感和抵制，其就会因失去学生的信任而成为虚设的主体。可见，要搞好综合实践活动的工作，除去要掌握一定的权力，还要辅之以教师的威信，使学生不是从形式上而是从实质上接受综合实践活动的工作指令。

知识、能力、权力、威信，这四者就是综合实践活动的工作主体必备的四重规定性，缺一不可。

综合实践活动的工作是一种复杂特殊的人类教育实践活动，不可能通过一人来单独进行，而必须协同一部分人来共同完成。在当代学校和教育机构，参与综合实践活动工作的人各有其不同的职责，综合实践活动的工作系统通常是由决策人员、智囊人员、执行人员和监督人员按一定方式组成的有机整体，我们称之为综合实践活动的工作主体系统。在综合实践活动的工作系统中，决策人员包括学校管理部门，也包括专业课教师；智囊人员可以包括校内外专家、教学研究者以及思政课教师；执行人员是授课主体，是指具体的授课教师；监督人员是指学校的教学督导检查人员。

综合实践活动的工作主体是由决策、智囊、执行、监督四大子系统有机组成的共同体，如何建立健全最优化的综合实践活动的工作主体系统，是搞好"综合实践活动"工作的关键所在。

要建立一个理想的综合实践活动的工作主体系统，首先要坚持目标择优原则，即根据综合实践活动的工作目标的要求来选择确定综合实践活动的工作人员。具体说来：第一，要因事设人而反对因人设事，综合实践活动的工作人数的多少应根据教学任务的多少和事务的繁简确定。这在管理学上称为"管理跨度"。比例过大，管理跨度太宽，管不过来；比例过小，人浮于事，政出多门，不仅造成人力的浪费，而且难于统一意见，仍然管不好。在组建综合实践活动的工作主体系统时究竟以多大的比例为宜，应视具体情况而定，不过原则上仍必须遵守一定的工作跨度。无论哪种综合实践活动的工作主体，既不能"韩信用兵，多多益善"，用很少的人去管很多的人；更不能倒过来，多个领导一个兵。第二，在确定综合实践活动的工作主体总人数之后，紧接着还要根据工作的需要对不同的综合实践活动工作人员人数进行再分割。一般来说，决策人员只能是少数，大量的是执行人员，智囊人员和监督人员的人数无一定之规，要视综合实践活动的工作性质而定。

要建立一个理想的综合实践活动工作系统，还必须根据系统要素特性互补的原则，建立工作团队。系统论认为，系统是由若干功能相异而又彼此补充的要素按一定结构有机组成的统一体。如果要素属于同一性质，那么这种系统就会因为功能单一、缺乏互补性而成为一种机械系统。具体说来，应坚持以下几种互补原则。一是知识互补和能力互补。即将不同知识型和能力型的成员组成一个教学团队,避免"清一色"的"理论型"或"实干型"的"近亲繁殖"。二是气质互补和性格互补,即将不同性格、不同气质的人相搭配,使之相互弥补对方因气质性格缺陷可能造成的错误,如将果敢型的人与沉稳型的人搭配起来,思索型的人和实干型的人结合起来。三是性别和年龄互补。性别在当代综合实践活动的工作中具有越来越明显的独特功能,年龄则与经验、作风、对事物的敏感程度相联系。理想的工作队伍不应由相同性别和同一年龄段的人组成,而应当男女适度搭配,由老、中、青三个年龄段的人组成。老年人阅历深、经验多,青年人对新事物敏感、富有锐气;男人一般胆大而心粗,女人一般谨慎而心细。只有将不同性别、年龄的人组合在一起才能形成功能互补。反之,则收不到系统的整体优化效应。正如列宁在谈如何组织苏维埃领导机关时说:"最好是使这个机关有各种各样的人员,使我们看到这个机关是多种品质和各种优点的结合……举例来说,假定组成这个新的人民委员会的工作人员是一个模子的人,譬如都是官吏型的人,或者没有鼓动员性质的人,或者没有善于交际或深入他们不太熟悉的群众中去的人等,那就糟糕透了。"

由不同知识能力、性格气质、性别年龄组成的主体系统,各成员间要做到功能互补,同时还必须克服各种障碍,做到心理相容。因为各个成员有不同的经历、气质、性格,他们之间在心理上是有障碍的;每个成员的知识结构、工作能力不同,彼此间便缺少共同语言;年龄、性别和价值观念、思想方法不同,对问题的看法也不可能完全一致。

要使不同特质的领导成员做到功能互补,必须先使他们之间做到心理相容。而要做到心理相容,则是一件极为复杂的思想工程,需要异中求同,培养灌注以下几点意识。

第一,确认共同的价值目标。人们的观念不可能完全相同,但既然同为一个综合实践活动工作主体系统的成员,必须要有共同追求的价值目标。如果价值目标不统一,各怀一己之私,必然是互不相容的。只有为了一个共同目标走到一起,才可能求大同存小异,形成共同的价值观念,做到彼此配合、相互谅解。中国共产党在民主革命时期提出的"五湖四海"思想,堪称这方面的典型。

第二，确认互助互利的系统观念。按照系统论，子系统不能脱离系统而独立存在并发生作用，系统因素都以别的因素的存在作为自身存在的前提。所谓互助互利，即指综合实践活动工作主体系统的各个成员只有相互配合，才能发挥系统的工作功能，自身才能从中获得成就感。只有当互助互利的观念为各成员所接收，变成自觉的意识，成员之间才可能相互支持，相互配合。

第三，要形成互相尊重的环境气氛。教师在比较年轻时就被选拔到领导岗位，一般都具有超出常人的某种才能，自我意识很强烈。但这些人由于年轻，有时缺乏对自身的正确估计，容易苛求与之共事的同事，甚至缺乏相互之间的尊重。要改变这种状况，就必须提倡"己所不欲，勿施于人"的观点，培养宽容互谅和谦虚谨慎的精神，善于学习别人长处、尊重他人的人格；提倡同事间多接触、多谈心，增进相互了解，增强心理上的融合感。这就有可能开启心灵门窗，沟通思想渠道，凝成团体意识，做到心理相容。

二、综合实践活动的工作客体

客体是相对于主体而言的对象，综合实践活动的工作客体是其工作主体所作用的对象。综合实践活动既然是其工作主体作用于其工作客体的特殊实践活动，因而在研究其工作主体的规定、结构，及其工作体制和主体的活动方式之后，还必须考察综合实践活动的工作对象的规定、特点、组织结构和活动方式。

客体在一般意义上，是主体有目的、有计划作用的对象。其中，凡被人们有目的、有计划地认识和考察的对象，就被称为认识客体；凡被人们有目的、有计划地加以控制和改造的对象，就被称为实践客体。因此，客体范畴是一个包容甚广的哲学范畴，凡人类思想和活动所涉及的一切对象，都可以被称为客体。

综合实践活动的工作客体就是工作的对象。笔者认为，综合实践活动的工作对象，即人、财、物、时间、信息五方面因素。

在非基础教育阶段，职业学校、高等学校学科专业的类型是多种多样的，因此在不同的综合实践活动中构成客体的具体要素也数量不一、形质各异。但是，从哲学的角度来看，无论何种综合实践活动的工作客体，都是由从事某种实践活动的人和实践赖以进行的物两类要素所构成。其中，人的要素又可以包括人的思想（价值观念、意志情绪、认识能力）、人的行为（行为方式、行为趋向、行为方法）、人员结构（组织结构）；物的要素则包括环境、时间和信息等。下面就上述要素进行——分析。

第一，人的思想。人是综合实践活动的工作客体要素，首先需要关注的就是人的思想，因为人是有思想的理性动物，而不是无思想的机器或动物；当代学生是思想最为活跃的群体，解决思想问题是第一要务。人的思想虽然无形但并非不可捉摸。人的思想对于个人来说诚然是一种反映客观的主观，而当它作为被他人认识和影响的对象，又是一种被反映、被掌握的不以综合实践活动工作主导者意识而改变的事实因素。这说明学生的思想虽然是一种无形的精神，但对于教师则同样具有可知性和客观对象性。综合实践活动工作既然是一部分人通过教育另一部分人去进行的某一实践活动，那么综合实践活动的工作主体自始至终必先了解学生的意愿、关注他们的情绪、激励他们的情感、培育他们的才智、树立他们的观念，从而使学生的思想成为可预测、可感知、可跟踪引导的对象。

第二，人的行为。人的行为即人的现实活动。同人的思想比较，它具有明显的客观物质性和目的方向性。当学生进入教学活动环节时，就同教师发生关系，其活动就不再是完全自主的，成为受综合实践活动工作主体支配的对象性客体。综合实践活动之所以可行，正在于一部分人的行为方式、行为趋向以至活动方法不能任由自己支配，而需接受别人的引导、规定及指挥。在具体的活动中，学生干什么、怎样干、为什么干，都是由教师在国家规定的教学目的和教育方针指导下决定。

第三，人员结构。作为综合实践活动工作客体要素的人，不是以个体的方式而是以群体的方式而存在。群体究竟以何种结构方式进行活动，对综合实践活动工作的成效影响极大。因此，综合实践活动的工作客体要素不仅包括学生的思想、活动，还包括人与人的组合方式或组织状态。教师只有根据不同的活动目的来建立对应学生的教学组织系统并根据情况的变化适度调整组织结构，才能使学生的培养工作取得成效。

第四，环境。也可以被称为组织环境，它是存在于综合实践活动的工作系统之外又影响其工作系统的一系列因素的总和，包括校园周边生态自然环境、社会环境、政治法律环境、科技文化环境，等等。环境对于综合实践活动的作用具有两重性。一方面，环境作为综合实践活动的工作系统的存在条件，是既定的、外在的因素。可以说，是具体的环境选择决定具体综合实践活动的工作系统；凡是适应特定环境的组织才能存在，与环境不适应者便会灭亡。在这个意义上，环境不是综合实践活动的工作主体可以驾驭改变的客体。另一方面，综合实践活动的工作主体是具有主观能动性的人，因而综合实践活动的工作系统又不可能被环境完全左右，在一定范围内和一定条件下，它可以按照自身的需要去选择环境、改造环境，与环境建立起互通物质、能量和信息的和谐平衡关系。在这个意义上，环境就成为综合实践活动工作主体的重要工作之一。各类、各层次学校应当在坚持党的一系列教育方针的前提下，大胆改革、勇于探索，想方设法改造现有的环境，或者开发利用不利环境中的有利因素。因此，笔者认为，环境决定综合实践活动工作，综合实践活动工作又改造环境。如果看不到前者，会犯唯心主义错误；而抹杀了后者，就会走向机械唯物主义。

第五，时间。在哲学上，时间被看成物质存在的基本方式之一。物质处在绝对的运动中，运动着的物质所固有的过程性、延续性和先后承续性，就是时间。在综合实践活动工作客体诸要素中，无论是人的要素还是物的要素，无一不同时间有关，或者说都在时间中运动、转换、匹配。因此，综合实践活动的工作客体要素也包括时间。因为时间本身是不会被人所改变的，所以，时间不会随人的意志而改变其固有的不可逆性。要使学生充分认识时间的价值和提高时间的使用效率，就要求教师对学生进行时限控制、时机选择和时效教育。学生是在一定的时间中活动的，因而开展综合实践活动时不仅要引导学生的思想和行为，还必须对其活动的时间期限做出规定，否则就谈不上科学化的综合实践活动。对活动所涉及的物和信息，也应当有时限控制，超过规定时限的有些物资可能变质，有些信息可能失效。时机选择是引导或指示学生恰当选择和准确把握某种机遇，充分发挥时间的效率价值，达到在正常情况下所达不到的目的。时效是指相同时限内的不同工作效率。时效教育就是向学生灌输时间就是效率的观念，引导学生抓紧时间学习和参与相关活动，在短时间内发挥出最大的效益。虽然时间对每个人是平等的，时间本身具有不以人的意志为转移的客观性，但是人对时间价值的认识和利用时间的方式又大有差别。当代社会，随着生活节奏的加快，教育学生养成时间观念，学会有效地利用时间十分重要，这是新时代思想政治教育工作的要求。

第六，信息。在自然界，虽然客观存在着多种多样相互关系的信息，而且这些信息客观地经历着传递、接收、处理和反馈的过程，但这一切只是"自然"地进行着的。信息是人类为了解、沟通外界客观对象以提高其组织性而开展的自觉活动。在综合实践活动的工作中，为了防止内部混乱而加强其组织性，就必须收集大量信息、分析整理有关信息，利用信息来进行科学的预测和决策，从而使组织系统内部保持和谐，建立与环境的稳态平衡。相反，如果以为信息看不见摸不着，不对信息加以收集整理，综合实践活动的工作就可能陷入"盲人骑瞎马，夜半临深池"境地，甚至导致主观蛮干。

综上所述，综合实践活动的工作客体，包含着诸如人、财、物、时间、信息、环境等多种要素，是一个结构复杂的多元动态系统。

三、综合实践活动工作主体和客体的辩证关系

综合实践活动的工作主体和客体作为其工作大系统的两极，其性质、结构和功能是完全不同、截然对立的。所有综合实践活动，皆是由相应的综合实践活动工作主体和与之对立的工作客体组成的。如果分不清综合实践活动的工作主体和客体，或混淆二者界限，就会产生思维和决策的混乱。同时，研究综合实践活动工作主体和客体二者之间的辩证关系，可以从动态上把握综合实践活动工作的实质。

首先，综合实践活动的工作主体和客体作为其工作实体系统的两极，是以对方为其自身存在的条件。综合实践活动的工作主体之所以居于主体地位，是因为存在着可供他们支配的客体；综合实践活动的工作客体之所以成为被支配的客体，是因为必须追随、服从综合实践活动的工作主体。如果没有综合实践活动的工作主体，就无所谓综合实践活动的工作客体。没有综合实践活动的工作客体，也不可能形成综合实践活动的工作主体。综合实践活动的工作主体和客体之间是一种相互依赖的关系，两者的性质和地位是相互规定的。

其次，综合实践活动的工作客体受其工作主体的制约。人们常常将综合实践

活动的工作活动单方面理解为其工作主体对学生主动施加的种种影响。其实,综合实践活动的工作活动绝非其工作主体作用于工作客体的单向活动,而是二者相互作用、相互制约的双向活动。在综合实践活动的工作过程中,综合实践活动的工作主体也受到工作客体的作用和制约。这是因为:第一,综合实践活动的计划必须根据其工作客体的现状做出,综合实践活动的工作主体不能离开学生实际情况做计划。第二,综合实践活动的计划的实施有赖于其工作客体与工作主体之间的协调,特别有赖于作为客体的人与工作主体的合作。如果师生不能合作,综合实践活动便无法开展。第三,综合实践活动工作主体的工作行为不能是任意的,他们也必须接受纪律的约束和相关人员的监督。如果任性妄为,一意孤行,学生就可能在教学活动中出现各种形式的(公开的和隐蔽的)不合作行为。因此,综合实践活动绝不是其工作主体作用于工作客体的单向活动,而是其工作主体和客体相互制约、相互作用的双向活动。综合实践活动工作不应仅仅理解为教师的能动活动,而应理解为其工作主体和学生的互助合作活动。

再次,综合实践活动的工作主体和客体在一定条件下可以相互转化,综合实践活动的工作主体和学生的角色是互换的。在综合实践活动的工作中,人被划分为工作主体和客体两类角色。在特定的场合,综合实践活动的工作主体和客体的划分是确定的,一个人或者扮演前者或者充当后者,而不能同时兼任两者,否则就无角色可言,也无从进行综合实践活动工作。但是在社会活动的大系统当中,综合实践活动的工作主体和客体的界限又是相对的,一个人所充当的社会角色是多种多样、不断变化的。在具体的教学活动中,很多教师都会在条件允许的情况下,鼓励、支持学生自主策划活动,丰富综合实践活动内容。同时,学生也要积极参与综合实践活动,并学会角色转换,在不同场合负相应的责任、做不同的事,尽量避免角色冲突。

最后,综合实践活动的工作主体和客体在一定条件下具有直接同一性,从某种意义上讲,综合实践活动的工作主体可以是综合实践活动的工作客体,综合实践活动的工作客体也是综合实践活动的工作主体。综合实践活动工作主客体的关系不仅如上所述,表现为二者外在的相互依存、相互制约和相互转化,甚至还表现为二者内在的直接同一,使二者结合于一人之身。所谓二者内在的直接同一,是指综合实践活动的工作主体以自身言行为工作对象，人既是工作主体又是工作客体，或者说教师一身二任或二位一体。综合实践活动的工作不仅是教师的事，也是学生的事。只有当主客体直接同一，人人都把自己既当成主体又当成客体，才可能把综合实践活动的工作逐步建设成为高质量的学生工作。

第三章　系统思想与综合实践活动

从某种意义上讲，思维是一切人类活动的起点。那么思维的起点又在哪里？这是一个无法回避的问题。人们常会说看问题要全面、深刻、提纲挈领。那么，"纲"在哪里？"领"又是什么？这又成为一个无法回避的问题。系统科学是近年来逐步走向成熟的理论，为解决上述问题提供了理论基础和实践方式方法。

对于人类而言，无论是整体还是单一的个体都是一个系统。人类所处的自然界也是系统，科学技术体系则是人类建立起来的系统。创造、创新活动更无法抛开系统而实现，研究系统与系统观思维是揭示系统理论本质的关键，也是开展综合实践活动的基础。

因此，理解系统的概念、掌握系统观思维，是开展综合实践活动的重要理论依据。

第一节　系统与系统思维回顾

系统一词，来源于古希腊语（Systemα），是由部分构成整体的意思。亚里士多德提出了西方最早的系统论观点。他认为整体大于它的各部分的总和。各部分简单相加并不是整体，各部分在一起和整体并不是一回事。黑格尔在其辩证法思想体系中阐述了深刻的系统思想，他说"全体的概念必定包含部分。但如果按照全体的概念所包含的部分来理解全体，将全体分裂为许多部分，则全体就停止其为部分。"现代系统思想的形成始于20世纪20年代。贝塔朗菲指出，"系统可以定义为相互作用的诸要素的复合体。"而在韦伯斯特大辞典中，系统又被定义为

"有组织的和被组织化的全体"。钱学森认为:"把极其复杂的研制对象称为系统,即由相互作用和相互依赖的若干组成部分结合成具有特定功能的有机整体,而且这个系统本身又是它们从属的更大系统的组成部分。"随着系统科学的深入发展,Jonson 等科学家提出了系统的新概念,即系统是为按计划完成特定目标而设计的结构因素安排序列。通过以上学者们对系统概念的不同解读,我们可以从三个维度来理解系统。第一,系统是由要素构成的有机整体。不存在着没有要素的系统。系统与要素之间是整体与部分的关系。第二,系统要素之间具有联系性。各要素不能彼此孤立存在,它们之间有着不可分割、相互依存和相互作用的关系。第三,系统具有明确的目的性。系统具有单一或多个目标,使得系统的运动可以用一种科学有序的方式进行合理的组织和变化。最后,系统必然是有组织结构的整体。只有掌握了系统各要素之间的组织形式和结构关系,才能把握要素的整体性。

一、系统的类型

系统的定义可以概括为相互联系的元素的有机集合体。"集合"强调的是其所包含的元素之间的某种相似性或共同之处,因为有共同之处,可以在思考中把它作为一个整体。例如,红茶的集合,元素应全是红茶,花茶、青茶、黑茶、白茶、绿茶、苦茶均不可混入,否则将不是红茶集合的整体性。如果给红茶的集合加上某些限制,如祁门红茶,则集合范围随之缩小,同时,集合元素的共同之处却随之增多,祁门红茶集合中元素的共同之处又增加了皖南的气候、土壤等环境因素。事实表明,集合元素必定具有某些共同之处,这是对集合思考中判断是否是一个整体的前提。集合元素的共同点或相似处可以是物理因素,也可以是非物理因素。例如,某公司的资产可以是房地产、设备、资金、股票、有价证券、知识产权价值等,尽管物理性差别很大,却在同属某公司的观念下放到统一集合中考察。

系统的概念与集合不同,虽然也含有集合性的含义,却主要强调元素之间的关系与联系,有目的地形成结构,而非考察其元素是否有相似性或共同之处。性质完全不同的若干元素无论是固态、液态,物质的还是非物质的,有生命的还是非生命体……只要彼此相关、相互影响（直接的或间接的），都可以纳入一个系统之中。与集合依靠相似性整合不同的是，系统之所以整合众多的元素或成员，则是依靠元素（或成员）之间的相互关系。所以，集合的标志在于其内在的特征性，不同的集合内部相似性各不相同（设备、工具、人、技术），而其标志在于结构性形态特征，即不同的系统以不同的元素和元素之间不同的关系相区别。元素不同，系统自然不同；即使元素相同，彼此之间关系不同，系统也是不同的。

作为系统的元素可以是任何对象，无论是物质的还是非物质的，只要这些对象彼此以特定的关系联结在一起成为思考的整体。对元素的性质没有任何限制，其之间的关系也可以是各种各样的，所以可能有无穷无尽的系统。通常情况下，任何可认证的对象但凡需要考察其内部关系，都可以作为系统，保持适当的关系。

集合和系统都具有各自的特征性，因而可以进行分类（集合的特征性在于其元素的相似性，因此进行分类相对简单）。单就系统而言，系统的特征性来自其元素之间的关系，内部结构和表征形态，而关系本身又依赖于元素的特性，所以分类相对复杂。以下将侧重系统的结构和形态特征所做的系统分类分别进行简单介绍。

1. 依据系统整体性（结构特征性）分类

根据元素的性质，可以把系统划分为物质系统、运动系统和思想系统三大类。

（1）物质系统。物质系统是从物质的最小颗粒——夸克和基本粒子至原子、分子，宏观物体一直到宇宙天体构成物质系统。物质系统又可以根据其存在形态、特征和运动形式继续延续分类。

首先，在宏观物体集合中按物态又可分为气体、液体、固体，以及这些物态的各种成形或不成形（形态不固定）的组合。

其次，以物体的生命体征划分物质系统又可划分两个序列：第一个序列是有机自然界序列，即从病毒、细胞、组织、器官到生物个体、群体。这是一个重要序列，社会运动就产生于生物和人的群体活动之中。第二个序列是无机物质，如水、空气、岩石……这是一个只能参考物理、化学过程的集合。

最后，按物质运动形式划分则有物理系统、化学系统、生物系统、心理系统等，与相应系统对应的运动形式则只有物理运动、化学运动、有机生命体和思维运动等。

从以上对物质系统的分类可以认识到，每种系统中都有各式各样、千变万化的情形，虽然人是生命体，参与生命繁衍和思维等过程，但其物质系统的运动过程也必须以较简单或低级的运动形式为基础。如跳伞过程，是物理运动；又如汽车通常作为机械系统，但其控制部分为电气或电子系统，动力（内燃机）的生成、涂装乃至腐蚀均属化学过程，操纵（除无人驾驶）则为人机过程。这一切表明系统的划分标准并非一成不变，而是根据需要有一定的灵活性，视具体情况而定。然而，这一切又是系统创新过程必须面对的实质性问题。

（2）运动系统。运动是物质的最基本特性。系统是由基本元素构成的，最基本的元素相当于系统中最小颗粒，应当说是"状态"，不同的运动形式均有不同的状态。鉴于目前的科学发展水平，比较明确的大约只有各种各样基本物理运动形式的状态（如粒子的力学状态使用了三维坐标和三个动量分量来表达）。因而讨论系统运动状态，一般只能把状态作为"运动在空间和时间中的表现"，即每个时刻的运动总会有一个状态，在空间中呈现某种分布，如流体力学或空气动力学中的状态便是液体或气体在一个时刻的速度分布（速度场）。状态是瞬间的、有限的，时延中也就有无穷多的状态。因而，以状态为基本元素讨论系统运动，除少数必要的技术场合，显然是很不方便的。

有限时延中所有状态的有序排列称为"过程"。以过程作为运动系统的元素，等于把时延中所有状态合并为元素（组成元素），或相当于不去逐个考察线上的"点"而考察"线段"一样。分组可以根据"组元"[①]（小组）的运动规律分成小组、大组或更大的组，这样，运动系统以有限的过程为元素，就使运动系统问题的考察得到了简化。

过程一般可以分为两种情形，泛指过程和特指过程。泛指过程代表一段时延

[①] 组成合金的独立的、最基本的单元称为"组元"，组元可以是组成合金的元素或稳定的化合物，这里借用此概念代表系统中的组成要素。

中所有状态组成的序列，未必个个都有明确定义；特指过程是固定和专门的状态序列，其中主要状态甚至所有状态都有明确定义，如震动过程、加热过程、消化过程、计算过程、比赛过程、演出过程、审判过程、读判过程、调查过程、创造过程等。

运动系统是若干特指过程按一定时序组合而成，如果把它视为总过程，所有特指过程则是它的子过程。子过程之前，彼此之间的关系明确，前后顺序、并行和条件转移，都有内在规律和条件规范。按照定义，系统元素之间有确切的关系以表达系统的结构，过程组合显然得结合系统的定义，它们便是附着在物质系统之上的运动系统。

运动系统中的特指过程有时被称为"步骤"，两者不完全等价，但一般可以互换使用。代表一类特指过程的特别组合也称为"模式"，模式以特指为前提条件。表达运动的外部表征，必须特征明确，包含可重复性。如周期震动，许多物体都进行此项运动，所以成为公认的震动模式。在某种意义上，它可以代表一个类概念。社会生活中，政治、经济、文化、教育、生活各个方面，人的行为乃至政府、企业的集体行为也都带有很多重复性（如选举、执法、经济性合同等），也存在行为模式。模式必定具有特征性，所以一经定义便无须逐一描写其中的特指过程。其中，主要步骤或过程序列被社会认为是已知的，在创新过程中可以作为子系统或过程移植，或作为创新目标进行质的改变和创造。

运动系统的结构实质就是过程的排列或步骤。现代计算机就是按照这样的方式进行的，它的每一步骤都是一个特指的过程。"程序"即为步骤的排列或步骤的总称（有时也代表特指的步骤），当用作总称时，程序就是系统。借用计算机科学的术语，运动系统的结构或程序称为"软件系统"，由物质元素构成的实体为"硬件系统"。运动是物质的运动，运动系统要以物质系统为承载才能展现"软件"的内容与功能。因此，可以理解运动系统的结构必须依赖于物质系统的结构，各种特定的软件系统只能在符合要求的硬件系统中才能被执行，因为运动系统的结构只有在符合要求的物质系统中才能形成和维持运作。

软件系统或软件结构的概念不仅在于表达运动系统存在过程或步骤，更需要满足一个十分必要的前提，即不同种类的运动之间存在形式关系的相似性，只有以这种跨越不同运动的外在形式上的相似性为基础和前提，计算机内部电子过程进行的结果才可能用于了解和认识其他的运动形式。否则，它所模拟的过程与物理、化学、生物乃至思维和社会各领域的现象毫不相干，那就失去了其实用价值。这种相似性主要来自两种运动系统过程、结构存在的对应关系，或忽略某些细节后而寻求主要特征的对应关系。电子学的发展实现了计算机中运行的电子过程的精确控制，产生非常复杂的过程结构，帮助解决自然和社会科学与技术中的大量实际问题，也为创造性思维提供了新的启示。

（3）思想系统。思想系统是指思维运动的结果或通过思考淀积下来的信息内容（无论正确与否都真），它是认识外部世界的概念体系。典型的思想系统是若干概念的集合，这些概念由一定的关系（表达为判断语句）组织起来或成为一个理论体系。

思想系统不是现实中的思维运动，因为人类思维运动的机理尚无清楚的认识和表达方式。

思想系统不是孤立的概念，在本质上不同于运动系统，既是静态的，又是超时空的。例如各种流行的概念，无论是否成熟、完善、有没有错误，只要具有一定的普遍性都可以看作思想系统。事实上，每个时代、每个具体地域、每个民族，由某些人首创的各种概念、学说主义、理论等，都可能具有某种局限，经过后人的加工修正、补充之后，也未必超越所有的局限。因为系统的定义并不包含是非的判断，而且系统的一切负功能作用也是不可避免的，正确性、完备性、完美性都不作为思想系统的必要条件。因此，各种观念、学说、主义、理论等都可以看作思想系统。

思想系统是若干概念依照一定关系串联起来的，成为一个理论体系。概念必须有明确的定义，每个概念同其他若干概念发生关系，定义也是判断。但要使概念为思想或理论系统增添含义，就必须要更多地表达定理或定律的判断。定义的判断只要明确和无歧义即可，含有主观任意性，可以在系统内部得到检验，只要定义不与其他定义冲突即可成立，而定理或定律的判断则必须经过外部实际的检验。定理或定律中的概念可以通过并列、隶属、条件递推或其他关系来陈述。这些判断无论全称或特称，至少是或然的，否则将使传递的有用信息失去意义。若干定理或定律加上它们的推论可以构成一个理论体系,显示出各自的结构都可以看作是系统。理论本身必须存在内部关系或系统性,而不能是概念和判断无序的集合。每门科学理论都是一个思想系统,其中表达规律性结论的判断都直接或间接有着内在的逻辑关系和体系的严谨性,使之成为创造性思维的思想基础和方向导引。同时,实用的理论研究也为创新活动拓展了研究的空间。

2. 依据系统的形态特征性分类

系统是以不同形态存在的,对系统形态的分析能使我们明确各种系统的特点及它们之间的关系。尽管系统形态千差万别,但对人类活动起重要作用的是受自然环境与社会环境双重制约的实体系统和概念系统相结合的人造复合系统。在创造、分析、设计具体的系统时,必须从设定的目标为基点选择对应的对象系统,并根据对象系统的特点和要求建立静态实体系统,辅以相应的计划、制度、程序、控制或管理,从而使之转化为动态系统生产或创建成实体产物或组织,属于适应市场和社会各种场合,通过系统的功能性作用于环境目标而实现系统设定的目标。

综上可以看出,从设定目标到最后实现系统目的,是建立实体系统和概念系统的过程,是两者顺次结合走向实现目的的过程。从系统形式分析中,我们还可以得知现实运行的系统都是几种系统形态的产物。

按照系统起源构成要素的属性、过程状态、因果关系等,系统的形态又可划分为自然系统、人造系统、实体系统、概念系统、动态系统、静态系统等。现就相关系统的具体形态做进一步解释。

(1) 自然系统与人造系统。自然系统是由自然过程产生的姿态,其组成要素(部分)为自然物,自然形成的系统如海洋系统、生态系统等。

人造系统则是人们将有关元素按照其属性和相互关系组合而成的系统,可分为人造自然系统和社会系统。人造自然系统是人类对自然物质加工造出各种人造物组成的系统,如机器、大型工程系统等。社会系统是人类根据社会管理需求所组织而成的系统,如行政系统、金融系统、交通管理系统等,多以概念为主要元素组合而成。

现实中,大多数系统是自然系统与人造系统、人造自然系统与社会系统的复合系统。人造系统是技术创造的主要产物,有许多是人们运用科学力量与理论改造的自然系统。随着科学技术的发展,出现了越来越多的人造系统,值得注意的是,一些系统的出现虽然有有益的一面,但其结果也产生了负面的功能,破坏了自然生态的平衡,造成了环境污染,破坏了生态系统良性循环或违背了社会发展规律,因而更应引起人们的研究与关注。

(2) 实体系统与概念系统。凡是以矿物、生物、机械、人群等实体构成要素组成的系统实体称为"实体系统"。

凡是由概念、原理、原则、方法、制度、法规、程序等概念性的非物质实体所构建的系统称为"概念系统",如管理、社会系统等。

实际生活中,实体系统与概念系统多数情况下是相结合的,实体系统是概念系统的物质基础,概念系统则多为实体系统的系统来源或指挥中枢,以控制和指导实体系统的行为,如领导的思想、信息原则、法规命令等。概念系统也包含计算机系统、通信设备系统等。

(3) 动态系统与静态系统。动态系统是系统状态随时间变化(动态变量是时间函数)的系统。大多数系统都是动态系统,如造纸生产、加工自动线对零件的加工等。由于动态系统中各参数间相互关系复杂,找出其运动规律非常难,有时为简化流程控制可假设系统是静态的,或使系统中各种参数随时间变化幅度减小而视同稳定的,然后进行相应设计或控制。

静态系统则是表征系统运行规律的,系统运行规律的数学模型不含时间变量(变量不随时间变化)。静态系统是动态系统的一种极限状态,如车间布置、物品封存等。

(4) 开放系统与封闭系统。开放系统是指与环境之间有物质、能量与信息交换的系统。如生态系统、商业系统、使用中的器物与设备、工厂生产系统等,人造系统大多为开放系统,通过与环境之间的物质、能量与信息交换,实现其既定功能及实现创造的目的。

开放系统通过内部子系统的不断作用与调整来适应环境的变化,以保持相对稳定的状态并谋求不断发展。开放系统一般具有一定的自适应与自调节功能。一个企业乃至国家都是一个开放系统,并在不断变化的外界环境中通过反馈、调整输入与输出的关系，而谋求不断的发展。

研究开放系统不仅要研究其本身的结构状态，而且要对外界环境的变化及其对系统的影响深入分析，并及时掌握随机变化的因素，对系统进行改进与调整。

环境变化有较大的不确定性，甚至会出现突变，尤其是社会与国际环境变化。因此，当一个开放系统存在某一特定环境之时，系统设计也必须具有特定功能，以保证其持续生存和发展，如外贸系统、水利系统等。封闭系统是系统与环境没有物质、能量、信息交换的系统。由于系统与环境隔开而处于封闭状态，这类状态的存在必须要求内部各子系统及其相互关系中存在着某种均衡关系。一般封闭系统也必然是静态系统。由于不具有对环境的功能性，因而处于待使用状态。

系统的其他形态还有因果系统、控制系统、行为系统、对象系统、目的系统等，在此不再一一列举。

二、系统的特征

为了对思维的系统性有深入的了解，首先要对系统的特征做概括性的阐述。

1. 系统的整体性

系统的整体性是指系统（大系统或子系统）是相对独立的整体，其主要特征表现为以下几点。

（1）系统目标、规律、功能的整体性。系统是由若干相互作用和相互联系的要素（部分）有机结合形成的，具有一定结构和功能的整体，其本质特征、目标、性质、运动规律、功能也具有有机的整体表现。

目标的整体性。目标的整体性是指建立系统目标是整体的，是要素功能有机结合的综合体现，在整体条件下形成最佳化。

规律的整体性。规律的整体性是指系统的整体与要素、要素与要素、系统与环境之间存在着有机的联系。系统的性质和运动规律只有通过整体的表现，才能显示出来。组成系统各要素的联系、作用都不能离开整体的协调去考虑，其作用也完全服务于整体目标。

系统功能的整体性。系统功能的整体性是指系统要素的功能必须服从于系统整体的功能，绝不是要素功能的简单相加，而是要素功能有机综合的结果。高层次具有低层次所不具有的特性，也即整体性质具有非加合性——"整体不同于部分之和"。系统整体性表现为突现整体的特定功能与行为，各要素既不能脱离整体联系，又不能形成要素间的简单叠加和集合。要素间一旦脱离了整体性，也就无法突现和实现系统功能，要素及要素间的联系也就失去了原有的意义和作用。如最简单的打气筒，是由密封的筒体（气缸）、活塞（含活塞杆）、手柄、止回阀（单向阀）、导气阀（含接头）、夹头六个基本元素组成的各司其职的有机综合结构，进而形成打气的功能，而非每个元素功能的简单相加，其评价标准也是根据打气效率来制定的。如果将其拆开，也就失去了打气的功能。

同样，确定系统评价准则也必须以系统整体性为基础来制定。因此，整体性是系统构成部分的统一。整体性原则也是系统方法最基本的原则。

（2）系统整体联系的有机性。系统观是用相互联系和整体的观点来看待世界。系统整体存在着多种形式，却有一个共用的特征，即它的有机性。贝塔朗菲认为应当树立"把世界看作一个巨大组织的机体主义观点"。他的"机体"或"有机"的概念是从生命科学中引出来的，如今，这一概念已远远超出了生命科学或有机化学的意义，因此，有些学者也把它概括为组织性，以揭示系统观。尽管对整体性的有机联系这一本质范畴理解不同，但必须看到的客观事实是，系统之所以能保持它的整体性，是由于组成系统的要素（部分）之间建立着有机联系，从而形成一定独立的结构。从各种类型整体联系的分析中可以看到，整体的有机性具有以下特点。

一方面，无论存在于系统整体中的部分（要素）是否能作为相对独立的部分（如汽车的轮子可以作为独立部分存在，而人的手、脚则不能离开整体而独立存在），都应具有作为整体部分的内在根据。这种部分只有在整体中才能体现其具有部分的意义，一旦离开整体，这个部分就失去了整体的部分的意义（此种特性也称之为"系统的不可还原性"）。无论是简单的二元系统还是多元的复杂系统，均具有此种特性。如氧原子、氢原子各有其固有特性，氧原子与氢原子按规律组成的二元系统是水，具有与氢和氧完全不同特性。一旦水分解为氧原子和氢原子，也就失去了整体系统"水"的意义。

另一方面,这种整体联系有机性的又一特点表现为整体自我保持的有机特性。整体系统不断从外界吸取信息、能量或物质,并在运动中按一定的规律进行整体与部分、部分与部分、整体与环境以及不同层次之间的信息、能量、物质的交换,并且在交换中保持整体一定的度,系统整体才能体现为一定系统的质和功能(含信息、能量及物质的输出)。如果信息、能量、物质、交换遭到部分或全部破坏,系统也就会部分或完全失去其原来的整体性,解体或部分解体。整体的有机性不仅体现为整体内部要素之间的联系,也表现为系统与外部环境的联系。过程是连续性的联系,即反映系统整体存在和发展过程中环境、整体要素之间的关系。任何一个系统同时又是大系统的子系统,因而具有构成更大系统整体的特性。一切系统整体性都体现为整体、要素、环境之间的有机联系和辩证统一。

系统的整体性在技术系统进化中体现得更加明显。例如自行车是比较简单的技术系统,自行车的演化过程就充分体现了整体协调性的重要性。早期的自行车曾采用前轮较大、后轮小,前轮作为驱动轮的结构,尽管也实现了功能,但在稳定性与操纵灵活性方面都存在很大缺陷,逐渐改进为现在的典型整体结构后,就更好地实现了整体性。

2. 系统的有序性

(1)系统结构的有序性。凡是系统都有结构,结构都是有序的。系统的有序性表现在层次上。自然界是有层次的,总体上有微观、宏观、宇观之分;微观领域中还有基本粒子、原子、分子等层次。就科学大系统而言,物理系统、生物系统、社会系统等都是大系统的子系统,其系统本身依然具有层次性。系统的层次性是一个系统本身的规定性和普遍性。在多层次系统中,子系统是按层次划分的,这是系统空间结构的特定形式。由于系统中层次的普遍性,系统概念也具有层次性,如子系统、大系统、特大系统等。这些系统是相对的,子系统又是由更小的子系统构成的。工厂、机关、汽车、机床、社会团体与人造物质都有其自身的系统结构。系统层次是无限的,从我们认识的局部划分,可以分为无机系统、生物系统、社会系统三类。

子系统结构的有序性及其自身特性,和它在大系统中的作用决定了其在总系统中的地位,如支配地位、从属地位等,并根据其所处的地位、任务的不同,构成了整个大系统的结构，使得大系统能够协调控制各子系统的活动。

人工设计的计算系统，从各个要素、各要素组成的子系统到系统的组合都要求层次分明。由于系统本身是动态的，在不同层次结构中存在着动态的信息流和物质流，构成了系统的动态特性，随时间的变化突现不同层级系统的作用与功能，更汇集成更为复杂、完善的总功能，以发挥更大的作用。在系统中，高层次包含低层次并支配低层次。层次不同，其属性、结构功能也不同。总体来说，技术系统越来越趋向复杂化，层次增多，其属性、结构、功能就愈复杂。层次分明是技术系统进入正常运行状态的保证。

系统结构的有序性不仅表现为构成子系统不同的地位、构成层次，还表现为结构确定以后系统中的物质、能量、信息的流通渠道和有序进行的方式，以形成顺畅的流通。系统作为一个整体发挥较高的功效，也在于它的有序性。无序的松散集合也无法形成功效性，也就失去了子系统的个性。因此在实际创造活动中，建立健全的系统秩序、维护系统的有序性，是至关重要的问题。

（2）系统发展的有序性。系统发展的有序性也是系统发展中的变异革新性。绝对静态的系统几乎是不存在的。一切系统都处于不断变化、发展的过程中。系统的变化、发展不是随意的，而是受系统内、外部各种因素的影响、限制，依据一定的规律变化发展的。这就是系统发展的有序性。系统不仅维持自己的整体性以保持现状，还随时有可能产生革新和变异。当客观世界发展到一定程度，出现了适宜系统产生、发展的环境时，相应的系统就应运而生了。系统并不是一经产生就具有完备的特性，而是从系统的雏形经过不断的改造，在进一步适应外界环境的过程中，不断优化，排除不良与混乱，最终形成一个清晰、有序的完整系统。当系统不能再适应客观环境的要求时，便渐渐走向消亡。

在系统发展序列中，序列之间存在着必然的有机联系。序列不能错乱，系统的发展也容许倒退。也必须看到，世界具有多样性。一个完善的系统要满足熵增原理，但允许局部熵值的减小，而其他部分熵值增大的情况。由此将出现多种形式，发展出多种多样的行为构型和组织结构，并且从偶然中产生的形式、行为构型和组织结构中进行选择。进化是有序的，但不是一种预定的规划，它是在明确方向的前提下由机遇发挥作用的。

3. 系统的动态性

系统的动态性表现为系统的过程性或历史性。系统是动态的"活"结构，随时间变化而发生演化，小至原子、大至系统，都有一个产生、成熟、消亡的过程。系统的类型不同，其过程性也是有区别的。人造系统是根据目标（或计划）组装而成，是有序的结构，并按预定的、精确的秩序和轨迹（方向、规范）活动。而有机体或其他自然物是发育的、由过程决定的，依循着因果关系而运动，其秩序是通过自协调、自适应形成变化的，由循环的信息流（信息反馈）的引导而变化，因而必须在分析研究中予以充分注意。

对于系统的动态特性可以从两个方面进行认识：一是使用过程的动态特性（相对短时期），二是较长时间内的动态变化特性，即系统的进化特性。系统进化中，层次性与复杂性都在不断地增加，总体结构和功能也在递增，外界环境的变化也随之增大，因此，系统的实用性、适应性也必须更加宽泛和提高。由于作用环境因素的差异，各种元素、子系统、各层次之间的相互作用是呈现非线性的，系统的特性也是动态的。

以汽车系统为例，它是由动力系统、传动系统、制动系统、转向系统、行走系统、车身系统等组成，要求系统具有承载性、动力性、平顺性、安全性、灵活性、制动性、舒适性等多项指标。随着承载、路况、气候等外界因素的变化，各子系统间的相互作用和联系也应是动态的；随着系统复杂性增加，动态特性也随之增加。

系统进化的终极动因是作用过程动态性的积累和改进，同样在于各元素、子系统及各层次之间的相互作用，也同为非线性的相互作用，这种相互作用形成了内部动力。

4. 系统的或然性

系统的或然性即概率统计性，是一种与严格决定性相对立的特点。随着科学技术的发展，不难发现一些现象。比如电子轨道的跃迁，亚原子、粒子的解体，乃至放射性元素的衰变等都无法寻求到任何一个事件是促使这些现象发生的原因（也许随着科学的发展，以后会知道），因而只能根据概率统计的方法，掌握大多数现象的变化趋势。至于特定现象的变化，则认为它们遵从偶然性。事实表明，微观现象和很多现象的规律无法按经典严格的定性模式进行描述。概率统计性思维方式的重要意义还在于它为研究某个整体内部的层次性提供了严密的科学方法。统计规律可以描述整体的趋向，却不能严格决定整体中个别因素的状况。层次性赋予有关理论以一定的内在灵活性，人们因而有可能通过相应的模式揭示复杂系统的结构和功能。控制论中的"黑箱"概念，就是把具有同样反馈作用的不同客体当作同态的东西来研究，以寻求其内部实际上的完全不同的性质与变化。

或然性的观点也为自然科学向社会科学渗透创造了有利条件。经济科学有效地向模型化、定量化方向演化，就是得益于或然性的认识观。对于不能完全采用严格定性的数学方法研究的各类模型（宏观的或微观的）也可以应用概率统计的方法进行定量分析。概率统计性使新的数学工具（如群、不变性、对称性乃至模糊性）部分取代了精确的函数关系，为解决复杂的客体系统的定量问题提供了可能。

5. 系统的集合性与相对独立性

一个系统至少由两个或两个以上子系统构成。必不可少的子系统称为"系统要素"，构成大系统的各子系统具有自身的独立特性，有时彼此之间存在着必要联系，形成序列结构，即系统的集合性。

系统要素（子系统）在整体中又保持着相对的独立性，也就是说，子系统作为低一层次的系统，仍保持其整体形成并以其整体的结构、行为、功能与其他子系统发生联系，而自身的特性不受其他子系统的干扰，保持相对独立。如计算机系统一般由运算器、存储器、输入与输出设备等硬件组成，同时包含操作系统、程序设计、数据库等软件形成了一个完整的集合，而存储器、运算器和软件等自身的结构、行为与功能是相对独立的，其运行过程不受其他子系统的干扰。

6. 系统的相关性

系统内各子系统间的联系表现为相互依存、相互制约，这种联系是通过系统整体结构来实现的。系统存在、发展和功能的实现是以子系统间存在及其相互联系为前提的。而各子系统的发展将受到系统和其他子系统的制约。相关性以整体性为前提，又是整体性的可靠保证。要素的选择与设计要服从整体的目的、功能结构与应用的需求,并尽可能通过要素间的联系与作用保证总体目标得以实现和优化,而在总体规划或设计中,就应充分预测要素组合的原则方案和联系方式,以便寻求整体目标可行性的最大空间。

例如城市发展规划。城市作为一个大系统,是由资源系统、财税系统、市政系统、商业系统、工业系统、交通系统、通信系统、文化系统、教育系统、医疗卫生系统等子系统组成的。城市发展是一个综合性指标,以提高市民的物质文化生活为宗旨,因此必须通过各子系统之间相互协调运转,才能实现城市全方位发展的目标。各子系统之间具有密切的关系,相互影响、相互作用又相互制约,牵一发而动全身。这就要求各子系统以整体目标为前提,服从总体目标的同时确定子系统目标,尽量避免大系统内子系统间的干涉与内耗,以提高系统的有序性和整体运行效果。

7. 环境适应性

对于目标系统而言,同一大系统中的其他子系统和其他大系统都是目标系统的环境。该目标系统与环境之间产生物质、能量及信息的流通。基于目标系统集合性、相关性、目的性等基本特性关系,目的系统及其子系统必须适应外部环境的变化,才能实现其规划的目的。为实现目标系统的目标性和优质可靠性,必须在系统设计中充分注意环境条件;同时,也必须在系统活动过程中对目标性、控制性、反馈性的协调关系实现调节功能,以保证系统的功效性。

8. 目的——功能性

具有目的的系统称为"目的性系统",包括生物系统和社会系统等。功能性是一切系统特性的客观反映,即系统对客观世界发生作用的功效性(不论是有益的还是有害的),对于无目的系统同样存在客观的功效性。

人们对自然的探索、为改造客观世界所进行的人造系统的创造,都具有明确的目的性。而系统及其最终具有的功能是目的的载体。因此,可以认为目的系统的目的与功能是主观与客观意志的统一与协调。

目的是通过系统中子系统的协调作用来实现的。对应总目的,有总功能;子系统也有其自身的目的——功能。子系统功能的相互作用及有序的活动,形成系统的总功能,即为目的的客观表现。目的的确定必须适应客观规律与客观条件,而不能脱离现实，盲目追求目的可行性。

9. 系统科学的特殊性质

系统科学与传统科学不同，传统科学研究的是各个特定物质系统，如生命系统、社会系统等。系统科学不研究特定形态的具体系统，而是敞开系统的个体形态，研究一般的系统和有关系统的思想、理论和应用，其特殊性有以下几点。

第一，横断科学性质。系统科学概念范畴是从自然与社会领域中抽象概括出来的，是在各门科学的基础上，敞开各系统具体内容，研究这些系统的一致性和同型性，揭示系统结构的规定、类型和规律。系统科学因不着眼于自然界或社会某一物质运动形式，而具有横断的科学性质。

第二，行为科学性质。系统科学本质上是研究与事物的功能行为相关的问题，并不把对象作为纯粹的实体，研究其质的构成及变化原因，而是在对象的发展过程中动态地研究它的功能行为，关注的不是"对象是什么"，而是"对象怎样做"。在考察各类系统时，特别注意在人参与的条件下如何变更系统的结构，形成有利于人的系统功能的条件。因而，在一定程度上具有行为科学性质。

第三，方法论性质。系统观作为一种思维方式，系统工程作为一大类组织管理技术，直接具有方法论的意义。各个具体的系统理论实质上也都是关于方法的理论，这些理论中所包含的方法，如控制论中的反馈控制方法、信息论中的信息方法等，都是作为一种思维方法而提出的，都带有方法论的性质。

三、社会系统

把社会系统作为一个问题讨论，是因为人或人群生存在自然与社会两大环境中，人作为自然系统的重要因素和改造自然的主体参与各项社会活动，而成为社会结构和秩序的重要因素，而且社会活动（运动）也是在组成社会的各个元素之间的特定关系中产生的。实践证明，这些关系最终是依靠基本的物理相互作用维持，同时也遵从生命现象和心理现象的规律，属于完全客观的自然过程。因此，社会现象、社会结构和秩序也不是偶然的，演变和发展也必须遵从不以任何人的意志为转移的客观规律。我们可以认识到社会构成并非早期社会学者所认为的社会是人或人群构成的集合，而是大自然大系统的延伸，完全符合系统规律的客观系统，同样，把社会技术系统作为技术系统中的一个子系统研究，更有利于社会的发展和创新。

1. 社会系统存在的依据

社会是一个系统是完全符合系统定义的。社会系统是一个非常综合的概念，社会不仅是由很多元素相互联系和作用构成的整体，许多不同的系统都被纳入其中，这些系统又含有各种各样的子系统。系统可分为物质、运动和思想三种类型。就物质而言，人必须符合生物学定义，人不仅是社会构成的重要因素，也是社会重要的主体。社会构成不能只有人，人作为生物个体是开放系统，需要补充生活资料。为了获得生活资料，人必须从事生产活动，生产活动需要生产资料和劳动对象，所有这些资料即为社会的物质财富，也应当包含在社会系统之中。就运动而言，即为人的活动以及由人的活动带动的各种物的运动，包括生产活动、经济活动、消费活动、科学活动、政治活动、军事活动、文化活动等，每种活动又可按照社会分工划分难以计数的专门系统。就思想类型而言，人的生活、生产和其他社会活动，都需要具备一定的知识和技能，它们也必须作为思想系统包含在社会系统中，并和社会的其他部分存在着互动关系。所以，社会作为一个整体是一个非常复杂的大系统，也是人类认识到的最复杂的运动形式。在这个系统中，各元素的物理本性存在着巨大差别，生命的、非生命的、物质的、非物质的、有意识的、无意识的彼此相关，错综复杂。由于成员难以计数，因此，统计规律性及相关技术在社会生活中起着重要作用。

2. 社会系统的基本性质

社会系统具有综合性质，在具体问题中只能根据实际状况抽出某些侧面，分别建构各种不同类型的子系统，层次结构是社会系统的显著特色。由于社会系统中的子系统不仅有横向的纷然杂陈，如生产的各个部门，而且是有问题地逐渐演进，形成特定的层次结构。这种层次结构不仅要遵循层次过渡的普遍规律，同时具有社会运动的特点。

社会系统的各个部分处在不断变化之中，社会系统的各个部分，尤其是人的思想能力结构，绝不是一成不变的，而是处在不断地调整和进化的过程中。可以说，社会系统增加了一个时间维度，存在时间中的复杂性。

3. 社会系统的一般范围

一个特定的社会系统在现实条件下，大体上就是一个主权国家。此处的"主权国家"（含托管地、联邦成员国）并不赋予其通常的内涵，只作为表达社会的界限：人口、土地、资源等。在社会系统中，"国家"只是一个特定的空间范围，以一个自主系统（而不是说主权国家）来考察。在一个国家内部有省、市等行政机构，也可以划分为更小的系统（低一级子系统）来考察，其前提是它们必须有相对独立的意义（如行使管辖权等）。国家与国家的关系及国际关系，则属于社会系统之间的外部关系，与决定社会的结构与秩序（如政治制度、管理体制、经济等）的内部关系有着重要区别。

关于社会系统范围的界定，有些是精确的，如人口、户籍等，无须特别说明；有些则是含糊的，如资源储量、外海疆域、外围空间等。但这些不会构成原则上的困难，因为这些国家存有支配权，运动也不复杂，不会出现自然与社会现象混淆的问题。至于思想系统与意识形态方面，把宗教、信仰也纳入系统之中，不仅显示了社会系统的包容性，更显示它们对一定范围的人群的思想和行为起支配作用，有其不可忽略的现实作用。意识形态还包括占主导地位的社会思想，也包括不同理念的社会文化、知识水平、科学文化和文化教育。科学文化都具有发明权，不是由本国发明但已为民众掌握的知识，特别是自然科学知识同样应列入社会系统的范围。所以，社会系统中思想系统部分表示为社会范围的知识或信息储存者，如图书馆、资料库和互联网中可分享的信息等。

4. 社会系统的类型与构建

社会系统的类型与构建主要包括社会管理系统（组织系统）、生产技术系统、经济系统、后经济系统（交易与市场）、政治系统（政治、法律、行政等）和思想系统等相关的定义及范围。

5. 社会与自然界的关系

从根本上说，人类社会是从自然界发展起来，属于自然界的部分；但从另一个角度，在社会的生产活动中，自然界又是人类开发的对象，它又隶属于人类社会。表面看来，自然界与人类社会是"你中有我、我中有你"的镶嵌关系，而实质上是表明应当区分的两种"自然界"的概念，包括人类社会和人类自身的自然界，可称为"广义的自然界"；而作为人类开发对象的自然界范围较为狭隘，称为"狭义的自然界"。逻辑上看，狭义的自然界不应包括人类自身，而是人类的生存环境。虽然有时也说人类的自我开发，如智力、能力、体力等，尤其是智力开发本质上是发展，和向自然界索取性的开发，如开采等，意义是不同的。狭义的自然界不等于已开发的自然界，而是要开发的自然界，如海洋、宇宙空间等。

四、系统思维及其特征

20世纪初发生的物理学革命以及20世纪中叶风靡全球的系统科学潮流，从整体上导致了机械论的衰落和系统观的兴起。

现代科学思维方式是以系统观为主导的。那些以分析特定类型的系统为己任的新兴学科和分支得到异常的快速发展，在许多科学领域都涌现出相关的研究方向，并成为当代科学发展的前沿。纵览一下各个科学领域，就会得到极为深刻的印象：系统科学已成为主导科学，系统观也已成为主导的思维方式。统观微观和宇观各领域的研究，不难发现生物学早就试图把自己的研究客体（活机体）看作系统，生命系统被定义为自组织系统。作为自然科学的基础学科——物理学也把自己置身于系统运动之内。随着物理研究从孤立系统到开放系统，从平衡态到非平衡态，从线性系统到非线性系统的发展，出现了耗散结构理论和协同学等物理学前沿学科，这些新兴学科不仅突破了传统物理学领域（如热力学领域），而且本身就是一种研究一般复杂系统的系统理论。数学方面，突变理论的核心思想是有关系统的结构稳定性问题，突变理论对质变方式的研究是系统控制论的延伸。心理学方面，系统思维方式也较早得以广泛采用，受格式塔心理学所讲的"完形"心理系统、理论的启发，美国著名科学家兼哲学家库恩提出"范式变革"的科学发展模式。美国科学家奎因提出的"整体性科学观"也与此有关。著名瑞士心理学家皮亚杰的"发生认识论"阐述的也是有关智力在不断建构过程中系统发展的观点，他借助儿童心理学研究的成果类比说明在认识发生问题上，认识的外源因素与认识的内源因素的双向作用。格局或结构是人类认识事物的基础，通过同化和调节这两种适应外界刺激的形式，新的格局得以建构起来。

建构理论以这种被建立的和谐，取代了传统的宇宙与思维之间先定的和谐。

微观和宇观领域的研究也表明，生命运动和社会运动的研究所涉及的不是单一物质运动形式，而是许多物质运动形式的关系和相互作用，涉及所谓"大系统""大科学"的问题。现代科学揭示了自然过程的整体性、地球的整体性、社会的整体性，也揭示了随着生产力发展和社会进步，出现世界政治、经济、文化发展的整体性，科学技术及其发展的整体性。显然，面对上述复杂的大系统，经验思维和分析思维是无能为力的，采用系统观代替机械论观点思考问题才是解决问题的最佳途径。

综上所述，系统科学不仅作为主导理论已渗入当代各门科学研究领域，而且也表明系统观是既适用于研究客观世界，又适用于研究人类认识的重要工具，已经成为现代科学思维方式的主导因素。

系统思维是系统观点在思维中的体现和应用，也就是说，思维主体（人）视工作或要解决的问题为一个系统，然后以系统与子系统、子系统之间以及系统与环境之间的关系的协调为思维线索和内容。充分运用系统观点、系统特性（如结构性、有序性、灵活性等）并最终以实现工作系统目标或提出解决问题方法最佳化的思维过程。系统性思维在充分运用系统观的基础上还应注意以下特点。

1. 定量分析与定性分析相结合

定量分析强调把数量分析作为思维问题的基础，以数量分析为依据。定性分析则侧重对事物进行性质、特点非数量化的分析。创造性思维的一个重要特征就是采用定量、定性分析相结合的方法。在对问题做精确的数量描述和演算基础上，再借助定性分析回答问题。一般具体的做法是，首先从系统内部机制入手，来研究系统的发展与变化，一开始不急于对事物进行数据收集和处理的定量分析，而是借助社会科学知识及相关系统状况进行定性分析。通过定性分析子系统之间相互作用关系，画出能够反映各系统问题结构联系的框图或输入输出关系的流程图（如"黑箱""灰箱"或"白箱"流程图），从而找出各子系统间进一步的联系及定量关系，以此来确定系统状态变量及控制参数，建立数学模型，通过模型进行定量分析，得出结论。

2. 微观分析与宏观分析相结合

微观分析是将系统中各子系统要素单独拿出来考察，宏观分析是对系统做整体性的了解与分析。一般来说，宏观分析是以微观分析为基础的。系统分析同样要求一方面对系统做出微观分析，另一方面又在微观分析基础上得出宏观结论。对于一些问题也可以采用逆向分析的方式，根据问题所涉及相关因素做宏观分析，建立结构系统，再针对每个子系统进行微观分析，进一步做宏观分析，经过综合后得出宏观结论，也就是宏观与微观分析交叉进行的思维方式。

3. 静态分析与动态分析相结合

对相关事物组合分析时，一般采用静态分析。在静态分析中，虽然有些要素是在发展变化着的，但绝大部分要素是不变的，所做的分析充其量不过是一种预想，而预想与真正的客观实际情况可能存在程度不等的差距。

系统作为一个多元的组合整体，各个单元均有自己的组合特性。组元间又要通过必要的协调，形成整体的规律性，即或每个单元都符合静态分析的结论，其同整体的协调中也会产生相互影响，而引起整体规律的变化。如果每个组元中都存在着某些要素的发展和变化，就将使系统整体处于变化之中，各单元变化激剧或组元间干涉激烈，整体状态就愈是千变万化。因此，对系统构成（含组元）在静态分析的基础上，还要进行必要和及时的动态随机分析。

系统变化的频率决定随机分析的频率。随机分析的方式方法有很多，可以根据具体情况进行选择。动态分析是很复杂的随机问题。为了保证分析的可靠性和效率，应该在思维过程中建立有效的反馈系统，通过信息反馈及时调整思维方向，逐步掌握随机因素加以解决。在动态分析中，知识与经验也具有重要作用，可以凭借经验舍弃次要因素，明确主导思维方向以保证思维的连续性。

4. 线性思维与非线性思维相结合

传统分析思维大多属于线性思维，遵循线性的连续性、不可逆性和渐进性，忽略不规则性、追求线性关系完全相符的精准性。现实中，一种结果可能由千百种因素影响而生成一个因素，也可能生出千百种结果来，而且每个结果也并不是终端结果，只是整个进程中的瞬间结果，同时它又是一个事物发生变化的原因。事实说明，所有系统在整体上看都是非线性的。现代科学指明事物现象和过程是非线性的，如同混沌理论研究揭示有序与无序、确定性与随机性的统一。现代科学技术发展促进人类思维方式从线性思维走向非线性思维。

面对现实的开放系统和耗散结构，非线性混沌思维有多层次不同尺度的运动，在非平衡、非线性的条件下，其不规则性和差异、随机性和差异都是不能忽略不计的。面对系统的有序与无序、确定性与随机性、简单性与复杂性的关系，需要用耗散结构理论、突变理论、协同学和分形理论等进行非线性思考。

非线性思维方式的基本观念有这样几方面：第一，内在随机性，重视次要的、非本质的、不确定的因素；第二，初值条件的敏感性，不可忽略初值的微小偏差；第三，奇异吸引子，在混沌运动中无规律性的轨迹与终点确定性统一；第四，混沌是信息创生之源，从混沌通向有序、有序进入新的混沌、新的混沌再通向有序的创生，混沌演化伴随着新信息的创生。

应用混沌观念进行思考，走向非线性思维，这是人类整体思维方式的又一重要进展。

5. 系统结构与系统功能相结合

系统结构所反映的系统中各个要素相互作用的关系，是从系统内部说明了系统性质。系统功能则说明按照一定目的组织起来的系统活动及其与环境的相互作用，是从系统外部反映了系统性质。

在一定条件下，系统结构决定系统功能，系统功能又反作用于系统结构，因此，思维的系统性特征要求人们必须做到辩证地分析系统结构和系统功能的相互作用关系。在确定系统目标，研究与改善系统功能结构时，不能把思路仅仅留在提高单个要素方面，而要全面考虑提高每个单个要素的素质，并致力于综合改革系统结构，以实现和发挥系统的优化功能，充分体现系统结构与系统功能相结合的系统思维特性。

6. 系统目标与系统功能的辩证统一

人的思维是有动机的。思维动机一般是认识客观事物、解决客观存在的问题、满足社会需求等。思维也是有目的（以目标为标志）的，其目的是寻求认识的结论、解决问题的方法或创造某种事物，而目的是通过系统结构实现的功能来体现的。思维的目的是根据客观条件综合分析，以目标来体现的，并根据目标寻求合理的系统结构，而目标完善的程度又是由系统结构的客观功能来实现和衡量的。因此，思维目标与结构功能在系统思维过程中存在辩证统一关系。

每一事物的客观结果一般是由多种原因造成的，而一种原因也可能产生多种结果。期望的目标过高，会造成系统结构的复杂性，甚至导致系统功能无法实现。因而在思维过程中，必须根据客观现实不断反馈、修正，达到目标与功能的统一性，以实现系统结构功能的理性优化。

7. 综合性思维

综合性也就是全面性。全面性要求我们把事物作为一个整体来把握，这是与分析性思维相区别的。分析思维把大的整体事物乃至整个世界分割为许多构件，构件越分越细，对基本构件进行精确分析研究，也积累了丰富的知识和经验，却忽略了构件之间的相互联系和相互作用，从而失去了全面性。综合性思维重视分析作用，因为人类思想认识不能直接把握整体，分析是必要的，但是它更强调事物的相互联系和相互作用的全面性。如果过分强调抓主要矛盾，认为解决了一个主要问题或关键问题，其他问题也就自然解决了，这样做就可能走向否认事物的全面性和系统的复杂性，从而导致错误乃至失败。

综合性思维重视主要因素的作用，但特别强调事物各种要素的相互联系和相互作用，重视发挥这种作用达到事物的协调发展——这是事物发展的协同学。协同学研究的是宏观时空或功能结构系统中各单元之间的合作关系，既研究确定性过程，也研究随机过程。也就是说，综合性思维重视各单元之间的合作关系和序列关系，以使整体功能特性更为完善和优化。

综合性思维对系统思维是一种适应性的完善，在综合思维中可以借助系统图（枝状图、鱼刺图、网络图）对系统进行分析，这样会更为便捷。

20世纪中叶以来，世界已进入整体论的时代。系统科学理论的建立，为人们认识自然事物、经济和社会管理的规律性提供了新思路和新观点，也给研究方法带来革命性的改变，系统观已成为研究客观世界的重要工具。作为科学创造对象的一切事物，按照系统观认识都属于整体系统，系统性思维也就成为一切创造活动的思维方式。在创造活动中如何运用创造性思维呢？通常，在运用系统科学方法研究和解决问题时，为了凸显系统性思维的主导作用和成功而有效地利用系统科学的成果，必须注意三个要点：问题系统的恰当选定、模型的建立、系统科学理论和技术（含数学工具）的应用。

在复杂的研究对象中，几乎任何事物与其他事物之间都是相互联系的，系统观思维的优越性就是把所要研究的对象理解为一个从周围环境中分离出来的独立整体；同时，这个整体又与周围环境相互影响，把这个整体（研究对象）纳入系统之中。对于更大的系统来说，它是大系统中的独立分支（子系统），而就其本身而言，又包括许多从属的分支（子系统）。根据系统的特征，这些从属的子系统之间不是线性地相互作用，而是在整体中受到其他子系统的制约，构成多重相互作用。在实际处理对象时，既要考虑事物之间的普遍联系，又要把对象这个特定系统相对确定下来。为了有效地运用系统性思维方法解决疑难问题，必须遵照以下思维程序逐步完成。

（1）确定问题系统。确定问题系统包括确定问题的存在和划定问题范围（域）、确定选题两个部分。

确定问题的存在，就是对问题能否纳入系统做假定性分析。面对疑难问题，首先要确定问题的类型和所属的科学领域，从而明确思维的大致方向，以确定思维的具体形式、方法和视角。其次是分析问题产生的情境，搜集相关信息，进一步明确问题的属性及影响因素，判断问题存在的真实性和结构的完整性。

划定问题范围、确定选题目的，是对一个真实的问题的研究和解答，可以选择它的全部或一部分作为研究对象，也就是界定选题的范围和目标。首先，要选择研究对象——问题的价值（科学价值、社会价值等），没有价值的问题是不能成为研究对象的。其次，在确定选题时要充分考虑其可行性原则。可行性影响因素一方面来自解决问题的难度和广度，另一方面则来自研究主体的条件因素（如技术条件、人员条件、资金条件、时间条件等），在满足可行性的条件下，还应兼顾需求性、优势性、经济性、实效性、创新性和发展性等。如何恰当地划分所要考虑系统选题的边界，用确定它的边界范围来鉴定它的要素和组成部分，这是运用系统科学方法需要面对的重要问题。人们只能凭借现实研究条件解决恰当提出的课题。所以，应当在恰当确定的边界内进行分析，找出主要矛盾，解决主要矛盾。对系统外因素所施加的影响则应注意，特别是对那些在控制范围内的因素更要调查清楚。

在选定问题系统时，一定要明确目的，只有通过对目的的全面了解，才能以系统的观点确定所期望达到目标，也才能缩小范围，考虑有哪些真正可供选择的方案以达到期望的目标。

（2）建立系统模型并求解。建立系统模型，就是系统的模型化。就原型而言，在科学研究中，模型是对实体特征和变化规律的一种定量的抽象表述。系统科学方法的关键之处是建立系统模型，即依据对系统内部结构和外部环境的分析，按照系统的目标，用数学或逻辑的表达式从整体上反映系统的主要组成部分和各部分的相互作用、系统与环境的相互关系。这是一种运用系统观和有关系统科学理论与技术建立模型的模拟手段。系统模型能在所要研究的主题范围内更普遍、更集中、更深刻地描述实体的特征。这种抽象表述兼有精确性和简单性两方面的要求，反映了人们对实体认识的深化。在系统科学方法中多采用数学模型，对数学模型的要求既要适于对实体做系统模拟，又要适于对模型做抽象的数学处理。

现在，结构模型、系统动力学模型、投入产出模型、计划评审模型、规划模型等多种模型都在运筹学和其他系统科学分支中得到专门研究，自身也成为比较成熟的理论内容，亦为系统观思维和科学创造活动中的应用拓展了广阔的前景。

模型化过程如代数中用列方程解应用题，一旦列出方程，就可以用数学方法对应用问题求解。同样，系统模型按数学以及系统科学的理论和技术求得的结果，如果适于原型，所提出的问题也就解决了。

系统科学方法具有普遍意义，就在于它给人们提供了精确的处理理论和技术，为数学化解决问题创造了条件。它不仅是一种新的思维方式，而且提供了新的解决问题的工具和手段。

五、系统思维方法

系统思维方法，就是根据事物本身的特性把研究对象放在系统中加以考察和研究的一种方法。它从系统的观点出发，着眼于整体与部分、整体与环境的相互联系和相互作用，综合地、精确地分析研究对象，以便正确地认识事物规律，获得处理问题的最佳方案。这种方法不仅要分析单个因素，而且要分析复杂的系统；不仅要搞清楚要素之间的纵向联系，而且要揭示要素之间的横向联系；既要从整体研究事物的结构与功能，还要探求其历史发展的规律性。系统思维方法主要包括结构方法、功能方法、黑箱方法、灰箱方法、历时分析法、共时分析法、反馈控制法、整体优化法等方法。

1. 结构方法

结构方法在系统思维方法中占有极其重要的地位。它是指通过结构这一中间环节，把握各系统的要素和功能，从而在特定的条件下，经过主观努力以实现结构优化。

战国时期，田忌赛马，孙膑提出的计谋就是典型的结构优化，至今脍炙人口。三匹马、三轮赛构成一个系统，每方每轮又构成子系统。孙膑计谋的绝妙之处就在于没有改变系统的任何要素，只是改变了系统之间的相互联系方式，继而达到了优化的目的。田忌的胜利是系统思维的成果。例证可见，系统思维中的结构方法就是考察系统内部的组织方式，进而把握系统和获得系统的组织效应的一种方法。之所以能通过结构这一中间环节就能把握系统，可以从以下层面理解。

一方面，结构对功能具有决定作用，有什么样的结构就具有什么样的功能，结构是功能的内在依据。例如，同样都是碳元素，由于晶格结构形式不同，形成的物质形式与性能也不相同，金刚石与石墨不仅状态不同，性能（如硬度）也有极大的差距。同样，在组合机床中，一组动力头和滑台通过不同的组合方式，可以是钻床，也可以是铣床，具有不同的功能和作用。

另一方面，分析结构比分析要素更现实。因为要素作为既定的条件已客观存在，而结构则可以通过主观努力而改变它。上述例证中，我们可以通过改变工艺方法用同种碳元素生产金刚石或石墨。至于社会系统的改革与创新，系统思维的结构方法更是益法良方。如经济体制改革、行政体制改革乃至企业的组织创新等，如果把思维转向结构，可能会产生事半功倍的效果。

结构方法是系统方法中最基本的方法之一，其优点在于通过掌握系统的结构而获得系统的良好效应。运用结构方法应注意以下两点。

第一，必须把获得关于系统结构的认识放在首要位置。对于可做结构分析的复杂系统，运用结构方法可以发现其中的诸多子系统，从而完善对系统结构的认识。如基本粒子中的光子、介子、轻子、重子这四大家族，就是在对原子做结构分析时发现的。

第二，考察系统结构时必须追求合理的结构。结构方法并不是停留在系统结构上，而是一旦获得系统结构的认识后，进一步追求其内在的合理结构，以发挥其组织效应或实现其最佳功能，也为创造新的结构打下良好基础。"澳大利亚进口中国蜣螂（别名屎壳郎）"一事，就是追求结构合理化以实现最佳功能的典型案例。养牛是澳大利亚的主要经济产业之一，并得到迅速发展，可牛的数量增加，牛粪也随之增加，不仅覆盖了大量牧草，减少了牧草量，限制了养牛业发展，而且牛粪滋生了大量蝇类，叮咬家畜，迅速传播各种疾病，使大量牲畜死亡，对人的生命也产生威胁。在尝到经济发展破坏生态平衡的恶果后，澳大利亚政府要采用人工辅助手段扭转这一局面。杀牛肯定不行，用化学方法灭蝇又会带来新的污染，而采用机械覆盖又成本太高。后来受到屎壳郎处理袋鼠粪便的启发，他们引入中国屎壳郎，屎壳郎将粪球团推入地下，不但清洁了牧场，还增强了土质的活力。屎壳郎的加入完善了生态平衡结构，又大大地降低了成本，促进了经济发展，不失为保护环境的典范。

2. 功能方法

功能方法是和结构方法相对称的一种系统思维方法。结构方法是以系统可以做结构分析为前提的，而功能方法不一定需要这个前提。由于功能是系统对外部环境（功能所及实用对象也视为外部环境）作用的能力，通过对系统这种能力的认识，可以从外部把握系统。功能方法，就是从系统表现出来的特性和能力的角度，来整体把握系统的思维方法。常用的功能方法是功能模拟方法，这种方法是在不清楚或不必清楚内部结构的情况下，仅以功能相似为基础，用模型模仿原型的功能方法。以下将对系统的功能模拟做进一步说明。

系统内部各要素相互联系和作用的方式或秩序称为"系统的结构"。相应的系统与外部环境相互联系和作用过程与能力称为"系统的功能"。结构与功能分别说明了系统内部作用和外部作用，功能既受到环境的制约，又受到系统内部结构的制约，这表明功能对于结构具有相对独立性和绝对依赖性两重关系。通常情况下，系统的结构不同，功能就不同；但有的系统结构相同，而功能也不同；也有的系统结构不同，功能却类似。结构与功能之间的上述关系，为系统的功能模拟法提供了理论依据。

所谓系统功能模拟法，是指以两个物质系统的功能相似为基础，设计或制作出一种与原型功能相似、结构简单的功能系统，来模拟结构复杂的功能系统（原型）进行试验、研究的方法。一般运用的模拟方法可分为两类：一类是结构模拟，一类是功能模拟。结构模拟是以系统结构相似为基础，又可分为物理模拟和数学相似模拟。功能相似模拟是指两个系统在外部关系中表现出来的作用、能力的指向效果相似。功能模拟方法着重于建立与原型相似（但相对简单）的合乎人们需要的功能，而不必考虑原型（复杂）的结构。功能模拟主要用于根据天然物质系统的优异功能，创造出具有最佳功能的人工技术系统。此种方法也可以在不同学科、行业乃至生产与生活领域中进行效仿以进行创新。

运用功能模拟法的关键在于使模型的功能相似，运用功能模拟法创造功能模拟系统的具体步骤如下。

第一步，深入研究原型的功能。

第二步，设计或制作与原型功能相似的模型。

第三步，进行模拟试验，研究应用所模拟的功能。

第四步，对原型（系统）的功能给出机理性的研究结果或效果说明。

运用功能模拟法创造功能模拟系统时，模型与原型之间的功能相似，通常可分为功能同构和功能同态两种类型。功能同构，是指模型与原型之间在信息输入、输出及其相互关系方面是一一对应的；功能同态，是指用简化的功能模型去模拟原型的功能，模拟只再现原型的主要功能或所需功能，如电子计算机就是人脑的一种功能同态模型，只实现人脑的部分功能。

功能模拟方法开辟了人类向生物界寻求技术设计思想和了解复杂系统运行规律的新途径。如进行人工智能研究，创造出了有人工智能的电脑和人工智能机器人，使机器代替人脑和人体部分功能成为现实。目前，尚有多个领域在使用手工技巧生产或半机械化生产等，都存在着用功能模拟法进行创造或创新的进取空间。

3. 黑箱方法

黑箱是指由于条件的限制，对内部构造还不清楚，只能通过外部观测和试验去认识其功能和特性的物质系统，如人脑、宇宙空间、地球以及任何未知的问题系统都可以被看作是黑箱。

对于黑箱系统，我们只能得到它的输入和输出值，而不知其内部结构、性质和相关的运动变化规律。也就是说，我们只了解其行为，只能通过系统外部观测、试验、研究来发现、归纳、判断系统整体结构机理及整体功能特性的一种研究方法。运用黑箱方法研究复杂系统一般应遵循以下基本原则。

首先，把复杂系统作为一个有机整体，通过考察输入—输出方式，从整体上研究系统的功能、特性或机理。

其次，当输入—输出关系确定后，一般用建立模型或逻辑推理的方法来描述黑箱系统的功能、特性和机理。其模型结构有多种形式，如数学模型、实物模型（如制作与原型相似的实体模型系统），也有概念模型。一般研究复杂系统多采用数学模型，研究复杂的生物系统、机械系统多采用实物模型，研究社会复杂系统常采用概念模型。

最后，运用黑箱方法研究复杂系统要突出有机联系和有机整体原则。要把系统置于环境之中，从系统与环境之间的相互联系和相互作用中去研究它的性质和规律。

应用黑箱方法可以通过系统输入—输出，从整体上考察研究对象。在具体的研究工作中，运用黑箱方法研究复杂系统的基本步骤如下。

首先，建立观察者和黑箱之间的耦合系统，也就是让观察者对黑箱施以影响，让黑箱对它的记录仪器做出反应，在两者之间形成一个有反馈的关系，这样不仅黑箱是研究对象，观察者和黑箱的关系也成为研究的对象。

其次，有选择地规定黑箱的输入和所要观测的输出，并且把上述规定数量化、形式化。通过对黑箱的输入，以考察相应的输出，再采用一个登记表，记下输入和输出的一系列对应状态，得到一系列输入输出的矢量表。

再次，用归纳法通过登记表（矢量表）寻找输入输出的规律（关系），发现性态重复出现的情况，从所掌握的大量数据中选择几个基本量，写出标准表达式

(数学表达式)以反映系统的整体功能和特性。

复次,对数学式所用的基本量进行科学抽象、简化和标定,并根据数学式建立模型,对模型进行试验研究。

最后,根据对模型试验研究所获得的资料(含数据),建立或创造人们所需要的人工系统或推测原型(系统)的内部结构和机理。

上述步骤所导出的联系一般不是同构的,而是同态的。同态的模型虽然不能严格等价黑箱内的实在结构关系,但它具有重要的认识价值。

黑箱方法是系统辨识的理论基础,系统辨识要解决如何建立动态系统数学模型的问题,而它采用的主要方法是先测出输入、输出数据,然后通过这些数据确定系统的结构与参数,从而求得定量描述的数学模型。这是一种试验观测与理论分析相结合的方法。

4. 灰箱方法

灰箱是指"部分可察的黑箱",即已具备了关于系统实现输入输出关系的结构和功能的部分知识,但对于系统的其他机理并不十分清楚。例如,汽油发动机对于相关专业人员,一切结构、功能、原理等相关知识都是熟悉的,当改用酒精、汽油或全部采用酒精燃料,这时大多数子系统的结构、功能并没有发生改变,而燃油系统(包括燃烧室)随着燃料的性能变化,其燃烧规律也将发生相应的变化,因而燃油系统的机理也将有所改变,我们对它还不十分清楚,此时改用新型燃料的发动机便是一个灰箱。

灰箱方法的优点在于它具有广泛的适用性。灰箱是"部分白""部分黑"的系统,这种系统是普遍存在的。人类的认识过程实际上是一个不断深化、逐步积累的过程。任何人都是在直接接受了前人经验和知识的前提下,研究新的课题和新的对象。所以,我们面对的研究对象一般是灰箱,而不是完全的黑箱。灰箱方法的实质是由部分推论整体,由已知推论未知,即见微知著。运用灰箱法要注意以下两点。

第一,全面了解和掌握灰箱系统的演变过程。灰箱的形成演变过程构成了系统内部贮存的"记忆","记忆"又是获取系统发展状态的生长点。运用灰箱方法就是要抓住系统内在的"记忆"特性,进而认识系统现状的一种方法。

第二，充分运用各种方法来洞察灰箱整体的结构与功能。在科研过程中，探索之成败、收获之多少，不仅取决于探索者的知识储备、决心和毅力，还取决于其是否善于综合运用多种方法，以及是否善于从不同角度运用不同的方法。成功地运用灰箱方法既要有合理的知识结构，又要善于用多种方法解决问题。

5. 历时分析法与共时分析法

结构方法、功能方法、黑箱与灰箱方法都是对系统做静态分析。历时分析法和共时分析法则是对系统做动态分析，即在分析时引入时空参量，通过时空坐标系来把握系统运动变化的规律与轨迹。

（1）历时分析法。在大系统中，任何事物都归属于某一系统中。随着大系统的发展变化，任何系统不仅要适应大系统和同层次系统的发展变化，其自身也有其适应发展变化的规律性。历时分析法是通过考察系统的历史和现状，来确立其不同历史时期的行为或功能之间的联系，进而获得关于系统自身总体演进的一种方法。地质的变迁、气候变化乃至生物的进化有其历时性，人造自然物品和社会变革同样也有历时性，这些对于研究相应系统都大有裨益。例如地球气候系统的变化问题，就有其历时性的诸多因素；再如日常生活中使用的洗衣机，最初受洗衣时人工揉搓、打击等动作的启发，制成木质洗衣机，后发展为机动波轮洗衣机，以至发展到现代超声波等多种类型的多功能洗衣机。其结构、功能的变化都有其历时性的发展和内在联系，是历时分析产生的结果。历时分析是对系统做纵向的分析研究，特别注重把研究对象的现存形态与历史形态进行分析比较，以便把历史断面结合成一个连续的过程。也就是说，以对现存形态的考察和认识为基础去推断它的历史形态演化过程，或者对过去的形态进行考察、比较，以发展规律为基础，展望未来的发展趋势，寻求创新的途径。运用历时分析法应注意以下几点。

首先，所考察的历史现象必须是同一系统自身的不同历史阶段或不同历史形态，而不能混杂其他系统的历史现象。在历时分析过程中，把某一系统的历史断面从混杂的现象中分离开来也是有困难的。因此，当运用历时分析法来考察某一系统的历史变化时，既要注意被考察某一阶段其他系统对其发展变化的影响，又要注意被考察系统自身的内在联系，以便从历史变化中更深入地了解当前系统。

其次，分析系统时要抓住不同形态的某些特征进行比较分析。运用历时分析法时要注意对系统中的某一特征进行分析，以此获得系统的变化信息。例如，要分析全球的气候变化，就要抓住不同纬度、不同环境，甚至不同国家的气候变化带来的整体演变。

最后，要注意考察不同形态的实质，以便揭示系统的发展规律。如对社会形态的考察，只有抓住物质资料的生产方式这个实质，才能得出社会发展的普遍规律。历时分析法就是试图分析事物的具体的历史形态来把握隐藏在其后的必然性。

（2）共时分析法。分析系统时，还会运用共时分析法。共时分析法主要是考察同时态共存条件下，诸系统之间的内在联系，以明确某一系统的变化规律。共时分析法与历时分析法是密切相连的，可以说，共时是浓缩了的历时，历时是排列开来的共时。如1911年前后，赫兹伯仑和罗素各自以恒星的光度为纵坐标、温度为横坐标，把许多共时态的星标在一张图上，发现了千万颗恒星呈现有规律的排列。天文学家霍伊尔等人根据赫罗图和核聚变理论，运用共时分析法提出了恒星演化理论，即形形色色的恒星在时间上各处于不同的演化阶段：引力收缩阶段、主序星阶段、脉动和爆发阶段、高密阶段。在此理论中，太阳处于主序星阶段，已经历46亿年，还要经过50亿年才进入下一阶段。黑洞处于高密阶段，是"死亡"的恒星，是超新星爆发后留下的中心部分收缩而成的高密星体。

运用共时分析法的同时也看到系统的历时过程，从共时中找到历时，这正是共时分析法要达到的一个目标。共时分析法还可以指明系统产生的时代背景，把系统放在它们所处的环境中进行考察，以便开阔视野、把握全局。

6. 反馈控制法

（1）控制论方法。控制是指在一个有组织的物质系统中，根据内部和外部条件的变化进行调整，以克服系统的不确定性，使之稳定地保持或达到某种特定的运行状态，或使系统按照某种规律或规划变化的过程。控制论方法是指研究各种物质系统中的控制过程的规律性和实现其控制过程的一般方法。控制论方法的特点主要表现为以下几个方面。

第一，可调控的物质系统有组织性是实施控制论方法的必要条件。

第二，通过对系统实行有效的调控，可以保持系统的稳定，完成一定的程序跟踪或捕捉一定的目标，选择最佳功能和适应一定的环境变化，以达到控制的目的。

第三，信息量和对信息的选择是控制的基础。

第四，信息反馈是实现调控的重要机制。

第五，控制论方法是在动态中考察物质系统的运行机制、结构和功能。

第六，研究被调控物质系统的运行状态时，必须考察和纳入系统的周围环境对系统及其运行状态的影响。

（2）反馈控制法。反馈控制法是控制论方法中运用系统中的反馈信息去调控系统运行的研究方法。反馈是指由控制系统把信息输送出去，作用于被控制对象系统并产生一定的结果，再把表征结果特征及规律等相关信息返送到原信息输入端，根据反馈信息与原信息的比较与差距，对原输入信息进行调整，从而对信息输出发生影响的过程。这一信息传输和变化的过程即为反馈控制过程。

在实际过程中，往往采用反馈手段对系统进行控制调节，这就是反馈控制法。该方法由控制器、执行机构、控制对象和反馈装置四个部分构成一个系统，并利用信息技术对之不断调整，使之达到某种特定的状态。反馈控制系统的周围环境必定是随机的。如果对所进行的外部过程完全地规定了细节，也就无须获得情报信息，也就不存在反馈的需要了。反馈控制使系统过程具有目的的方向性，而且是通过校正最初的作用来保证随机环境中的这种方向性，一切控制行为都可以看作是采用反馈控制完成的。这种方法突破了线性因果关系，采用双向因果链的循环圈来调整机器和人的行为，使控制得以实现。

7. 整体优化法

整体优化就是从系统总体立场出发，通过自然选择或人为技术手段，综合地掌握系统内部之间以及系统与外界环境之间的关系，使系统达到最佳状态，并费力最小即最优化。

整体优化是系统优化的核心。一般来说，对于大而复杂的、多目标的系统，总是首先把它分解为一组相关的子系统，求得各自系统局部的最优化，然后由上层系统通过所能支配的协调变量来影响下级系统，在整体目标的指导下协调各自系统目标，达到整体的最优解。可见，整体优化方法要求根据已确定的目标，在整体效益最优的原则下，处理好局部与整体、眼前与长远的关系。整体优化法的程序包括系统的模型化、最优化分析和系统综合评价。

处理大系统时，由于不能直接将系统整体作为最优化的研究对象，因而要把大系统分解为几个子系统，先对各子系统运用数学方法进行抽象化，从而构成模型，做出定量分析，求得子系统各自的最优解。再通过相互之间的联系加以协调和整理，保证各个子系统间不出现矛盾，在全面规划的基础上力图使整个系统实现最优化。

最优化分析是根据模型来求得系统目标最优解，通常为求极值。尽管在系统科学中已建立许多成熟理论和技术来完成优化工作，但是，由于研究对象的复杂性，最优化技术与方法仍有很大难度，计算机虽然为优化工作提供了有效工具，但受限于现实情况和多种因素影响，一般条件下寻求有条件的次优状态，尚可令人满意。

系统的综合评价是用价值概念来评定一个系统或不同系统之间的优劣。综合评价问题是利用模型和各种资料，以技术经济的观点，比较各种可行方案，权衡方案的利弊优劣，为此要选择一些主要目标，如性能、效率、成本、可靠性、使用性、动力性、动力消耗、寿命和重量等主要指标。为了做出有效的评价，必须建立目标的定量数值，确定有影响的参数以便进一步调整，同时还应分析每一目标在特定任务下所具有的地位，对每一目标给予的评价系数做出权衡，从而做出系统的综合评价，再通过不同方案的比较，确定最优方案。

本节以较多篇幅介绍了系统性思维的特征、方式与方法。系统性思维一个最突出的特点是把思维对象作为一个整体来思考（即整体性思维）。系统思维方法不仅是系统性思维方式的运用，也为思维过程提供了具体的路线与方法。在具体思维过程中，对局部涉及的具体问题，仍然要运用其他的思维方式方法（逻辑思维、形象思维等）对整体思维予以助力和协调。在创造活动过程中，每一个思维对象都可以构成不同范围的独立系统，将独立整体对象进行层层分解，形成较小的单元，并通过单元的系统联系为运用其他思维方式提供思路。以系统性思维为主导的各种思维方式的综合运用，将会为创造性思维活动开拓更广阔的空间，取得更好的效果。

第二节　系统思考上下贯通推动综合实践活动

人类社会的发展不可避免地导致阶级和阶层的出现。虽然，社会主义社会不存在政治上对立的阶级，但是，仍然存在因为文化水平、社会分工不同导致的社会阶层存在。要推动事业的发展，就要把不同层级的社会成员整合为一个社会系统体系，实现上下贯通、全员参与。这一理念对于开展综合实践活动同样适用，主要表现为在综合实践活动中"实现全程育人、全员育人、全方位育人"，融入思想政治工作元素，并努力实现大学、中学、小学开展综合实践活动有效衔接。

一、坚定文化自信，上下贯通把握综合实践活动方向

从某种意义上讲，思维是教育乃至一切活动的起点。那么思维的起点又在哪里？这是一个无法回避的问题。人们常常会说看问题要全面、深刻、提纲挈领。那么，"纲"在哪里？"领"又是什么？就又成为一个无法回避的问题。综合实践活动的指导思想和纲领就是党和国家的政策文件。

要实现上下贯通、全员参与，就需要正确的观念作指导。做好综合实践活动工作的关键就是在纲领文件指导下，让学生掌握正确的文化理念，树立文化自信。

2016年7月1日，庆祝中国共产党成立95周年大会在北京人民大会堂隆重举行。中共中央总书记、国家主席、中央军委主席习近平在大会上发表重要讲话。在讲话中，习近平总书记指出："坚持不忘初心、继续前进，就要坚持中国特色社会主义道路自信、理论自信、制度自信、文化自信，坚持党的基本路线不动摇，不断把中国特色社会主义伟大事业推向前进。"

对于首次提出的文化自信，习近平总书记这样定义："文化自信，是更基础、更广泛、更深厚的自信。在5000多年文明发展中孕育的中华优秀传统文化，在党和人民伟大斗争中孕育的革命文化和社会主义先进文化，积淀着中华民族最深层的精神追求，代表着中华民族独特的精神标识。我们要弘扬社会主义核心价值

观，弘扬以爱国主义为核心的民族精神和以改革创新为核心的时代精神，不断增强全党全国各族人民的精神力量。"

习近平总书记的重要论述明确地告诉人们：努力实践马克思主义思想与中华优秀传统文化的有机结合，在党和人民伟大斗争中孕育的革命文化和社会主义先进文化，才能更好地弘扬社会主义核心价值观，弘扬民族精神和时代精神，增强全党全国各族人民的精神力量。这也是开展综合实践活动工作必须关注的问题。

习近平总书记在庆祝中国共产党成立 95 周年大会上的讲话中还指出："当今世界，要说哪个政党、哪个国家、哪个民族能够自信的话，那中国共产党、中华人民共和国、中华民族是最有理由自信的。"中华文化是世界上持续时间最长的文化。从理论逻辑看，中华文化具有互补多元的价值结构，具有开放包容的价值态度、和谐统一的价值取向。文化自信、社会主义核心价值观是实现中国梦的"加速度"，是弘扬中国精神的"原动力"，是凝聚中国力量的"向心力"，是坚持中国道路的"稳定力"。

中华文化生命力的所在就在于它拥有博采众长的特质。博采众长理念中体现出系统的综合性，博采众长的思想时刻提醒着开展综合实践活动的教师，只要是好的，正确的都要积极引进。中国把马克思主义思想确立为指导思想，就是因为马克思主义思想符合中国国情。而实现马克思主义中国化，恰恰是博采众长、不断创新的表现。教师要更好地开展综合实践活动工作，就需要首先了解中华文化中的"博采众长"思想和实践成果。

一个国家和民族的发展必然是兼容并包的。中国历史上很多创新和社会发展与进步都是在吸收外来优秀文化的过程中实现的。赵武灵王即位的时候，赵国正处在国势衰落时期，为了摆脱不利的局面，使国家强大，其推行"胡服"、教练"骑射"，史称"胡服骑射"。因此，胡服骑射是符合"博采众长"理念的典型案例。

赵武灵王所推行的胡服骑射是一个有机的整体。胡服除了有利于骑兵作战需要，在农业生产和生活中，也比当时中原的服装有着突出的优越性，使人们的生产劳动和其他社会活动更加便利，逐步成为中原地区的大众服饰。春秋以前，中原地区的战争与交通基本上是用马车，马匹只是用来驾车的，不作为骑乘。赵武灵王推行胡服骑射，变革了中原的作战方式，使我国由车战时代进入了骑战时代。这在中国历史上有着划时代的意义，一支更灵活、更有生气的兵种开始占据了重要的地位，一种更具威力的作战方式被广泛应用。随着骑射的发展，马逐渐用于骑乘，在当时道路并不发达的情况下，大大方便了各地的交往与联系，促进了各地尤其是中原汉族与边地各少数民族之间的经济、文化交流。

赵武灵王在大力推行胡服骑射的同时，辅之以开明的民族政策，推进了农业文化与游牧文化的交融，也加速了这些地区的封建化进程；客观上促进了中原汉族与周边少数民族的融合，促进了农业文化与游牧文化的融合。同时，保护了边地人民正常的农牧业生产和生活，促进了北方局部地区的统一，为后来秦汉统一北方奠定了基础。

赵武灵王认为传统的东西本身就是在长期社会发展中逐步形成和完善的，各个时代都会淘汰一些不合时宜的成分，因时制宜地产生一些新的思想和制度，这是中国古代朴素的辩证法思想。推行胡服骑射，大胆学习敌人的长处，发展壮大自己，继而有效地打击敌人，夺取最后胜利的战略思想，比近代思想家魏源提出的"师夷之长技以制夷"理念早了2100多年，对当时的哲学思想和军事思想产生了强烈的冲击。

古代中国不仅在制度上有过引进外来先进经验，而且还大胆使用外来人才。唐朝的文化教育发达，长安既是全国的政治经济中心，也是亚洲各国的文化教育交流中心。日本、朝鲜半岛、尼泊尔、印度、越南、柬埔寨、印度尼西亚、缅甸和斯里兰卡等地的大批留学生在长安求学，而且唐代的外国官员多达3000人……在人才使用方面，这就是典型的"博采众长"。

艺术领域的博采众长使中华艺术体系更加丰富。敦煌莫高窟是集建筑、雕塑、绘画于一体的立体艺术博物馆，古代艺术家在继承中原汉民族和西域兄弟民族艺术优良传统的基础上，吸收、融合了外来的表现手法，发展成为具有敦煌地方特色的中国民族风俗的佛教艺术品，为研究中国古代政治、经济、文化、宗教、民族关系、中外友好往来等提供了珍贵资料。

敦煌莫高窟艺术品中就有很多博采众长的例子：敦煌最早的禅窟，模仿了库车苏巴什的禅窟形制。北魏的中心柱窟与廊柱佛塔式大厅则是根据阿富汗巴米扬大佛隧道窟的形制逐渐演化而成的。不仅如此，外来艺术也为敦煌艺术提供了素材，如《张议潮统军出行图》中就有天竺乐舞及波斯舞乐的内容。在中国现代艺术领域中也有很多博采众长的例子：中国现代歌舞剧《白毛女》、芭蕾舞剧《红色娘子军》都是典型案例，不仅如此，西方油画艺术与中国文化结合，也创作出了很多优秀的美术作品。

在新的历史时期，习近平总书记分别提出建设"新丝绸之路经济带"和"21世纪海上丝绸之路"的合作倡议。依靠中国与有关国家既有的双多边机制，借助既有的、行之有效的区域合作平台，"一带一路"倡议通过借用古代文化中"丝绸之路"的概念，高举和平发展的旗帜，积极发展与沿线国家的经济合作伙伴关系，共同打造政治互信、经济融合、文化包容的利益共同体、命运共同体和责任共同体。习近平总书记提出"一带一路"倡议，正是新时期中华文化自信的重要表现。

二、上下贯通开展综合实践活动需要处理好几种矛盾关系

世界是充满矛盾的，矛盾存在于一切领域。上下贯通促进综合实践活动工作的过程也是一个矛盾世界，上下贯通促进综合实践活动工作过程本身就是解决各种矛盾的过程。如在决策过程存在着主观目的和实现可能的矛盾，智囊人员同决策人员的"谋""断"矛盾；开展综合实践活动工作过程，存在着上下级之间的矛盾，工作部门之间的矛盾，同级人员之间的矛盾；在调整控制过程，存在计划与执行的矛盾，环境和组织的矛盾，离散和协调的矛盾，等等。显然，这些矛盾的产生有其极为复杂的根源。那么，在上述这些矛盾中，究竟有无一种贯穿上下、贯通促进综合实践活动工作过程始终、决定上下贯通促进综合实践活动工作过程基本性质的矛盾呢？答案当然是肯定的，这就是上下贯通促进综合实践活动工作过程主体和工作客体之间的矛盾。这对矛盾决定着上下贯通促进综合实践活动工作过程的基本形式和基本性质，引发其他矛盾的产生，并制约着其他矛盾的解决。因此，研究这一矛盾便成为研究上下贯通促进综合实践活动工作过程相关问题的一项重要命题。

在一般意义上，上下贯通促进综合实践活动工作过程主客体的矛盾是指充当

主体的人同作为客体的人和物之间的对立统一关系。但是，对物的使用也是人们在上下贯通理念指导下开展时出现的。这样，两者的矛盾又可归结为上下贯通促进综合实践活动工作过程中人与人的对立统一关系，它分别表现为主体与客体在理论和实践、指挥和服从、纪律和自由、集权和分权、竞争和协调五方面的对立关系。

（一）理论和实践的矛盾运动

实践的观点是马克思主义哲学的核心观点。马克思主义认为，全部社会生活在本质上是实践的，而实践的主体是具有一定思想认识的人。一方面，人的正确思想从实践中来，实践决定认识，是认识的源泉和动力、目的和归宿，同时也是检验认识正确与否的唯一标准。另一方面，认识对实践具有反作用，正确的认识推动正确的实践，错误的认识导致错误的实践。这就是实践与认识的辩证关系，也是马克思主义哲学的一个基本原理。

坚持理论指导和实践探索辩证统一，必须坚持实践第一的观点，一切从实际出发。革命战争年代，毛泽东主席反对教条主义，强调一切从中国的实际情况出发，由此开辟出中国革命新道路。改革开放之初，邓小平同志反对照抄照搬、思想僵化，强调从实际出发研究新情况、解决新问题，由此开辟出中国建设新道路。党的十八大以来，面对国际国内形势发生的深刻变化，以习近平同志为核心的党中央坚持实践观点，提出了"精准扶贫""乡村振兴""构建人类命运共同体"等目标，谱写了中国特色社会主义新篇章，推动中国特色社会主义进入新时代。

学习理论知识的目的是解决实际问题。必须把理论与工作实际相结合，理论认识才能发挥它应有的作用。实践出真知。离开了实践，理论就成了无源之水、无本之木；离开了实践，理论就成了自说自话的空洞说教。在新的历史起点上，我们必须坚持一切从实际出发，树立实践观点和问题导向，坚持真抓实干，推动中国特色社会主义事业不断向前发展。

坚持理论指导和实践探索辩证统一，必须尊重群众首创精神。现实实践丰富多彩，不可能用整齐划一的理论和方案来套用和裁剪。同时，实践也是不断发展的，必然会出现新情况新问题。改革开放40余年来，我们之所以取得巨大成就，一个重要原因就是将广大人民群众的积极性调动起来，并在此基础上不断概括提炼、总结推广。从这个角度讲，实践观点和群众观点是根本一致的。实践是群众的实践，群众是实践着的群众，没有群众观点就不可能真正有实践观点。

当前，我国正处于增长速度换挡期、结构调整阵痛期，改革进入深水区、处于攻坚期。在教育领域，既要加强顶层设计，增强改革的系统性、整体性、协调性、联动性，又要激发群众积极性、主动性、创造性，对一时拿不准、看不清的，在风险可控的前提下要允许基层学校大胆闯、大胆试。特别是在开展综合实践活动的进程中，更需要尊重和发挥人民教师和广大学生的积极性、主动性、创造性，让全社会的创造活力竞相迸发。在其他各项教育工作中，也要在坚持党中央集中统一领导的前提下结合地方和基层的特点，大胆探索、勇于创新。

坚持理论指导和实践探索辩证统一，必须坚定"四个自信"，坚持马克思主义的指导地位。实践的主体是受一定思想指导的人，指导思想至关重要。中国近代以来的历史证明，只有马克思主义才能救中国，只有中国特色社会主义才能发展中国。党的十八大以来，以习近平同志为核心的党中央高度重视理论的作用，强调增强中国特色社会主义理论自信，从社会主义发展史、中华民族发展史、中国革命史、社会主义建设史、改革开放史的角度，系统阐释中国特色社会主义的理论渊源、历史渊源、文化渊源、实践渊源等，使我们加深了对中国特色社会主义的认识，更加坚定了"四个自信"。

要坚定"四个自信"贯彻到教育发展实践的各方面。在全面深化教育改革中，坚持改革是有方向、有原则、有方法的，能改的必须坚决改，但对有些不能改的，什么时候都坚决不改。这就是坚定理论自信，发挥马克思主义指导作用的体现。

坚持理论指导和实践探索辩证统一，必须推动实践基础上的理论创新。马克思主义具有与时俱进的理论品质，它给我们提供的是科学指南而不是具体教条。坚持马克思主义必须在坚持中发展、在发展中坚持。如果没有发展，就脱离了时代和实践要求，生机就会停止，不能发挥应有的指导作用，也就谈不上坚持。因此，只有发展才能更好地坚持。近百年来，中国共产党不断推进马克思主义与中国实际相结合，先后形成了毛泽东思想、邓小平理论、"三个代表"重要思想、科学发展观和习近平新时代中国特色社会主义思想等创新理论成果，要把这些理论成果应用到教育实践中，发挥其指导作用，才能做好综合实践活动工作。

(二) 指挥和服从的矛盾运动

"指挥"是一个组织学概念，在上下贯通促进综合实践活动过程中，其含义是综合实践活动工作主导者根据综合实践活动工作或者自己所处部门的统一安排领导综合实践活动工作参与者开展综合实践活动工作的行为过程。

"服从"则相反，它是指综合实践活动工作参与者接受上级的指令、按照上级的意图而运作的过程。上下贯通促进综合实践活动工作的基本原则，就是指挥统一、令行禁止。如果放弃指挥或者拒不服从，上下贯通促进综合实践活动工作过程就不可能进行。指挥无方或服从勉强，上下贯通促进综合实践活动工作过程也难以奏效。

在上下贯通促进综合实践活动工作过程实践中，指挥和服从不是自然达到统一的，而是在经常的矛盾运动中求得一致的。之所以会经常出现矛盾，大致有以下一些主要原因。

第一，资源分配不公，综合实践活动工作参与者因感到没有成就感而不愿参与到具体活动中来。在开展上下贯通促进综合实践活动工作过程时，如果在资源分配上处理不当，就会导致大多数参与者成为看客，不利于活动落到实处。因此，在设计活动时就应努力让更多的综合实践活动工作参与者可以参与其中，这样参与者才会有收获。

第二，价值观念不统一，综合实践活动工作主导者和综合实践活动工作参与者缺乏一致的价值观念。上下贯通促进综合实践活动工作过程不仅是少数综合实践活动工作主导者的事，更是组织所有成员共同的事业，它需要大家对组织目标取得共识，上下要有共同的价值观念。但是在实际生活中，人和人的社会地位、主观需要是不完全相同的，基于不同的社会地位和主观需要，各人的价值观念也不可能自然地取得一致。尤其是综合实践活动工作主导者和综合实践活动工作参与者，由于他们处在不同的地位，年龄、生活阅历的明显差异必然导致价值观念存在着明显的区别，二者经常发生观念冲突，这就可能导致综合实践活动工作主导者发出的指令被综合实践活动工作参与者的曲解乃至抵制。

第三，个别综合实践活动工作主导者有权无威，滥用职权。上下贯通促进综合实践活动工作过程的指挥权虽是必要的，但指挥是否得到相应的服从则取决于掌握权力的综合实践活动工作主导者有无威信，指挥是否得当。只有既具有权威、又指挥得当的综合实践活动工作主导者，才能不仅从信息上而且从情感理智上沟通综合实践活动工作参与者，从而得到下属的信任、理解和拥戴。而有权无威的综合实践活动工作主导者，其指挥要么是强迫命令、滥用职权，要么朝令夕改、意气用事，其结果或者遭到下属的抵制，或者使人们被迫屈从或盲目服从。综合实践活动工作参与者的不配合必然导致指挥的落空；而屈从或盲从只是表面上的服从而非自觉地服从，同样也会使指挥失去真实的对象而成为虚假的指挥。

在上下贯通促进综合实践活动工作过程中，要做好相关工作就需要注意如下几点。

第一，在开展综合实践活动中的指挥不允许采取简单的强制命令，而应伴之以说服、指导和激励，使广大综合实践活动工作参与者心服口服、自觉服从；第二，指挥应以上下共识为基础，服从则以真理为前提。反对不做调查研究的瞎指挥，提倡服从真理，尊重权威；第三，力求指挥的正确和服从正确的指挥，为综合实践活动工作主导者和综合实践活动工作参与者的关系造成一种良性循环的格局，即综合实践活动工作主导者越是充分考虑综合实践活动工作参与者的意志并服务于综合实践活动工作参与者的利益，综合实践活动工作参与者就越会自觉服从其指挥；同时，综合实践活动工作参与者越是服从综合实践活动工作主导者的指挥，支持他们的工作，综合实践活动工作主导者的指挥就会越有效，积极性越高，越能体现综合实践活动工作参与者的智慧和服务于综合实践活动工作参与者的利益。

（三）纪律和自由的矛盾运动

要行使上级对下级的指挥，组织必须制定纪律；而要变盲从、屈从为自觉地服从，以发挥广大综合实践活动工作参与者的主动创造性，又需要自由。

纪律和自由是上下贯通促进综合实践活动工作过程中的又一对矛盾，两者也常常通过综合实践活动工作主导者和综合实践活动工作参与者的关系表现出来。所谓纪律，是为实现组织目标，保证上下贯通促进综合实践活动工作过程有序进行而制定的各种行为规范，它主要是由综合实践活动工作主导者来监督执行。自由有多重含义，这里是对组织纪律而言，主要指综合实践活动工作参与者在纪律允许的范围内行动的自主性以及行为的自觉性和自律性。上下贯通促进综合实践活动工作过程之所以能够进行，既要有统一的组织纪律来规范人们的行为，统一大家的行动，又要有一定的自由，以使个人能独立地开展本职工作。没有纪律，就无法约束人们的行为使组织形成合力，自然也就做不好上下贯通促进综合实践活动工作。没有自由，组织成员的一言一行都得按综合实践活动工作主导者的指令行动，综合实践活动工作参与者就会因丧失自主性和自觉性而成为没有主见的人，也实现不了培养有理想的青年综合实践活动工作参与者的目标。由此可见，纪律和自由作为矛盾的两个侧面，是相互依存、彼此作用的。上下贯通促进综合实践活动工作过程在一定的意义上，就是综合实践活动工作主导者代表的组织纪律和综合实践活动工作参与者代表的个人自由这两者之间的对立统一过程。纪律和自由的对立统一运动不是自发完成的，它作为社会规律之一，必须通过人们的正确认识和有效上下贯通促进综合实践活动工作过程才能实现。但是，由于认识的偏颇和历史的局限，纪律和自由曾经长期被人们对立起来，在综合实践活动工作参与者培养工作的历史上曾出现过两种错误的工作模式。一种是只强调纪律而排斥自由的工作模式。这种模式往往会将上下贯通促进综合实践活动工作过程片面地理解为对组织成员的纪律约束和行为强制，试图将综合实践活动工作参与者的一切言行都统统简单纳入工作的目标。在这种模式中，纪律就是一切，人们的一言一行无不受到组织的限制和监督。自由在这里没有合法的地位，综合实践活动工作参与者的主动创造性被看作不安本分而受到鄙视，甚至遭到惩戒。持这种观点的人无法理解纪律和自由的辩证关系，长此以往，一方面因剥夺综合实践活动工作参与者的用正当渠道发表个人想法的机会，必然引起他们的对抗或使之逐步失去主见，纪律无法起到真实的效用；另一方面也助长了综合实践活动工作主导者的专欲擅权，使之我行我素。与只讲纪律不讲自由的工作模式相反的另一种模式，就是只讲自由不讲纪律的自由主义工作模式。自由主义者肯定人的自我力量、尊重人的自由创造、批判专制主义蔑视人的种种观点，无疑具有部分的真理性，但是却忽略了团体章程和纪律约束的必要性和重要性，导致无政府主义倾向。

因此，在上下贯通促进综合实践活动工作过程中，综合实践活动工作主导者既要警惕无视自由只讲纪律的工作方式，注意尊重综合实践活动工作参与者的首创精神，维护人们的自由权利，又要反对破坏纪律的极端自由主义，严格组织纪律，培养遵守纪律的良好习惯。

（四）集权和分权的矛盾运动

所谓集权，通常是指把政治权力集中于中央。这是狭义的或政治学的集权。在上下贯通促进综合实践活动工作过程中的集权是广义的，它泛指一切上下贯通促进综合实践活动工作过程中将权力集中到各级组织进行统一指挥。分权则是它的对立面，意味下级组织分有上级的一部分权力，各自独立地行使一定的权力。

上下贯通促进综合实践活动工作过程之所以可行，首先在于上下贯通促进综合实践活动工作过程主体拥有统一指挥的权力，这就需要集权。如果工作主体不能集权，"大权旁落"，就无法进行统一指挥，组织就分割为一个个互不相属、无所适从的机械部分，主体就会因为失去所控制的客体而不复存在，上下贯通促进综合实践活动工作过程目标就难以实现。因此，自从人类有分工有协作以来，集权就有它存在的意义和价值。

但是，上下贯通促进综合实践活动工作过程绝不是工作主体一方面的活动，而是工作主客体双方的活动。从一方面看，综合实践活动工作主导者只有集中权力才能对作为客体的综合实践活动工作参与者施加影响，引导他们的行为；另一方面，被支配的客体又有其归他们支配的客体对象，也需有一定的支配权，是另一种对象的主体，因而客体就必须分有一定的权力。

集权和分权作为对立的双方，各有利弊，因此必须互相补充。集权的优点是思想统一、指挥集中，一定的集权还可促进决策的专门化，使某一职能部门能独立开展工作。其缺点是不可能事事都管到，对于综合实践活动工作过程中随时变化的情况不能及时全面地加以控制。分权的优势恰好是对集权的补充，它可以代替上级进行现场指挥，可以根据变化的情况随时做出应变的现场决策，以发挥职能部门和各级下属组织的自主性和创造性。其缺点是容易形成本位主义，滋生谁也管不了谁的分散主义，因此它又必须由集权加以限制。

在具体的上下贯通促进综合实践活动工作过程中，要使集权和分权恰当统一起来绝非易事，从辩证法的角度看，两者的适度平衡常常是通过不平衡来实现的。

要使集权和分权统一起来是一个极为复杂的权力分配问题，值得深入研究。不过，总的原则是"大权独揽，小权分散""宜统则统，宜分则分"。具体说来，第一，决策权一般应该掌握在核心部门之手，否则工作目标就无法统一，形成分散主义；第二，在开展业务性质和工作程序大致相同的活动时，也宜集权不宜分权；第三，在特殊情况下，为加强某一职能部门的作用或使特定活动专门化，也应使之集权化；第四，为应付各种特定性事件，可以成立某种临时专门领导班子，将平时归不同部门拥有的某种权力收归上级，集中使用；第五，上级组织无法决定和无力指挥的事，可以交给下级全权处理；第六，具体事务的执行权，特别是当事出突然来不及向上级请示的情况下，应当适度授予下级机动权。

要在上下贯通促进综合实践活动工作过程中使集权和分权统一起来，除去按照上述原则把握好上下各自的权力限度之外，关键还要在综合实践活动工作主导者和综合实践活动工作参与者中树立正确的权力观念，处理好上下级人与人之间的关系。

（五）竞争和协调的矛盾运动

所谓竞争，是指系统内成员之间或系统与系统之间为实现自身特定目的而展开的一种排他性活动，它具有扩散性、排他性、无序性和创造性等特征。相对于竞争的协调，则属于系统的组织活动或组织的系统功能活动之一，具有与竞争刚好相反的聚合性、协同性、有序性、保守性等特征。

在生物界和人类社会，竞争和协调作为两种互补的现象，是普遍存在的。在生物界，无论植物或动物为了自身的存在和发展，无时无刻不在争夺最合适的生存环境，彼此之间充满了生存竞争。正是这种竞争推动着物种的进化，显示了大自然的勃勃生机。不过，生物竞争又是弱肉强食，它同时又带来了负面价值，使物种之间和生命个体之间彼此疏远离散，表现出盲目的冲动，破坏着生物群落的有序。因此，竞争就需要协调来进行控制和补充。否则，竞争便无异于自杀。

人类社会是由生物界进化发展而来的，社会生活也一样充满竞争；同生物界一样，社会竞争既是社会进步的动力机制又有其负面价值，同样需要组织协调加以补充控制。如果没有协调，人类社会也会在竞争中走向灭亡。

但是，人类社会毕竟不同于生物，社会领域的竞争协调同生物界的竞争协调相比较，有着本质的区别：首先，生物之间的竞争是由生命的本能冲动或生存需要引起的，它缺乏明确的目的性而显现出纯粹的自发性。社会竞争本质上是社会的，每一竞争的产生有着极为复杂的社会根源，是一种具有自觉意识的社会性活动。其次，生物竞争是以弱肉强食的自然方式进行的，竞争者之间完全是一种你死我活的敌对关系。社会竞争虽然也有类似的关系和行为，但社会中通行的主要方式则不能简单定义为弱肉强食，竞争者之间的相依性是主要的。再次，生物竞争也离不开"协调"，但这种"协调"不可能来自生物、自身或生物群落内部（高级动物群中的动物首领也有控制协调群体内部竞争的某些行为功能），而是来自竞争的外部自然环境。各类植物的共生现象、动物群成员之间的某种组织性，主要是由外部环境造成的。社会则不然，人类社会的每一种竞争都有相应的协调相伴随。而且，这种协调多是自觉的，是由某些人或组织来进行的。正是由于社会能自觉协调社会竞争，人类才不同于生物竞争，社会才有序地组织起来，让综合实践活动工作参与者理解上述问题也是上下贯通促进综合实践活动工作过程的重要任务。

可见，社会竞争和社会协调都是社会自组织的两种机制。前者是社会组织的动力机制，后者是社会组织的调控机制。在上下贯通促进综合实践活动工作过程领域，前者主要表现为综合实践活动工作参与者之间的关系，后者主要表现为综合实践活动工作主导者与综合实践活动工作参与者之间的关系；前者多由综合实践活动工作参与者的活动来进行，后者则属于综合实践活动工作主导者的职责。所以，社会竞争和社会协调之间的关系也体现了上下贯通促进综合实践活动工作过程主体和工作客体的关系。认识两者的矛盾并寻求解决矛盾的途径是上下贯通促进综合实践活动工作过程的一项重要内容。

在上下贯通促进综合实践活动工作过程领域，竞争首先表现为在带有竞赛性质的活动中，组织内部广大综合实践活动工作参与者之间的同级竞争，主要有争荣誉、争自我表现等。与竞争相反的则是不争、退让，如让利让名，或不争利而争贡献,等等。无论是争或让,都不能笼统地说谁是谁非、孰好孰坏,而应做具体分析。不过一般来说,竞争才能打破平衡、拉开差距,形成人们行为的压力或动力,免于组织系统处于平衡状态而失去发展的生命活力。相反,以为争是恶而讨厌争,抱着与世无争的消极宗旨,一味以退让去求得人际关系的平衡,对人对事不加分析,一概反对竞争,这实际上是缺乏竞争进取意识的处世哲学。当然,竞争既带来了活力,也引起了麻烦,既打破平衡,又可能带来组织内耗和混乱。尤其是竞争中一些极个别的综合实践活动工作参与者个体选择不正当手段(如损人利己、中伤诽谤他人以抬高自己等),必然使人相互防范从而破坏人际的情感沟通和正常关系。这时就需要综合实践活动工作主导者进行协调。防止人与人之间出现这种不正当竞争的基本原则不是取消竞争,而是批判不道德的竞争行为,确立公正平等的竞争原则。为此,综合实践活动工作主导者既要明察秋毫、辨别好坏,更要敢于坚持公正原则和确立切实可行的平等竞争准则。

上下贯通促进综合实践活动工作过程中,既要提倡竞争、保护竞争,又要协调好竞争,避免可能引起的组织混乱,对竞争进行控制和引导。如果对竞争协调得当,组织就呈良性的有序循环,上下贯通促进综合实践活动工作过程主客体之间也相得益彰。相反,如对竞争不闻不问、放手不管,或对竞争横加限制,其结果不是使工作走向混乱无序,就是使上下贯通促进综合实践活动工作过程缺乏活力。因此,综合实践活动工作主导者需要时刻注意:竞争必须合法合理,不允许采取损人利己的手段来打击别人;竞争在本质上是一种竞赛协作关系,而不是敌对关系。综合实践活动工作主导者可以依靠上下贯通促进综合实践活动工作过程有效协调竞争,解决集体和综合实践活动工作参与者个人、综合实践活动工作参与者个人和个人的利益矛盾,使上下贯通促进综合实践活动工作过程主客体关系高度统一起来。

第四章　综合实践活动的环境建设

综合实践活动是一个变动、开放的系统，它不仅需要培养、开发和打造内部结构要素，而且需要培养外部结构的要素。综合实践活动的内部结构要素包括主体、客体，外部结构是指外部环境，综合实践活动的外部环境主要是指社会环境因素。外部环境虽然不是综合实践活动的内在原因，但是由于综合实践活动的社会性和开放性，它必然受到来自环境的思想、制度和物质条件的影响。同时内部因素和外部因素也可以相互转化，外部因素一旦纳入综合实践活动的过程，成为综合实践活动主体或主体的精神因素、综合实践活动的客体，就成为综合实践活动的内部因素；内部因素一旦经过综合实践活动的过程，成为综合实践活动的成果，就成为今后综合实践活动的内部要素或外部环境。因此，外部环境往往对综合实践活动起着至关重要的作用，营造良好的外部环境也是综合实践活动的重要途径。综合实践活动的外部环境主要包括：社会的思想文化环境和调整学校教育培养思路、构建学生综合实践一体化课程等。

第一节　学生综合实践活动的社会思想文化环境建设

社会的思想文化环境的范围很大，对于提高学生综合实践来说，丰富社会思想文化和教师的意识是两个比较重要的要素。

一、丰富社会思想文化

2016年岁末，人民日报、中国新闻网、中国之声、南方都市报、新快报等全国各大媒体在微博和微信上都纷纷转发一道题,如图 4-1 所示。

下面是某学生对西方代议制的理解而制作的图示,最恰当的标题是( )

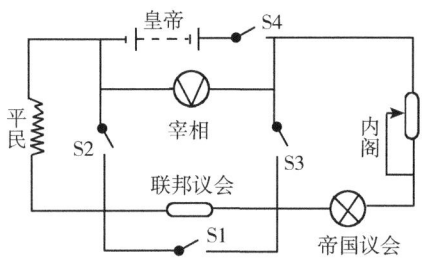

A. 统而不治的"虚君"政治 B. 打着民主幌子的君主专制
C. 制约权力平衡利益的典范 D. 相互妥协下的"一票共和"

图 4-1 一道跨课程的选择题

人民日报微博还说,从 2017 年起,包括上海、浙江在内的一些省、市和地区将实行新的高考模式,即必考科目与选考科目的"3+3"模式,也就是文理不分科。很多网友表示,这种文理混合的题目完全不会做,幸亏毕业早!下面就用单一学科知识试着解一下此题。

首先,从物理课程出发。从电路图上看,皇帝是电源,如果 S4 这个开关关掉了,那下面所有的机构都没电了,所以皇帝在这电路图里是起决定作用的。内阁,在电路图上是一个滑动变阻器。帝国议会,在电路图上是一个灯泡。当 S3 这个开关合上时,内阁和帝国议会,都被短路了,都不会起作用了。联邦议会,在电路图上是个电阻。只要 S1 合上,联邦议会也被短路,失去了作用。再看百姓,在电路图上是一个电感。简单理解的话,电感也起到电阻的作用,当 S2 合上时,百姓也被短路,失去了作用。所以这张电路图上,皇帝作用最强大,它的开关,决定着所有机构有电或者没电,非常专制,所以答案应该是 B。

接下来,从历史课程出发。如果学生历史基础知识比较扎实,解答出来并不难。解题切入点,在于电路图上的那些国家机构的名称。近代西方民主政治的确立与发展,涉及近代英国、美国、法国、德国四国的政体。英国是君主立宪制国家。议会由上议院和下议院组成,君主称国王,"统而不治",仅是国家权力的象征。美国按照三权分立的原则设计中央政治结构。根据1787年联邦宪法，立法、行政、司法权力分别由国会（由参议院和众议院组成）、总统和各级法院行使，体现出了分权制衡的原则。法国自1789年爆发资产阶级革命以来，政体一直在共和制和君主制之间摇摆。1875年，法兰西第三共和国国民议会在制定新宪法时，共和派仅以一票的优势战胜保皇派，从而最终确立了法国的民主共和政体，史称"一票共和"。1871年德国实现统一，德意志帝国建立。根据《德意志帝国宪法》，国家元首为德意志帝国皇帝，由普鲁士国王担任，拥有任命官吏、创制法律、统率军队、决定帝国对外政策以及主宰议会等大权。宰相只对皇帝负责，在内阁中拥有绝对权力。议会由联邦议会和帝国国会两部分组成。联邦议会是帝国最高机构，其代表由各邦君主任命，拥有实权。帝国议会由普选产生，但作用很小。由此可见，德国是以立宪之名行专制之实。这样看来，题目中A选项，讲的是英国的"虚君"。C选项，讲的是美国的三权分立体制。D选项，讲的是法国的共和制度。只有B，是符合电路图情况的，皇帝掌握了国家实权。这张电路图，形象地展示了1871年统一后的德意志帝国时期的政治体制，是打着民主幌子的君主专制。其实从国家机构名字，也可以知道选项是B。因为图片上同时存在皇帝、帝国议会和联邦议会，在历史教材中只有德国才有。

面对考题，一些名牌中学的老师认为，高考中出现这样的题目，应该概率不大。在以前的高考中，文科综合试卷会出现历史、政治、地理知识糅合在一起出题的情况。或者理科综合试卷中，出现物理、生物、化学知识糅合在一起出题的情况。物理和政治、历史知识糅合在一起，这种题目很罕见。网友们认为新高考不分文理科，指的是学生可以自由选择文理科目参加高考，并不是文理科知识糅合在一起命题。

这道题目有趣味，但是难度不大。即便不大了解历史知识，单纯根据物理知识，也可以推出答案应该是B，给优秀的学生做，也算是很简单的题目。

综合实践活动的核心手段是综合运用知识解决问题，这样一道并不很难的题目成为大家热议的焦点，其根源就是中国传统文化对于实践和综合的重视程度不高。

社会思想文化土壤是一个民族的精神特质和文化氛围，无论是主体和客体都浸润其中。它是主体、客体的社会规定性，即实践的内部结构和它的思想文化土壤具有同质性。因此一个民族的社会思想文化土壤是否蕴涵着勇于探索的因子，对于一个民族的发展实践具有关键性的作用。

尽管世界历史正在推进中，但是人类文化还没有实现同质化，不同民族和国家有着不同的文化，各国和各国人民之间的交往组成了一幅文化交流和碰撞的图景。在以其他文化为参照系的思维过程中，各国对于自己民族的文化具有了更加清晰的认识。

中国传统文化以儒学为核心。易杰雄指出：以儒学为核心的中国传统文化有很多积极的因素，但是也包含着严重影响创新的消极因素。①直指人心的认识论，使创新意识不足。②重"善"不重"真"的价值取向，使创新缺少动力。③以血缘为基础，以家族为核心的文化特征不利于创新。孟子说："尽其心者，知其性也；知其性，则知天矣。"这说明儒家的认识论是一种指向内心的认识论，他们认为人的身心是顺应自然的，认识了心，也就知道了天，知道了自然，从而达到"天人合一"。如果把这种观点作为对于人的起源的理解，作为人对自然的一种尊重态度，无疑是有积极意义的。但是作为认识论的路线，它必然阻碍人类对于自然奥秘的探索，无法建立起关于自然的科学体系，更难在技术创新实践中取得进展。冯友兰说："中国哲学家不需要科学的确实性，因为他们希望知道的只是他们自己。同样地，他们不需要科学的力量，因为他们希望征服的只是他们自己。在道家看来，物质财富只能带来人心的混乱。在儒家看来，它虽然不像道家说得那么坏，可是也绝不是人类幸福中最本质的东西，那么科学还有什么用呢？"这种自然观和认识论的路线，也影响了中国传统文化的历史观。既然通过内心的修养和探索，人可以达到完美的状态，与自然相通，说明人的本性是善的，善的本性不需要约束。尽管"性善论"也曾经遭遇过来自荀子等哲学家的挑战，但是依然在中国社会思想中居于统治地位。因此中国社会思想文化的另一个特点就是道德化和人治。以"仁心"治理天下，制度始终处于辅助的地位。《公羊传》中说："《春秋》为尊者讳，为亲者讳，为贤者讳。"《历代刑法志》又说："凡告父母者，不论其控告属实与否，均判以极刑。"这都说明道德始终处于居高临下的地位，在中国传统文化中，很难实现制度创新实践，更无法实现制度的民主化和法治化。早熟的中国古代社会也使得中国传统思想文化带有血缘性和父权家长制的特点。诸如"传内不传外,传子不传女"的家族古训,有碍创新实践的全面开展。

社会思想文化土壤属于社会意识范畴,它是一种无形的、潜移默化的精神力量。它内在于主体,是主体的精神因素;它物化于客体,支撑着客体的风格和文化内涵;它集中表现于主客体关系。社会思想文化土壤是比较绵长稳定的因素,但也是可以改变的因素。为了综合实践活动的全面发展,我们应该在继承中华优秀传统文化的同时,用社会主义核心价值观和新时代党和国家倡导的创新精神引领学校教育工作,丰富中国教育的思想文化土壤,更加重视实践,让综合实践成为提高学生综合素质的有效手段。

二、提升综合实践活动管理工作意识

综合实践活动教学组织工作意识正确与否,直接影响到该项工作的效率和关系到工作活动的成败。因此,研究工作意识是深入考察综合实践活动教学组织工作的关键。

1. 意识和综合实践活动教学组织工作意识

意识是人脑对客观事物的主观反映,它在社会发展中又逐渐分化为诸如道德、艺术、宗教、哲学、科学等各类社会意识形式。

教育工作者需要面对的一个重要命题就是:有没有教育管理工作意识呢?如果没有,如何解释综合实践活动教学组织工作过程中的意识现象?如果有,又应如何规定其内涵、区别它与其他意识形式的不同之处?

意识作为与物质相对应的哲学概念,涵盖了社会领域的一切精神现象。既然综合实践活动教学组织工作是一种有目的有计划的特殊实践活动,这就意味着有一种源于综合实践活动教学组织工作实践又反过来指导综合实践活动教学组织工作的社会意识形式。

究竟什么是综合实践活动教学组织工作意识呢?综合实践活动教学组织工作意识同别的社会意识应有哪些区别呢?要回答这些问题,必须从教育管理工作意识的形成、作用、特点三方面加以分析。

首先，教育管理工作意识作为社会意识的一种，固然离不开一般的实践活动，追本溯源，它也是人们在改造自然、创造社会系统的实践中产生的。但是，培植教育管理工作意识的基础不是一般的实践活动而是人们的教育、教学工作实践，教育管理工作意识只能在教育、教学工作实践中形成而不能在改造自然、改造社会的实践中形成。这就是说，虽然综合实践活动教学工作离不开社会一般实践，综合实践活动教学组织工作意识同其他社会意识保持着紧密的联系，但综合实践活动教学组织工作实践毕竟有别于一般实践，综合实践活动教学组织工作意识也不同于其他社会意识。因此，综合实践活动教学组织工作意识是对综合实践活动教学工作的直接反映。脱离综合实践活动教学工作的人，是无法形成综合实践活动工作意识的。

其次，在综合实践活动教学工作中，各种社会意识都发挥作用。离开了人类在各类实践中积累起来的社会意识形式，无论是改造自然、改造社会的实践，还是高校教学工作实践，都无法进行。但是不同形式的社会意识，其指向又各有侧重和区别。例如，自然科学主要用于指导改造自然的生产实践；政治法律思想则主要用来指导人们改造社会的实践活动；宗教、哲学主要指向人们的思想，直接影响的是人的思想观念。综合实践活动工作意识略有不同，它不是直接指向具体的生产和社会管理领域的实践活动，而是指向高校育人实践活动，用于指导、组织、调整各类教学活动。

最后，综合实践活动教学工作是综合实践活动教学工作主体对客体的对象性活动，是教育工作者的能动性活动。因此，综合实践活动工作意识主要是教育工作者的意识，不是或主要不是大学生的意识。人只有作为一个教育工作者的角色进入现实的教学工作领域，才可能产生工作的冲动、形成相应的工作意识。对于在活动占大多数的大学生来说，也可能形成自己关于如何开展综合实践活动的观念或想法，但因置身综合实践活动工作决策之外，这种意识大多是模糊不清、片段零散的。所以说综合实践活动工作意识不是作为一般实践活动参与者的其他社会意识，而是综合实践活动工作中教育工作者所拥有的工作意识。

笔者认为，可以把教育工作者在综合实践活动教学工作中直接形成并反过来直接影响指导综合实践活动教学工作活动的工作心理、工作观念、工作理论、工作方法统称为综合实践活动工作意识。综合实践活动工作意识作为一种相对独立的社会意识形式，具有不同于其他社会意识的若干特点。

第一，普遍性。社会意识的各类形式，都具有一定的普遍性。而综合实践活动工作意识则普遍存在于选修课教学工作实践领域，也具普遍性。从各类社会意识形式发生的时间序列看，哲学、宗教、道德、艺术、法律和科学，都是在文明社会中先后从社会意识总体中分化出来的。宗教、法律随着阶级的消灭和科学的进步，还将归于消亡。思想政治工作意识则随着思想政治工作的出现而产生，随它的发展而发展。从各种社会意识形式所反映的空间来看，哲学、道德、法律、思想政治工作意识普遍作用于社会生活的各个领域；宗教、艺术、法律则只对某一特殊实践活动起作用。科学是个总概念，不同的科学也只适用于特定的实践活动，这四者都不如思想政治工作意识普遍。所以说，综合实践活动工作意识在选修课教学工作领域具有普遍性。

第二，综合性。社会意识作为对社会存在的抽象把握和主观反映，都有一定的综合概括性，但各自的综合概括程度又有差别。其中，哲学是对各种知识的最高概括，具有最高的综合性。宗教虽也是一种世界观，但它是用信仰代替理性。道德作为人们行为关系的总规范，在涉及人与人利益关系的方面做出规定，显然这只是从社会特定方面进行某种综合。政治法律也是人们的行为规范，综合规定的方面比道德还窄。艺术是通过形象情感语言来传达表现作者的愿望，与概念综合离得较远，要说综合只是典型的塑造或人物性格的"综合"。各门科学对某一特定领域的特殊规律进行抽象反映，是一个方面的综合。综合实践活动工作意识则不然，它要依托综合实践活动对思想政治教育实践活动进行计划、组织和控制，就必须综合运用百科知识。综合实践活动工作需要综合运用尽可能多的各门知识，综合实践活动工作意识是各门知识的综合运用。在社会诸意识当中，如果说哲学是对各门科学知识最高的综合概括，综合实践活动工作意识作为思想政治教育工作意识的表现形式之一，是对各门知识最广泛的综合吸收和综合运用。

第三，应用性。各种社会意识，既是对社会存在某一侧面的主观反映，表现为特定的知识体系，又反过来影响和指导人们的某类实践，具有不同程度的应用性。一般来说，综合概括性越高的意识形式，距离现实越远，其间的中介越多，应用性越弱。反之，综合概括性越低的意识形式，距离现实越近，其中介越少，应用性越强。例如，哲学和宗教，两者距现实最远，其应用性最不直接，而科学特别是技术科学距现实最近，最易转化为生产力。综合实践活动工作意识作为一种特殊的社会意识，它既具有高度的综合性，又同时具有最直接的应用性。这是因为，综合实践活动工作意识是在教学实践中产生并直接服务于教学实践的意识形式，教学活动直接需要的不是远离现实的抽象理论，而是经过教育工作者加工过滤过的可以直接进入教学工作过程的具体意识。综合实践活动工作一方面必须广泛吸收诸如哲学、科学、政治思想、道德以至艺术和宗教等意识形式。另一方面这些意识又不能直接适用于综合实践活动工作，而必须通过教育工作者的过滤加工，选择综合，转换成可以直接用于指导综合实践活动的工作意识（如组织目标、决策计划、指导规则等），从而使综合实践活动工作意识具有鲜明的应用性。可以说，综合实践活动工作意识是由抽象层面的社会意识走向具体层面的社会意识的思想通道，在这里意识的抽象性和具体性得以对接。

2. 综合实践活动工作意识的形式

对综合实践活动工作意识从纵向结构考察，按其发生形态分类，可以划分为工作心理、工作观念、工作理论和工作方法四种相互联系又彼此区别的表现形态。

在人类实践中最初形成的工作意识是工作心理，它大致包括需要、动机、意向、情绪、情感、意志、信仰、习惯等形式。综合实践活动工作理想状态需要是由教育工作者的职业本能和职责引发的工作欲望，它同人的其他需要相类似，既具有强烈的内在冲动但又缺少明晰单一的目的指向。处在综合实践活动教学工作需要的心理阶段，教育工作者主要受到在教学工作实践中形成的潜化意识的支配，本能地生发出工作欲望。笔者调研发现，长期居于教育工作者地位、积累有大量工作实践经验的教育工作者，工作在不知不觉中已成为他的潜化意识，成为一种职业的习惯或"本能"的需要。

综合实践活动工作需要的定向化是工作动机和工作意向。当工作需要作为一种自发的职业内在冲动时，就会是意向不明、不断转移的心理活动。如果没有外部环境起作用，那么人将永远停留在这种躁动不安的环境中。事实上，教育工作者不可能将自己封闭起来,而是要受到外部环境各类信息的刺激干扰。一旦某一信息反复影响教育工作者而使他将注意力逐渐集中到解释这一信息的时候,这便出现"问题"或心理学上所说的"情结"。"问题"是指现实和需要的差异,"情结"是指反映问题的矛盾心情。这时,为解决问题或解开情结,原有的变动不定的需要心理开始平静下来,交错出现的不明晰的目的指向逐渐转移到问题上,从而形成有明确指向的动机和变成为解决某问题的意向。心理的动机和意向也具有不稳定性,与工作决策和计划中工作目的相比,决策计划是综合实践活动教学组织的理性化,是综合实践活动活动目的的原型。同时,动机和意向是意识形成的一个不可缺少的环节,没有它不可能产生出教学工作的其他意识。动机和意向引导教育工作者如何看问题,准备选择解决何种问题。如果在动机和意向上出了偏差,比如他所期望的目的根本不可能实现,教育工作者就会使教学工作走偏方向。

教育工作者作为人,还具有情感和情绪。情感是在人与人交往中形成的心理定势,它表现为对某些人的偏爱、信任、同情、感激以至于崇拜。历史上一些观点认为,思想政治工作者是制度的化身,不应有任何个人情感,将情感带入工作领域是很危险的。在他们看来,理想的思想政治教育工作者只能是一副冷面孔、铁心肠,唯其如此才可能看待问题客观、处理事情公正。事实上,在依托综合实践活动开展"大学生思想政治教育"工作的实践活动中,无论是教育工作者或大学生,绝不可能没有情感;任何一次具体的综合实践活动,也不可能完全摈弃情感。虽然,教育工作者如果仅凭情感而不用理性来处理工作活动中的人和事,或者将私人情感带到公共事务中,这对工作将是十分有害的。但是,还应看到,情感对教学工作也有帮助。在教育工作者之间,多一些情感就少一分摩擦,情感在这里是决策团队的凝聚力。在教育工作者和大学生之间,情感是沟通上下级之间的心理通道,是了解情况、激励大学生必不可少的"柔性工作手段"。大量工作实践也证明,凡是情感丰富且善于控制情感的教育工作者,不仅能团结工作团队中其他工作人员,形成一个关系融洽、无话不谈的有战斗力的工作集体,还能在学生中树立良好的形象,使他们乐于听从他的意见和建议。相反,一个缺乏情感的教育工作者很容易成为一个孤芳自赏的人,他既不可能赢得同事的信任,更不会得到学生的理解和支持。可见，情感是教育工作者不可或缺的心理过程。事实上，综合实践活动工作不在有无情感，而在如何培养情感和正确投入情感。

同情感相比较，情绪是另一类心理活动。情感是一种外显的心理倾向，是指人们在长期交往中形成的亲和力；情绪则是一种内隐的心理定势，是由内外环境刺激产生的某种心境或心绪，主要表现为喜、怒、哀、乐。在综合实践活动工作中，不论是教育工作者还是大学生常常受环境的刺激，很自然地引起情绪的变化。所谓工作情绪，就是指这种心理态势。应当指出的是，情绪不同于情感，它对工作弊大于利，特别是对于教育工作者，千万不能为情绪所左右，更不能带着浓重的情绪来工作。情绪作为一种心理活动，是一种受环境左右的变动不定的无意识现象，它与理性不相容。尽管喜怒哀乐可能激起一时的激情，在工作中发挥出冷静时无法发挥的积极作用，但因它缺乏理智的支配而不可能持久且具有很强的随意性，任其发展不加控制就容易将教育工作者变成情绪的奴隶，导致工作失败。作为一个教育工作者，应当尽量避免将个人情绪卷入工作，做到"不以物喜，不以己悲"。碰到困难不要气馁，取得成绩不妄自尊大、目空一切。要做到这一层很不容易，它需要在教学工作实践中经历长期的修养磨炼，掌握并熟练运用心理自我调节方法。

属于综合实践活动工作心理的还有意志、信仰和习惯。所谓意志，是指向明确行为目的的心理机制。所谓信仰，是对某人某事或某种最高存在的绝对信任和无条件服从。所谓习惯，本来指人们思想行为的常规或定势，这里专指思维定势或习惯思维。

综合实践活动工作作为一种组织目的性活动，决定参与教学工作的人必然形成实现工作目的意志。意志主要有三个特点：一是明确的目的性；二是判断是非的果敢性；三是迎战挫败的坚韧性。在综合实践活动教学工作中，教育工作者意志的积极作用是非常明显的。这是因为，教学工作是一个步步逼近目标又常常遭受挫折的风险过程，为使教学工作能按预定目标继续下去而不致中断，教育工作者必须具有坚强的意志。如果意志薄弱，在挫折面前就可能观望退让、对事业丧失信心。只有具备坚强的意志，认准了的目标决不改变，才有希望达到胜利的彼岸。当然，由于意志是一种缺乏理性自觉的心理机制，单凭意志并不能保证目的正确。如果意志很坚定而拒绝理性参与，那么就很可能出现当实践证明目的不对，决策者还会顽固地坚持下去的现象。因此，意志在教学工作中虽很重要，但必须使之理性化。教学工作仅靠个人的坚强意志而不注意根据情况随时加以调整，那么顽强就会变为顽固、果断将会变成武断。

宗教信仰在本义上是相对于理性而言的宗教感情，是宗教徒对神的崇奉膜拜心理。宗教信仰意味着对"神"无条件的信任、服从和追随。在科学落后的古代社会，宗教信仰是宗教首领控制宗教组织和统治者管理社会的重要手段。宗教信仰曾经是一种普遍的心理。在当前社会条件下，宗教信仰对综合实践活动工作具有一定的负面作用。在当代高校，应当提倡科学和唯物信仰论，这样才能树立正确的"三观"。

习惯是在多次实践基础上形成的行为定势和思维惯性，它以固定的经验为根据。当人们主要凭借经验而不是凭借理性来行动的时候，这就停留在习惯的心理水平上。所以，经验和习惯是难以区分的。教育工作者通过多次教学工作实践，不知不觉中就会形成一套自己的工作经验或工作习惯，其中所包含的难以用语言表达但又实际发生作用的意识形式为习惯心理。习惯心理在教学工作中的出现既具有必然性又具有诸多积极作用。首先，它作为一种感性经验，与工作实践最接近，反映工作实践的问题最快捷。综合实践活动教学工作中许多常规问题主要是通过教育工作者的经验习惯及时加以处理的。如果教育工作者缺乏经验而未形成惯性思维，就不可能对综合实践活动工作中纷至沓来的问题做出快速反应，必然事事请示或拖而不决。其次，习惯是理性的基础，教学工作经验则是教学工作理论的前提。大量事实表明，一切理论的产生，都不能脱离对工作经验的总结。教育工作者的工作经验越丰富，对其学习接受教学工作所需的理论就越有利。一个没有工作经验的人，尽管也可以从书本上学到思想政治教育工作理论，但一般很难真正理解这些理论，更不可能切实运用这些理论。所以，经验习惯对于教育工作者是十分必要的财富，特别是对于基层教育工作者。不过，工作习惯毕竟是非理性的工作心理，它也有局限性：第一，习惯心理是一种心理惯性，它对教育工作者的创造性思维有一种天然的抑制作用。如果固守经验，由习惯来支配综合实践活动工作，教学工作方式只能简单重复。第二，经验习惯只是对过去教学工作实践的总结和重复，缺乏对综合实践活动工作发展新趋势的预见功能。如果因循经验习惯，就只能往后看而不会向前看，结果必然因目光短浅而无法应对当代多变的教学工作环境。

各类工作中的心理积淀就是工作观念。这里所说的观念是指在感性经验基础上形成的融入了若干理性因素的固定看法或根本观点。在心理学上，观念即是表象。马克思主义所说的观念，是指反映实践并为指导实践所创造的体现目的计划的社会意识形态。工作观念作为工作意识的一种，是介于工作心理和理论之间的一系列关于工作的根本观点，主要包括价值观、决策观、人性观、组织观（团体意识）、教学工作效益观等。同各类工作心理相比较，工作观念不表现为纯感性而有一定的理性渗入，包含着对事物的深层理解，不是对客观对象的直接反映而是间接反映，表现为对过去的反思和对将来的向往，不是由刺激而引起的间发的、不稳定的心理活动，而是对根本问题的持久稳定的心态或倾向。因此，综合实践活动工作观念在教学活动中的地位特别突出，它潜在于教育工作者和大学生的意识深层，从根本上左右或影响着他们的行为。

依托综合实践活动开展大学生思想政治教育工作意识的第三类形态是教学工作理论，这是意识的理性表现。与工作心理诸形式和工作观念比较，教学工作理论具有如下特点。第一，综合实践活动教学组织形成的教学体系反映的不再是大学生思想政治教育工作的表象，而是它的本质和规律，具有本质的深刻性；第二，大学生思想政治教育工作理论不像心理那样多变易逝，具有相对的稳定性和持久性；第三，与教学工作相关的理论是对教学工作实践的抽象概括，具有抽象性和普遍性。可见，教学工作理论是更高级的意识。教育工作者如果仅凭工作心理或工作观念去指导综合实践活动，终生勤劳也不过是一个经验主义者，不可能达到高度的自觉而作出新的贡献。只有学习科学的教育工作理论，自觉地以有关的理论来武装自己的头脑、指导自己的教学工作行为，才有可能成为一名合格的现代教育工作者。当然，像一切理论一样，教学工作理论也有它的局限性，这主要表现为任何教学工作理论只能是对教学工作实践一个方面本质或事物某一本质层次的抽象，它只能近似正确地反映对象。另外，由于教学工作理论是以纯概念的逻辑方式来反映教学工作实践的，二者之间横隔着层层中介，要运用它来指导教学工作实践，还必须将其转化为教学工作方法。

所谓综合实践活动工作方法，是教学工作意识的具体化、程序化，特别是应用教学工作理论的方式或模式。而按照方法的特性来区别，又可以划分为数学方法、系统方法、经济方法、法律方法、行政方法、伦理方法、心理方法等。

综上所述，教学工作意识按其发生发展的时间作阶段划分，首先是心理，其次是观念，再次是理论，最后是方法。只有全面系统考察教学工作意识的发生发展规律，才能为大学生教学工作提供认识论的理论依据。

3. 综合实践活动工作个体意识和群体意识

综合实践活动工作意识从横向结构考察，还可以区分为个体意识和群体意识。所谓个体意识，是指组织中个体成员特别是教育工作者个人的心理、观念、理论和方法，它是在个人的教学工作实践中形成的个性意识。所谓群体教学工作意识则指组织整体特别是教学工作主体群所共有的心理特征、工作观念、团体精神和价值取向。一些观点认为任何个性、主见都妨碍统一思想，甚至认为，既然思想政治教育是要树立共同的理想，就应在综合实践活动中首先统一大家的意志。在综合实践活动工作领域，这种观点是比较片面的，主要源于如下几点。

首先，这种观点割裂了个性和共性的关系，看不到个性意识的存在不仅是必然的，而且共性意识只有通过个体的理解才能发挥作用。无论在哪类组织中，由于各人的经历、出身、地位、职责、利益、环境的差别，决定组织成员的心理状态、价值追求、知识水平、理想情趣是不尽相同甚至截然对立的，综合实践活动工作既不可能也无必要消灭这些差别，集体意识也不是以消灭个体意识作为自身存在的前提。实际上，任何集体意识的产生都离不开个体的理解。如果组织成员缺乏自觉的个体意识，这种组织的集体意识也不可能形成。同理，只有个性发展的群体才是思想活跃的组织。这种组织从表面看，人人都有自己的想法、个个都有棱有角，少有唯唯诺诺、随声附和之辈。但正是这样的群体，才可能产生自觉的集体观念，才可能深刻理解统一命令和统一行动的意义，也才能上下同心去自觉地完成任务。所以，认为个体意识必然会阻碍集体意识的形成，认为只有消灭个性和个体意识才能统一组织成员的思想和行动，实际上是将组织看成同质要素的简单集合或机械拼凑，而不是将系统理解为异质要素的有机集合和辩证统一。

其次,这种观点颠倒了个体意识和工作共识的源流关系。个体意识在综合实践活动工作中的作用,不仅表现为工作共识必须通过教育工作者个人的理解才能起作用,还表现为个体意识是教学工作达成共识的基础和前提。一些观点认为,工作共识似乎是先于个体意识而产生的,恰恰颠倒了源流关系。任何组织的工作共识,包括大家认可的指挥组织原则、共同追求的组织目标、人人遵循的行为规范,都是在各种个体意识的比较、争论、碰撞之中逐渐形成的。当然,一部分组织的领导也可以不做情况调研、不征求大家的意见、不考虑下级的感受,就只将个人想法通过行政命令贯彻下去,从表面上看似乎大家都在按命令行动,但由于命令只是领导者个人的一己之见,群众并没有从心里理解,也就很难形成集体意识,有的只是少数领导者的个体意识。相反,在开展综合实践活动教学工作中,只有通过有意地培育基层学生管理者和大学生的个体意识,让大家出主意想办法,鼓励大家为综合实践活动工作出谋划策,并允许不同意见展开争论、比较,然后才能求同存异,形成组织的共同观点。这样就可以培育师生同心、和衷共济的团体精神,增强组织的凝聚力和提高综合实践活动教学工作效率。所以,认为个体意识同教学点工作不相容是完全违背意识发生规律的。如果用这种观点去指导教学工作,很容易造成不尊重同事、不充分了解学生需求,以少数人的一己之见去对组织成员进行行政强制的现象。

最后,这种观点抹杀了个体意识的独特功能。在综合实践活动工作中,共识固然很重要,但个体意识同时又有不可取代的独特作用。这主要表现为:第一,教学工作共识一般属于求同思维,个体意识则多表现为求异思维,善于发现新问题,具有敏锐性和批判性。在组织中,要形成共同的集体意识,往往需要一个长期的过程,这种共识一旦产生,它又具有相对的稳定性。综合实践活动工作之所以可能,组织成员之所以能有所依归,正是以某种相对稳定的共识为其依托。如果共识缺乏这种特性和功能,指导组织行为的思想瞬息万变,教学工作就很可能无程序可言。但是又必须看到,工作共识又有一定的局限性,即缺乏对事物变化的敏锐性,对过时的思维习惯、规章制度的批判性。为弥补这一缺陷,就需要个体意识。与群体意识不同,个体意识是一种个性思维,是一种以求异为主要特征的思维方式,它可以在人们的习惯中敏锐地发现新问题,对旧有的大家所认同的某些不足之处提出怀疑、做出批判。其中有的看法可能是错误的，但常常有一部分是正确的。人类意识的发展规律都是由异而同、又由同而异。如果没有少数个人对多数人已有的习惯和共识提出怀疑和批判，就不可能有认识的进步。当用一种大家认可、形成习惯的教学方法进行教学工作时，教学工作虽然比较容易秩序井然，有章有法，但却只能周而复始、代代重复，不可能有新的进展。只有允许少数人在工作总体思路指导下，大胆提出新的改进意见，才能使综合实践活动工作不断有新的手段，为当代大学生的成长服务。第二，综合实践活动工作要想发展，以适应现代社会的发展，离不开创造性思维。而创造性思维的主体主要不是组织集体而是组织个体，特别是参与综合实践活动工作的教育工作者个体。因此，创造性是个体意识的另一个显著特点。以综合实践活动工作决策为例，决策可划分为常规决策和非常规决策两类。其中常规决策相当于程序化决策，通常是集体意识的具体化和定型化。但是，单纯的常规决策不能应付变化的决策环境，必须辅之以非常规决策。而非常规决策是没有常规可援的随机决策，它必须通过决策当事人根据具体情况快速果敢地加以判断，这就不得不充分发挥个体意识的创造性，不得不更多地借助参与决策的个人的想象力、直觉判断以至灵感思维。如果任何一项决策都按常规办，以为只有通过集体认同的意见才有科学性，那么就无法应付非常规的环境变化，也不能激发个体的主动积极性。相反，只有平时注意培养教育工作者的创造性思维，从制度到风气给少数人以决策自由，才能使决策具有应变性，不至于在突发性问题出现时束手无策。

  个体意识尽管有着上述各种积极作用，但它也有自己的许多局限。因此，仅仅依靠个体意识是无法进行教学工作的。要使教学工作得以进行并使之富有成效，就应当特别注重对教学工作中的群体意识的研究。

  首先，群体意识具有目的的统一思想功能。所谓目的，是指意识对行为的指向性或行为内涵的趋向性。开展教学工作的第一个前提就是要使不同方向的个体目的统一为同一方向的组织目的。只有当组织成员放弃或修正自己的目的并达成对组织统一目的的共识，教学工作才能步步逼近目标。显然，依靠个体意识是无法完成这个任务的，只有群体意识才具有统一组织成员目的的功能。

  其次，群体意识具有团体凝聚功能。组织成员调整自己的行为目标转而接受组织的共同目的,这就使团队获得彼此配合、协作行动的思想基础,从而使相关人员能够聚集在一起完成教学工作。但仅有共同的组织目的意识还不够,还应有与目的相关的其他组织意识,如共同的信念、相同的价值观念。因为,作为共同目的意识虽然重要但毕竟还很抽象,而且目的性意识一般多停留在浅层而未深入到信念、价值的深层。为使组织的目的性观念牢不可破,还需要使团体内部充分理解其意义,形成坚强的信念和明晰的价值观念,自觉地和衷共济,增强彼此之间的亲和力和凝聚力。

再次,集体意识具有抗干扰功能。这里的抗干扰功能主要是指防止组织环境对组织成员的各种情绪、心理上的干扰。组织既然存在于环境中,因组织之间的竞争或其他社会原因,外部世界对组织的各种干扰是不可避免的。在各种干扰下,组织成员可能会有情绪上的波动乃至信念上的动摇;要想完全避免干扰几乎是不可能的。排除、减轻干扰的手段,一是硬性的行政措施,如批评、处罚受干扰的成员;二是强化集体意识,不断培育团体精神,增强成员自觉的抗扰能力。这两种手段,前一种是治标,后一种是治本。只有当每一组织成员自觉树立起一种爱集体、愿同组织共患难的"团体精神"的时候,才能从根本上解决综合实践活动工作中出现的困难,让工作迈上新台阶。

最后,集体意识还有评价规范功能。组织成员作为活生生的个体,有着不同的个性和自主活动。但是综合实践活动工作是一种组织活动,需要协调组织成员的行为。要做到这一点,显然不能依靠个体意识而只能凭借集体意识。这就是说,不能按照各自价值观念而应当依据组织的共同价值观对组织成员的行为进行评价。在个人看来是正当可行的事如果对组织不利,就必须服从组织意见、严格按组织原则行事。虽然,有时组织的评价也可能不符合实际,个人的意见也可能是正确的,用组织的价值标准去评价并规范人们的行为并不能保证组织绝对正确。但是,如果不能以组织观念去评价并规范成员的行为,就会出现自以为是、各行其是的混乱局面,其结果无异于使教学工作陷入混乱。

总之,个体意识和群体共识作为教学工作意识的两个方面,是互为条件、相互促进、共生共长的辩证关系。一方面,共识存在于个体意识当中并通过个体而发挥作用,离开个体意识就谈不上真正的共识;另一方面,共识又制约着个体意识，个体意识也离不开共识。离开群体共识的制约，个体的意识就会失去作用。个体意识和群体共识的这种辩证统一关系要求教育工作者必须尊重每个组织成员的首创精神，启发他们的聪明才智，注意倾听同事和大学生的意见并力戒思想僵化和个人专断。同时也提示组织成员要服从组织决议、遵守组织纪律、领会组织意图、发扬团体精神，警惕自以为是和各行其是，自觉地将个人的思想行为融入集体之中。只有这样，教学工作意识才能从积极的方面对综合实践活动教学工作发挥能动的指导作用。如果割裂了共识和个体意识的关系，偏执一端，就可能会给综合实践活动工作造成不应有的混乱。

第二节 学生综合实践活动一体化课程构建

综合实践活动目标就是在教给学生学科知识的同时，帮助学生树立远大的理想、正确的"三观"，以及在广泛的领域培养学生的能力，提高其综合素质。笔者认为完成这个任务的最佳方法是强调基础，并把学生的综合能力放在相应的背景环境当中才能实现。因此，开发一体化综合实践课程体系是构建综合实践教育环境有效途径之一。

一、构建一体化综合实践活动课程

所谓一体化课程，就是将当代学生所需要的综合能力，作为一个系统去考量，而后设计一个前后关联紧密的课程体系。因此，结合综合实践活动，实施教师内容整合，把相对松散的实践活动整合起来，开发一体化综合实践活动课程是切实可行的。下面就从综合实践活动一体化课程建设思路和具体内容两个角度进行分析。

1. 开发建立综合实践活动一体化课程的思路

随着时代的发展，当代学生应该具有很强的自主意识，又有良好的合作精神。因此，开发综合实践活动一体化课程时应当主要关注如下三个方面。

第一，在开发综合实践活动一体化课程过程中，要对与学生能力培养密切相关而专业课程又很少涉及的观察能力、想象能力、联想能力加强训练，培养学生的逆向思维、发散思维,提高学生的思维灵活性。营造有利于激发学生潜能的心理环境,促进学生利用类比、举一反三,开拓思路,同时提高学生思维的系统性,从而全面提高学生的综合素质和能力。

第二,开发综合实践活动一体化课程的目标,是使学生树立正确的理想,善于独立思考,拥有自己独到的、有创新性的观点,并能够轻松表达思想,为未来的工作服务。

第三,在教学中激发学生参与意识是促进学生能力逐步提升的关键。兴趣是最好的老师,教师在教学过程中首先要培养学生参与活动的兴趣。因此,综合实践活动指导教师应该以一个组织者和学生朋友的身份进入培训环节,减少学生的压力,鼓励学生大胆发表个人观点。不仅如此,综合实践活动指导教师还应该运用多种教学手段和方法(如多媒体教学、案例教学、头脑风暴法等),尽可能多地为学生创造表达的机会,鼓励学生大胆地表达自己的观点。在此基础上,教师应该根据不同专业所需的非专业能力特征及时发现典型和个别问题,在教学过程中进行分析、指导,以促进不同基础的学生在原有基础上迅速提高。这样,就可以抓住影响培训质量的关键环节,实现提高教学质量的目标。同时,教师还可以要求学生自己设计学生活动情境,自己策划实施方案,自己记录模拟实施过程,在此基础上让学生总结成果。可以在综合实践活动结束后开展研讨会、选择优秀案例进行中心发言,教师进行点评。在此基础上,学生可以根据教师点评并结合自身体会,修改方案,写出心得体会。这样,就能够使学生获得顺畅地表达自己观点的机会,进一步提高教学效果。

建立综合实践活动一体化课程计划是关键。也是实现综合实践活动从"是什么"向"怎么做"的有效途径。综合实践活动一体化课程是培养当代学生综合能力的系统方法。一般来说,综合实践活动一体化课程计划应当具有以下重要特征。首先,综合实践活动一体化课程计划是围绕当代学生综合能力知识体系组织的,但需要重新调整综合实践活动计划,促使学科人才培养目标要求的各种能力之间有机联系和相互支持,而不是各自分离和独立。其次,学生综合能力提升一体化课程计划将当代学生能力提升中涉及的各种技能进行重新组合,建构崭新的课程体系。最后,在综合实践活动一体化课程计划中,每个综合实践活动都应当明确规定关于综合实践活动人才能力的学习效果，以便为学生将来自我学习打下良好的基础。综合实践活动一体化课程计划形成了一个总体效果大于各部分相加的教育系统。这个教育系统由相互联系的各种元素的协调构造而成，每一元素都有各自明确的功能，所有的元素共同作用以确保学生达到专业所设定的预期学习效果。

综合实践活动一体化课程计划是通过与基础理论教学相结合，培养学生综合能力的系统性方法。当专业课程的有关内容和学习效果之间具有明确的联系时，非专业能力应是可以相互支撑的。一个明确的计划使我们知道如何将当代学生综合能力培养工作进行整合。

构建综合实践活动一体化课程计划有实践上和教学上两方面的原因。实际上，我们只能重新分配可用的时间和资源。传统课程计划很难增加综合实践内容或时间，特别是当预期学习效果超出学科核心内容时，学生每学期不仅需要完成平均的课程任务，而且教学计划难以拓展学生的经验。因此，在第二课堂中构建综合实践活动一体化课程计划必须能够使能力和学科知识得到同时的发展，使课程计划对已有的时间和资源发挥双重作用。

当代学生综合能力培养是与它们的教学背景环境有关的。通过学习有关的专业知识和技能，学生能够掌握更加深厚的本专业基本原理方面的知识。在学科环境下学习非专业能力，能够加强学生对学科内容的理解。通过学习这些能力，使学生实现专业知识和非专业能力两者之间的相互支撑。在学科背景环境下学习这些能力使学生能够掌握系统的本学科基本原理方面的知识。

综合实践活动指导教师要能够在这些重要的学习效果方面扮演重要的角色。如果综合实践活动指导教师确信综合实践活动进行的能力培养是重要的，他们就会在综合实践活动中将这些能力和综合实践活动的学习效果结合起来。此时，当他们示范这些能力时，学生就可以在综合实践活动结束后的实践活动中培养这些能力。关键是教师要向学生说明非专业能力在未来工作中的重要性和合理性。

综合实践活动一体化课程应具备以下特征：首先，专业学习效果会系统地渗透到教育的每个环节的学习效果中。其次，教育系统的各个环节规定了它们如何相互支持学科基础知识的学习，并具体说明了如何使个人非专业能力达到预期的水平。最后，综合实践活动一体化计划的设计是一个由全体参与综合实践活动的教师认可并认真实施的一个明确的计划。这一点对综合实践活动一体化课程计划的成功执行至关重要。因为教育是由整个教学领导层所主导，并且由各具体教师去执行的。因此，各方面的全体教师达成一致非常重要。

在对综合实践活动一体化课程计划进行设计时，有一点很重要，就是要意识到每个教师对某一非专业能力作为综合实践活动一体化课程计划一部分的作用和地位可能会有不同的理解。对能力和学科内容在认识上的关系将影响教师对综合实践活动一体化课程计划设计的看法。当教师对基本能力的目的和地位有不同看法时，就需要通过对综合实践活动一体化课程计划中的分歧进行讨论，并提出建议方式来实现。这些讨论有利于在综合实践活动一体化课程设计的准备阶段便知道如何将当代学生综合实践活动目标与综合实践活动进行有机的结合。因此，要努力实现教师从关注与综合实践活动计划无关或相关类别的判断转变为重视能力和学科知识的相互作用上。

2. 综合实践活动一体化课程设计的具体内容

作为综合实践活动一体化课程计划设计的出发点，可以通过比较方法来考察开展综合实践活动已有的计划，并与综合实践活动的预期学习效果进行比较。评估的范围包括以往培养学生的所有经验和教训。例如，大学中人文科学方面的要求可能包括批判性思维、沟通和道德规范。虽然这些内容似乎超出了综合实践活动本身的计划的范围，但这些要求体现了它是学生教育的一部分。一旦建立了明确的教学计划目标，了解已有的条件和对现有的综合实践活动计划进行评估之后，即可正式开始设计综合实践活动一体化课程计划。综合实践活动计划的设计是由两个同时进行但具有潜在相互作用的步骤开始的，即综合实践活动计划结构的设计和针对每个主题内容确定合适的教学次序。当这些结构和次序确定之后，设计的最后一步就是把次序反映到结构的各个环节当中，使得在一体化的相互支持和协作的设计中，每个环节都对学生的学习具有明确的作用。综合实践活动设计的持续改进和完善是由学生的学习评估结果所决定的，将随着以后预期的学习效果变化而变化。

综合实践活动一体化课程计划设计过程的第一步需要反映综合实践活动计划

的已有条件和联系。已有条件是指当前综合实践活动计划的所有因素的总和。这些因素包括学校制度、教学计划的传统做法、本地和区域性以及国家环境变化等方面的要求。一个专业按其目的通常分为两类：一种是以培养学生使之能够在未来找到工作的职业准备为目标的，另一种则是为学生攻读研究生准备为目标的。这些区别经常反映在专业教学计划的学制和结构上。在进行课程计划的设计时必须认识到这一点，并在这些约束条件下进行设计。实际上，所有大学都有文件说明大学的学制、各学期或学年的持续时间或强度、教学的最小单元（即一门课程）。有些专业会出现比课程更小的单元，如模块或讨论会；也可能会有比课程更大的单元，如与实验课程相结合的课程。已有的学分和允许的学分总数都会限制课程计划的灵活性。对于一个具体专业的学生来说，大多数已有的条件都会部分或全部在专业课程计划设计者的控制之外。因此，作为第二课堂的综合实践活动一体化课程计划设计者必须考虑这些已有的条件，而且对综合实践活动计划设计过程必须提供一个通用而灵活的方法，以便能适用于这些已有的条件。

一个专业的学科内容及其所对应的范围是已有条件的另一种形式。了解主题内容之间的联系是非常重要的，也就是说，在综合实践活动范围内的不同综合实践活动主题内容是相互作用的，又是彼此独立的。

在确定综合实践活动计划的内容和学习效果之后，综合实践活动计划设计的主要内容包括综合实践活动计划的结构、次序和对应关系。综合实践活动计划的结构是基于所有知识和学习经验的组织构架的，次序则规定了学习效果的适当进度，而对应关系则将预期学习效果落实到专业课和学习过程当中。综合实践活动一体化课程设计包含三个关键问题。

首先，历史上对于非专业能力不重视使其可能成为综合实践活动的突破口。专业教学计划的结构就是，综合实践活动一体化课程应当在建构学科知识的同时，更加重视实际应用能力。同时，因为很多大学都已经形成学科的组织形式，他们很难将已有的教学计划完全转化为基于现代人才要求的各项实际能力的组织形式。所以，非专业能力培养这种容易被忽视，而在原有课程体系中所占比重不大的课程才可能成为综合实践活动一体化课程设计的突破口。

其次，设计一个小型的总体计划是关键。任何一个优秀的设计都需要有一个总体计划，以便将学科内容和学习效果整合到综合实践活动计划中。可以围绕综合实践活动，针对学生素质教育所涉及的能力，把学生一个或多个学期的一段学习过程通过综合实践活动组织起来，将其中知识内容和能力培养目标有机结合起来。非专业能力特殊性决定了实践性学习活动的重要性，这类能力的培养过程不仅仅依靠课堂实现，而且还会出现在课程甚至综合实践活动计划以外，例如课外活动和竞赛等，这些没有被纳入课程教育体系也都能推动和加强学生综合能力提升。

最后，设计崭新的课程体系结构是实现目标的保障。在已完善的学科中，内容的次序很容易理解。大部分情况下，这些内容的次序是由讲授和编写本专业教材的教师的经验所决定的。实际上，当代高校专业的管理者都认为专业课程必须严格地按照次序来开设是理所当然的。历史上的培养计划的缺点是：第一，没有对教学内容建立起联系或者很难确保学科之间的联系；第二，有时很难将对综合实践活动所涉及学生综合能力的培养整合到传统专业教学计划的结构中。对于能力方面的学习效果，很难明确合适的次序。教学大纲通过一个主题内容性的结构来说明教学内容，但无论是大纲还是相关的学习效果，都没有对学生综合能力掌握方面的次序给出指引，也没有指明掌握的程度所要求的重复次数。因为，简单的前导和后续课程关系就会使教师陷入了一个困惑。以学生表达能力培养为例，如果设计思维、写作、口头表达对应课程应当如何开设？一个显而易见的结论是思维是写作和口头表达的基础。但是，写作和口头表达两者是否一定存在前后次序就不好说。有的观点会说，写作是口头表达的基础，所以写作课应当先行开设；然而，在很多活动中，即席发言后根据录音整理文案的情况常常不可避免，难以说孰先孰后。不仅如此，现行的高校教学体系中，尤其是在二本类本科及以下层面高校中，本科生思维方法类课程很少可设，大多是在马克思主义哲学课程中对于思维方法有所讲授。而马克思主义哲学课程开设远远晚于写作和口头表达能力课程，其实也难以形成先解决思维后解决表达的过程。这些问题，可以依靠开展系列综合实践活动加以解决。

二、综合实践活动一体化课程中的教、学环节分析

要实现综合实践活动目标，教、学、评估是实现教学目标的三大因素。因

此，怎样对学生开展学习效果评估？如何处理好教与学的关系？是开展综合实践活动一体化课程必须面对的两个关键问题。

综合实践活动一体化课程教学目标是使学生在学习学科知识的同时，学习并实践其他综合能力。前文已经分析了把能力融合到综合实践活动一体化课程中的重要性。学生工作经验是综合实践活动一体化课程教学重要基础。结合以往经验形成的案例进行综合实践活动教学是实现综合实践活动计划中所设定的教育目标的基础。这些方法的主要特点有：一体化学习计划要求有明确的关于学生综合能力的预期效果的预期。经验学习使学生置身于本专业工作者将要面对的环境中。主动学习使学生能够实际参与模拟活动，这不仅可以应用于经验学习，而且可以应用于传统的学科课程和大班课程设置当中。根据教学实验，笔者认为，综合实践活动一体化课程教学目标需要关注学生对教与学的认识、一体化学习、提高一体化学习的方法和资源、主动学习和经验学习四个方面的问题。下面将从学生对教与学的认识出发，逐步展开对综合实践活动一体化课程教学相关问题的分析。

1. 学生对教与学的认识

要实施综合实践活动一体化课程教学，就要求广泛使用教学、学习和评估的方法。在开展教学之初，重要的一点就是要了解学生对现有学习方法的认识。针对这个问题，笔者开展了针对学生的访谈，收集学生对教与学的看法，努力发现学生在学习中的共性问题。根据对调研结果进行分析，笔者发现，许多学生的建议都与他们的学习评估和学习期望有关。实际上，学习和评估是相辅相成的。

在这个调查中，一个特别有趣的现象是许多学生表示出对理论知识的用处和实用性的关注。学生常常会觉得需要为考试去记忆理论，但他们并不知道理论知识与专业实践和解决问题之间的联系。当然，这种观点与教师对理论的理解完全相反，教师认为，这些理论是认识周围世界和解决问题的基础。

下面是依据教师与学生面谈的结果所总结的典型看法：老师关心学生是否已经学过这些专业原理。学生常常为了及格而学习知识，考试过后就把所学的还给老师了。这就会导致学生不知道专业原理为什么是这样的，以及怎样去应用这些专业原理。学生应该更加重视应用，目的是掌握知识的所有内涵。但学生往往不懂得如何应用所学的知识。学生想在学习理论之前去了解实际作用，因为这会激发自己对学习理论的兴趣。为了适应课程提出的要求（为考试而死记硬背的理念学习），导致学生采用了肤浅的学习方法，其学习目的只是重复知识而应付考试。反之，通过深入学习的方法，学生的目的之一是理解学习内容。结果，学生所学的知识结构清晰，并能长期记忆。因此，在设计学生学习活动的时候，必须区分学习和深入学习两种情况。

2. 一体化学习

一体化学习是实现综合实践活动一体化课程教学目标的一个主要手段。学生可在接近实际环境中学习非专业知识的同时，培养个人表达能力。根据一体化的学习经验，满足综合实践活动的要求。一体化学习可以带动学生对非专业知识和能力的学习，使学生的学习时间得到双重利用。综合实践活动一体化课程强调把能力学习效果融合到专业教育计划中的系统性计划，关注本专业的实现问题。一体化学习意味着学生在学习学科知识的同时，还要提高应用本专业知识和技能解决问题的水平。在综合实践活动中，学生掌握了与专业人士和非专业人士进行专业性沟通的能力，使他们有信心在其专业领域中表现自己。综合实践活动期望学生能够描述或表达意见，能对设想和解决方案表示支持或反对，并能通过协作策划形成对策。显然，这些能力与学生对专业知识的表达和应用密不可分。因此，应该对学习活动和学习评估进行调整，以强调与学科知识和能力有关的学习效果。学习和评估的交流在实际环境中更加有效，即在实践的模拟情况下更有效。

为使学习时间得到双重利用，学习活动和学习评估必须采用新的方法，必须特别注意把能力学习效果融合到一门课程中，但这并不意味着要把大量新的理论内容加入已有许多内容的课程中。例如，在培养学生表达能力的工作中，不能把表达能力教学看成是语言学、心理学、哲学等学科理论知识体系的一个新目录，而应当列出一个现代人才需要掌握的重要的表达知识，这些知识包括多种能力，可以通过系统的教学和实践而获得。团队协作能力和交流能力等许多能力需要都可以在多种综合实践活动中讲授和评估。在课程的设计中，决策者要着眼于将学生个人能力提升安排在已经排好序的综合实践活动中，并逐步形成对一体化教与学活动进行策划的基本框架。

3. 提高一体化学习的方法和资源

实现综合实践活动一体化课程教学目标要从确定综合实践活动目标开始，通过指定的预期学习效果来完成。在综合实践活动计划的设计过程中，要尽可能保证综合实践活动的目标效果在综合实践活动中基本得到正确的反映。然而，学习效果的改进和详细的设计则是每一个综合实践活动的任务。在综合实践活动学习效果中明确指定能力，有助于确保这些能力的教学和评估，否则当教师对课程的目标存在异议时就会产生冲突。例如，团队能力的培养可以认为是一种次生效应，这种效应在以团队的工作方式学习课程的情况下可能发生，也可能不发生。所以，也可以将团队能力看成是综合实践活动教学的一个重要效果，此效果必须在综合实践活动任务的设计过程中适当地提出，如在口才训练综合实践活动之后通过模拟谈判和辩论赛等方式实现这一目标。

通过对预期学习效果进行明确定义并形成一致意见，为综合实践活动提供了一条解决问题和避免产生不必要冲突的途径。预期学习效果描述学生在参与综合实践活动学习之后能做什么。预期学习效果还指出学生必须达到的理解水平和能力水平。比较通用的教育目标分类法列出了六种知识和能力掌握水平：了解、理解、应用、分析、综合以及评价。

4. 主动学习和经验学习

许多学习效果最初是通过应用与实践表现学生的知识、能力和态度的。尤其是在综合能力训练过程，仅有理论知识是不够的，应该有意识地策划和教给学生能力方面的学习效果。例如，安排学生在团队中工作并不意味着他们就能自然而然地学习到有效的团队活动中所需的表达能力。因此，必须让学生明确理解许多问题，如怎样形成一个团队，怎样在团队中计划和分配工作，怎样解决团队内部的冲突等问题。当学生有机会进行实践、对其经验进行反思以及将理论概念在实践中予以应用时，就会获得卓有成效的学习效果。为了重新设计包含主动学习和经验学习的内容，要为教师提供机会以提高他们的教学和评估能力。更多地策划需要时间、资源和来自学习和评估专家的支持。要实现这一目标，就应当努力用第二课堂打破长期以来在教学过程中已经形成了根深蒂固的传统授课文化，这样学生的视野才会更加开阔。

综合实践活动一体化课程是基于经验学习实现的。在综合实践活动一体化课程中，可以通过演讲和模拟专业活动来实现。

基于项目的学习是建立在真实工作所需的具体条件或问题的基础上的，并找出问题的解决办法的过程。基于项目的学习提高了学生的积极性，并提高了学生应用所学知识的能力以及处理真实问题的能力。这一方法要求教师改变角色，即从教师到教练或顾问。与基于项目的学习类似，仿真是安排学生扮演专业活动具体角色的活动。仿真通常有具体的规则、指导原则和结构上的角色及关系等。在仿真环节中，课外活动指导教师的任务是解释规则和条件，以告知学生要充当的角色，并监控仿真使其完整执行，以及引导学生思考他们的模拟表达实践效果，并得出结论。在教学的环境中，第二课堂教师应当在课程中把两个或更多的主动学习和经验学习方法结合起来，这样才能更好地实现教学目标。

第五章 学生综合实践活动选题和研究方法

学生综合实践活动是一个系统性的活动，活动开始前的准备工作十分重要。如何确定合适的社会实践活动题目，是开展好学生综合实践活动需要重视的理论问题。要提高学生的社会实践能力，就必须有切实可行的方法。在社会实践活动中，调研工作十分重要。社会实践的调研工作一般是在认真研究收集到的信息资料的基础上，开展质的调查研究或量的调查研究。

本章将介绍确立学生综合实践活动题目所需的知识，并以当前学生综合实践调研方法使用情况为主旨介绍学生综合实践涉及的调研方法。

第一节 学生综合实践活动题目的确立

学生综合实践活动是一种典型的以研究性活动为载体的学生综合素质教育形式，在研究性工作中，研究课题的选择是一项十分关键的工作。研究课题选择得好，研究就会有价值、有意义。研究性活动首先要寻求研究目标。这一过程同样是多次反复地解决问题的过程。社会中有很多待研究的问题，哪个问题适合于研究者，是学生参加综合实践活动时必须首先面对的现实。研究性活动首先源于问题意识，没有问题意识也就难以注意和提出新的问题，研究性活动也就无从谈起了。不同的研究者由于知识和经验背景不同，在问题意识、提出问题的能力、所提出的问题的价值和重要性等方面都有很大差异。因此，研究者要想及时发现和提出具有重要价值的问题，就要增强问题意识。

中国著名的技术哲学家陈昌曙教授曾论述过这个问题："选择研究课题首先

要有价值,现在,我们的许多研究生在选择学位论文题目时都喜欢找前人没有说过的问题,认为这样的题目就一定有价值。其实未必,前人说过的问题不一定没有价值,前人观点有错误、不全面,都可以进一步探讨;而前人没有说过的问题,也不一定有价值。"

一、善于发现问题

学生参加综合实践活动的首要工作就是确定研究课题。要更好地发现有研究和开发价值问题,就要运用创新技巧,在具体的工作中主要关注如下几方面问题。

首先,增强问题意识。问题意识就是对问题的感受能力。日常工作与生活中随时都会遇到问题,有些问题是稍纵即逝的,因而只有保持对问题的敏感性,才能为提出问题奠定基础。

其次,保持好奇心与提高观察力。好奇的人不一定都有创造力,而有创造力的人大多数都很好奇,真正的好奇心经常带来意想不到的创新。好奇会给人带来机会,而得到机会还要观察和思考,否则也难以发现问题,而只能是走马观花。有好奇心还要坚持探索,才能深入某个领域,加深了解。这样,常常会得到意想不到的结果。

最后,掌握问题产生的途径。掌握问题产生的常见途径可以有效地提高一个人对问题的敏感度。提高对问题的敏感度的方法主要有如下几种。

(1)抓住经验事实同已有理论的矛盾。抓住经验事实同已有理论的矛盾是科学问题产生常见的途径。新的观察和实验结果,以及多数反常现象,都可能与现有的理论概念发生冲突。冲突积累到一定程度,现有理论及辅助原理、假设也难以解释这些经验事实时,新的科学问题就必然会产生。最重要的是要能从一些变化中洞察到其中不相容的程度,从而提出新的问题。

(2)抓住理论的逻辑矛盾。理论的一个基本要求应该是自洽的,如果理论内部出现逻辑矛盾,就将产生矛盾的论断。因此,抓住理论的逻辑矛盾是实现理论突破的关键。

(3)抓住规律性的不良现象。规律性的现象,反映了本质上的联系和问题。

找到规律及其现实条件，在质疑中寻找问题。

（4）注意争论。不同学术观点的争论是科学史上的常事，争论的焦点问题，也是学术研究的重点问题。

（5）注意不同知识领域的交叉地带。科学的发展呈现出细化、交叉、综合的大趋势，在交叉区域边缘之处，也是有意义的课题潜在之处，从中寻求有意义的课题，可以为科学发展作出开拓性贡献。

（6）从亟待开发的领域寻找问题。亟待开发的领域，因为"新"，也是问题比较集中的地方。开发过程就是创新的过程，开发的关键问题，也是问题突破的重点和取得成果之处。

（7）在拓宽研究领域和应用领域中寻求问题。在拓宽研究领域和应用领域中寻求问题有三个主要方向。第一，寻求领域拓宽的途径。眼睛只盯着一个问题领域，往往会阻碍发现更新鲜、更充分、更值得探讨的问题。当思维的惯性使自己在一个特定领域中循环思索时，要努力使自己从循环中跳出来，从其他方向寻找材料得到启发，就会有新的问题展现出来。第二，在拓宽研究和应用领域过程，把障碍作为问题研究。因为，对于可以拓宽的领域，遇到的障碍就是问题。第三，把由外部世界观察到的刺激，强制地与正在考虑的问题建立起联系，使其原本不相关的要素变成相关，进而产生待研究开发的问题。

总之，提出问题的策略与方法很多，只要认真去寻找并形成问题，就找到了学生综合实践的起点。究其实质，学生综合实践的过程就是解决问题的过程。问题就是研究者所处的现有实际情况与期望的理想状态之间存在的差距，也就是研究者的期望与现实的矛盾。学生综合实践中的绝大多数问题并不是现成的、明确地摆在人们面前的，而是需要学生在老师的指导下去探索、去发现，甚至去构造的。因此，学生一方面要充分了解自己，另一方面要善于发现问题和提出问题，并逐一去解决问题，寻求客观的、理想的答案。

研究动机形成以后就要以发散思维从多个角度寻求问题（目标），并对这些目标进行归类，如农村生产类型单一和劳动力过剩问题，人口老龄化以及空巢家庭老人的生活问题……都蕴藏着研究价值。对发现的问题进行分析比较，从每一类问题中选取接近自己目标的两个或几个作为主要问题进一步发散提问，依次类推，层层提出问题，直到自己认为满意为止。

由于提出的问题有很多，就要对此进行收敛，从中首先剔除没有学生综合实践价值或学生综合实践价值很小，或虽然有价值但一时不具备解决问题的可能性的问题。对待问题可依据学生综合实践的基本原则，通过创新性、价值性、熟悉度、重要性、紧迫性和稳定性等收敛标准，以及学生综合实践基本条件、价值取向等进行选择。这些标准可依据学生综合实践活动的具体情况和需要而增减。收敛到最后所剩下的问题就是可供研究的问题，也是确定学生综合实践目标的依据。

二、学生综合实践目标具体化的基本程序

风险的存在是客观的，也是必然的。确定学生综合实践目标的决策过程属风险型决策，学生综合实践目标具体化过程，就是要适时抓住最有利的时机，尽可能地避免风险，做出正确的选择与抉择。一般可按以下程序进行：①摆明问题，确定目标；②初步调查预测，收集信息；③拟定多个备选方案；④进行可行性分析；⑤比较评价和选定可行性方案——确定学生综合实践目标；⑥实施方案并跟踪控制。这些程序并非是固定不变的，可以根据学生综合实践项目和复杂程度，进行选择取舍。

（一）摆明问题，确定目标

学生综合实践过程的实质就是解决问题的过程。摆明学生综合实践过程需要决策的问题是什么，确定学生综合实践所要达到的目标，是学生综合实践需要决策的第一步。

确定目标是科研决策前提，而学生综合实践目标是根据要解决的问题来定的。如果把需要解决的问题的关键所在及其产生的原因等弄清楚了，确定目标有了依据，目标也就容易确定了。要弄清问题，不但要清楚什么是问题，还要对应有现象和实有现象加以明确。应有现象是指应达到的标准或按既定的目标应有的情况；实有现象是指实际所发生的或存在的情况。所谓摆明问题就是以应有现象为依据，积极地、全面地收集实有情况，发现差距，并通过分析、研究、把问题确定下来，找出产生问题的原因，这样就能有针对性地采取措施加以解决。

摆明问题是整个过程的起点，也是进行正确决策的基础。摆明问题包括发现问题、确定问题、分析产生问题的原因三个主要方面。①发现问题，即找出问题在哪里；②确定问题，即明确什么问题是必须解决的；③分析问题，即为什么会产生这种问题，矛盾的焦点在哪里，分析原因并加以明确。

（二）确定具体的学生综合实践目标

确定学生综合实践目标是为实现一定目标而对若干个备选方案进行选择的过程。因此进行决策的前提是要有一定的目标。这一目标是在对社会环境、市场现状及自身条件的一般了解基础上提出的。

所谓学生综合实践目标，就是在一定环境条件下，在预测基础上，要达到的程度和希望达到的结果。学生综合实践目标可分为两种：一是必达目标——要求必须达到什么程度；二是期望目标——期望取得的成果。

1. 具体化学生综合实践目标

对于学生综合实践目标的确定必须明确具体，否则方案的制订与选择就会感到无所适从。目标明确具体包括以下几个方面。

（1）学生综合实践目标的表达。学生综合实践目标最好是单一的。也就是只能有一种理解，不能产生歧义。如果语言含糊不清、模棱两可，不明白到底要做什么，决策就很难顺利进行。明确表达目标最有效的方法是学生综合实践目标数量化。

（2）学生综合实践目标的时间约束。没有具体完成期限的目标，就等于没有目标，因为它可能永远无法实现。因此学生综合实践目标必须有明确的实现期限。在实际操作过程中，根据实际情况，目标的实现时间允许有一定的弹性，但有的研究内容也应严格一点，限期完成；有的可以给出一定的伸缩范围，或规定一个极限。在学生综合实践实施过程中，也可以根据实际情况，对预先确定目标的实现期限进行修改。但无论对目标实现期限的规定，还是后来的修改，都要根据事实、需要和可能得出科学合理的结论。

（3）学生综合实践目标的条件约束。确定目标时，必须明确达到有没有客观条件的限制和附加一定的主观要求。约束条件主要是各类资源条件，决策权限范围及时间限制等。学生综合实践目标的产生、确定必须立足于现实的基础上，学生综合实践活动也要受到未来客观条件的制约。这些基础和客观条件就是学生综合实践目标的约束。约束条件是衡量学生综合实践目标实现与否的标准，这个标准包含在目标本身之中。约束条件越清楚，学生综合实践的有效性和目标的可能性也就越大。规定目标约束条件有以下三个切入点：首先是客观存在的，可利用的资源条件，包括学生综合实践团队拥有的、能够筹集到的人、财、物等；其次是国家以及地方的政策法规、制度等方面的限制和规范；最后是学生综合实践团队附加在决策目标上的主观要求，学生综合实践团队对目标最高要求不一定完全现实，但最低要求必须是目标的约束条件。

（4）学生综合实践目标的数量化。学生综合实践目标数量化可以达到什么程度有个衡量标准。如果无法数量化，也可以采用陈述方式尽可能把目标描述得具体、翔实、清楚。目标本身就有许多数量标准，如成本、利润等数量指标，可以是一个数量界限，规定出增减范围，或在某些条件下达到的极值，如成本最小值，利润最大值。对非数量值，也可以用一些方法和手段使之数量化。应当注意的是数量指标的计算规范要做出统一规定。

（5）学生综合实践目标的体系化。学生综合实践的总目标必须由具体的目标体系来支撑，体系化就是把比较抽象的总目标分解成许多子目标。子目标也可以继续分解成更小的目标，从而构成目标体系。目标体系的建构过程是学生综合实践目标内容不断丰富的过程，也是表达不断明确和准确的过程。总目标是具体目标的终极目标，具体目标的实现是总目标实现的途径。

目标分解过程反映出目标体系的层次和相关性特征，目标体系的层次结构也称为"分层目标结构"，下层目标往往是上层目标的手段，而上层目标则是下层目标的目的。而同层次目标之间彼此又互相联系、互相影响、互相制约。任何一个目标都可能影响到同层次目标的进行过程。

在建构目标体系的过程中，一是目标要落实，决策目标与具体目标要吻合，不能照搬或互相混淆，二是要处理好上下层次目标的关系，避免头重脚轻。

2. 确定学生综合实践目标应注意的几个问题

（1）学生综合实践的客观原则与主观条件相结合。

（2）市场能力与企业自身能力相结合，努力保持市场引力（消费者对商品的需求程度与需求量）与学生综合实践团队自身素质条件和能力、对研究环境的适应能力的动态平衡，即"有多大能力，担多大的重量"。想一口吃成个胖子、急于求成、追求最大效果是学生综合实践活动的大忌。

（3）抓住关键问题。确定学生综合实践目标与规划时都应分清问题的轻、重、缓、急、主、次、先、后，切忌"胡子眉毛一把抓""丢了西瓜、捡了芝麻"的思维方式和工作方法。

（4）决策目标要系统化、网络化，具有多样性、层次性、相关性、相对独立性、统一性以形成连锁体系，有利于学生综合实践参与实现有机协调。

（5）注意目标的动态性、时效性。市场与客观环境是动态变化的，机遇是多样的，也是稍纵即逝的，抓住机会就等于抓住了成效。

（6）注意风险性。市场充满机会，也同样充满风险，二者并存。现实条件更要求对风险有客观的分析与预测，切忌盲目乐观，不能让利益掩盖了潜在的风险。

3. 学生综合实践中的多目标问题处理办法

对于学生综合实践者而言，层次目标和阶段目标数量多，但可以归结为一个系统目标或终极目标，而不具有独立性。多目标问题与此不同，他们处在相同层次上，各具独立性；各目标之间虽有联系，但不能相互代替，互相间不是从属关系，更不可能归结为同一系统目标或终极目标。目标越多，衡量标准就越复杂，评价选择方案的难度也就越大。在处理学生综合实践中的多目标问题时，应遵循如下原则。

（1）在满足学生综合实践需要前提下，尽量减少目标个数。首先，要通过分析辨别各目标之间是否存在层次性、阶段性关系或相同的属性。如果有，则将其归结为一个目标，剔除从属目标。其次，由于主观偏好，有些目标属于期望值，有些目标要求达到最优水平，有些目标只要求达到基本标准。在这种情况下，学生综合实践者一般把要求达到最优水平的目标保留下来作为主要目标，使该目标成为学生综合实践的激励目标，把期望值作为奋斗方向，而把要求达到基本标准的目标降为约束条件。最后，也可以通过度量求合、求平均值或构造综合函数求解的方法形成一个综合的单一目标。

（2）对学生综合实践目标涉及的各个目标的重要性进行可行性分析，按其重要性大小对目标进行筛选、优化。根据主观偏好、要求和客观条件，根据期望值（必须达到、希望达到）先行取舍，将剩余的、相近的目标用相应的具体指标统一标准列项排序，进行分析比较，既可以避免因项目过多而难以理清头绪，也可以围绕主要目标展开分析、比较、择优选取。在比较中如发现不满意之处，可以改进或通过创新设计、修正，再比较、选取，这样既可以达到优化目的，也可以减少失误，保证学生综合实践的时效性。

第二节　学生综合实践活动中的调查研究方法

在以社会实践为载体的综合实践活动中，资料收集、抽样、问卷等研究方法都十分重要。下面逐一介绍不同类型的研究方法。

一、资料收集的方法

以资料、情报为代表的信息资源在研究工作中是不可或缺的，而信息资料收集不全就会导致错误。例如，人们曾经认为"天下乌鸦一般黑""所有的鸟都会飞"，可是，面对"白乌鸦"和"鸵鸟"，人们就只好否定上述结论了。

因此，能否很好地进行资料的收集对创造性地完成综合实践活动影响很大。信息的收集包括两个方面，即调查研究和信息处理。资料收集的方法很多，常用的方法主要有文摘卡片法、笔记收集法、文件归档法等。

1. 文摘卡片法

笔记本是收集、积累资料的有效工具。但是由于笔记本上的页码是固定的，所以作为资料利用时会有许多不便，所以，采用资料文摘卡片就成为一种比较有效的方法。

资料文摘卡片一般使用质地较好的硬质纸张做成便于携带的小纸片。利用这种卡片可以处理资料，或用于评价设想、决定顺序等。在使用过程中，使用者可自由地增减资料和设想。因此，使用资料文摘卡片收集、整理资料都十分方便。资料文摘卡片一般格式如图5-1所示。

文　摘　卡

题　目_____
作　者_____译　者_____
书刊名称_____卷_____期_____页_____年_____月
内容摘要_____
_____
_____
_____
_____

图 5-1　资料文摘卡片

资料文摘卡片不仅可以记载资料，也可以写思考者的设想。一般情况下，一张卡片只能填写一个设想或资料。用于记录设想的卡片格式如图 5-2 所示。

使用资料文摘卡片，就是在查找资料时，把需要的资料随时记录在卡片上；在有突发的想法时，将设想记录在卡片上。因此，资料文摘卡片要随身携带。资料文摘卡片的优点主要有以下几点：第一，可以使情报标准化。第二，可以使零散的情报集中起来。第三，便于对资料和设想进行整理、分类、归纳。第四，容易掌握情报之间彼此的关联。

设　想　卡

设想题目_____
内容摘要_____
_____
_____
_____

图 5-2　记录设想的卡片

2. 笔记收集法

笔记收集法就是以人们记笔记的习惯为基础，在集体范围内实现观点收集的创造技法。运用笔记收集法可以调动人们潜在的思维和洞察能力，引发出有价值的设想。

使用笔记收集法，首先确定参加人和领导人，参加人每人一本笔记。在这本笔记上对给定的课题，每天要把自己的意见和想法记上一次或数次。经过一定时间，领导人把笔记收集汇总。领导人要仔细归纳收集上来的笔记，把摘录的要点和别的资料反馈给参加人，进一步提出新的问题。记在笔记本上的问题，没有任何限制。但最重要的是每人每天必须坚持写笔记，不可间断。同时，记录者在记录的同时，一定要对笔记进行有效的归纳和恰当的摘要。

使用笔记收集法，可以按照如下步骤进行：第一步，确定题目。第二步，确定领导人、参加人。第三步，将封面写有题目的笔记本分发给参加人。第四步，参加人将设想记在自己的笔记本上。第五步，一个月后领导人把笔记本收集起来，领导人阅读各人笔记，摘要汇总。第六步，参加人可以看任何一本摘录完的笔记。第七步，全体成员参加讨论，对获得的信息进行最后整理。

3. 文件归档法

一个组织团体的维护和发展需要文件，而这些文件应由该组织团体妥善地进行整理、保管，能够按照需要随时利用，直到文件作废为止，这样一系列的有关制度称为文件归档法。文件归档的目的是合理、有效地使用文件内容。因此，进行文件归档时应当与业务活动紧密结合，实行以"便于利用""便于检索"为目的的文件归档工作。

第一步，为了使文件档案"便于利用"，基本上要把经常使用的文件按使用的类型整理成一部文件档案。只要取出这部文件档案，就可以了解这项业务的一贯内容。

第二步，要考虑"便于检索"的问题，按照业务上的需要能够立即查到所需要的情报。这里最要紧的是不能把文件档案弄得很厚。为了容易检索，限制数量比在质量方面花费心思去开发多样化的检索方法，往往更有效果。这种直立式的归档，在一部文件档案内收进的文件应限制在20~80页。

按照上述原则做成文件档案，弄清它在开展业务中占有的位置以后，为了"便于利用"，把它同经常一起使用的文件档案组成一个文件档案群，这是第三步。由于每个文件档案都是与业务开展同时形成的，它在业务上的必要性十分清楚，并且可以依据它鉴别出业务情报的优劣。

最后一个步骤是，给组成的文件档案群编制目录索引，把单个的文件档案排在"便于检索"的地方。这种直立式归档法，基本上是由第一索引包括的2~5

卷和第二索引包括的 5~10 卷的文件档案所构成。

二、质的调查研究方法

在调查研究过程中，可以通过以典型调查取得量的信息为目的的方法，也可以通过质的研究方法，取得质的信息。量的研究方法，一般采用调查对象较多、调查规模较大的调查法是典型调查。这种方法虽然能掌握现状，但却不能回答在数字背后隐藏着的"为什么"。同时，这类方法在不同专业的应用过程中差异也比较大。因此，这里重点介绍集体调查类型的质的研究方法。

质的研究方法主要依靠访谈式调研，由于需要与被访者沟通，一般情况下，个别的访谈难度较大。因为在个别交谈时，人们会表现出紧张、思想不流畅等现象。与此相反，在集体的场合，由于集体思考会接连不断地产生想法，在互相影响之下能够得到各种各样的反应。因此，集体调查则相对比较容易操作。这里将介绍几种典型的集体调查技法。

1. 集体调查法

集体调查法是利用团体功能进行的一种调查方法。该方法一般选择调查对象6~8人，由接见人（也称会议主持人）把调查对象召集在一起，同时进行集体的调查。通过集体讨论使参加者们进行活跃的交流，大家一起互相商量、研究，进而确定哪种意见适合。使用集体调查法，要尽量使用大众化的对话方式，不能用命令式的。要使用自由对话形式进行调查，让参加调查人员进行自由交谈，主持人不能诱导被调查回答。这样就尽可能地保证调研的客观性。

在实施集体调查法的过程中，一般按如下几个步骤进行。

第一步，进行总体分析。首先，整理问题，确定课题。其次，收集有关课题的资料，并深入挖掘。最后，提出设想或假说。

第二步，制订调查计划。首先，确定调查项目。其次，选择、确定合适的参加调查的对象。

第三步，确定工作计划。首先，制订工作计划表。其次，召集参加调查人员。再次，制订调查项目计划表。最后，确定调查负责人、助手、记录人员。

第四步，实行集体调查。首先，将调查的过程用各种方法记录下来。其次，对于难度较大的问题，可以用其他调查方法辅助调查研究。

第五步，对调查结果进行综合分析。

第六步，以对调查结果的综合分析为基础写出报告。

2. 中心小组调查法

运用中心小组调查法，可以从讨论中引出启示和假说。因为，有着相同问题的人们，彼此之间愿意交谈而没有顾虑。这个条件是中心小组调查法的基础。使用中心小组调查方法对于某个领域的问题进行调查，由适合回答这类问题的同类型的人员组成小组，在召集人的指导下，组织他们进行讨论。

运用中心小组调查法时，参加小组调查的人员应根据问题的性质而有所不同。参加人数 8~12 人较好，人数少则每人负担过多，人数过多，发言机会就少，也不好。

一次会议所需时间为 1 个半小时到 2 个小时。这样时间适中，调研者可以从讨论中得到想得到的情报。调查完成之后，也便于整理报告。如果需要调研的题目太大，调研者可以将题目分解成几个问题，保证调查工作顺利进行。

运用中心小组调查法时，召集人的作用是很重要的，一般对于熟悉心理学理论的人比较合适，有时也可以聘请专门的心理学者来当召集人。中心小组调查法对其他调查者要求也很高。为了在调研活动中造成一种统一的、有刺激性的气氛，调查者需要引导被调查者积极参与讨论，形成两者的互动。调查者在调查过程中，应当深刻理解调查的目标和性质，深刻理解问题的实质，注意倾听每一个被调查者的叙述，并且注意力高度集中，认真分析，获得有效的信息。对那种一瞬间闪现出来的启示，应当立即抓紧追踪。这些都需要有相当高的技术和训练。

三、抽样方法

在学生综合实践活动中，定量数据的分析是很有说服力的，因此，掌握定量研究方法十分重要。在已获得定量数据的调研过程中，抽样是必须掌握的定量研究基本方法。

在开展社会实践过程中经常需要实施定量的调查，例如我们要调查某一年中央一号文件的某项惠农政策实施后农民增收的情况，可以通过抽样调查的方法对于整体情况进行了解，发现其中普遍存在的问题，并结合定性的方法深入分析。

（一）抽样调查的基本概念

抽样调查是从总体中抽取一定数量的样本来推断总体情况的一种调查研究方法，它是按照科学的原理和计算，从若干单位组成的事物总体中，抽取部分样本单位来进行调查、观察，用所得到的调查标志的数据以代表总体，推断总体的情况。

在统计学专业，抽样的相关内容甚至是可以作为一门课程开设的。为了掌握定量调研方法，做好社会实践，就需要首先掌握抽样调查的几个重要概念。

总体，也称一般总体，指社会实践项目等工作中确定的研究对象的全体。

个体，也称个案，指组成总体的每个元素。

样本，也称抽样总体、样本总体，从总体中抽取的若干个案所组成的群体。样本容量通常用符号 n 表示。

样本统计值，在实际研究中直接从样本中计算得到的各种量数。

总体参数值，从已知统计进行推论得到的各种量数，称为总体参数值。

统计推论，统计推论就是用样本的统计值推论总体的参数值的统计方法。

在大多数情况下，抽样调查具有随机性、推断总体、估算误差以提高准确度等特点。

（二）选择抽样调查的方法

要正确使用抽样调查方法，在进行抽样方案的设计时，首先应该按照正确的抽样调查的步骤执行。在学生综合实践活动中，应当做好如下几步工作。

第一步，准确界定调查总体。界定调查总体就是要清楚地确定社会实践项目针对对象的范围，为满足社会实践目的的需要，调查总体可以从地域特征、年龄、性别等人口统计学特征、群体特征等方面进行表述，如 2013 年北京市大学生"村官"创业情况及态度评估。

第二步，选择资料获取方式。资料收集方式对抽样过程有重要影响。例如，采用入户面访、电话调查、街上拦截、网上调查、邮寄调查等不同方式对抽样结果都会有不同的影响。在社会实践活动中，一般从操作相对方便角度考虑，往往采取面访填写问卷的形式。

第三步，选择抽样框。抽样框也称抽样范畴，是抽取样本的所有单位的名单。例如，要调查北京市大学生"村官"创业情况，抽样框就是某一年北京市全体大学生"村官"的名单。同时，抽样框的数目是与抽样单位的层次相对应的，如区县、乡镇等。这样，抽样框应有三个，全北京市的大学生"村官"名单、学校样本中所有区县的大学生"村官"名单、区县中各乡镇的大学生"村官"名单。

准确的抽样框必须符合完整性与不重复性两个条件，在实际抽样操作中，实现这两个条件是很不容易的。例如，要抽取北京的居民户作为样本，就可能出现一户有多处住宅情况，或者由于居住条件有限，好几户居民居住在一个门牌号码的情况，这就出现重复或者遗漏的情况。因此，选择一个适当的抽样框是不可忽视的问题。

第四步，确定抽样方法和抽取样本。选择抽样框后，接下来就可以确定抽样方法，并决定样本大小。

第五步，评估样本正误。在从总体中抽出样本后，不要急于作全面的调查，可以初步检查一下这个样本对总体的代表性如何，资料有无代表性，需要按确定的标准加以评估。这项工作在需要学校支持（经费支持、重点团队确立等方面）的情况下，最好在申请提交前完成评估样本正误。

（三）抽样方法的种类

抽样方法主要分概率抽样和非概率抽样两大类，也就是专业人士通常所说的随机抽样与非随机抽样。所谓概率抽样就是按照随机原则选取样本，完全不带调查者的主观意识，使总体中所有个案都具有相同的被抽样者样本的概率。而与之相对应的非概率抽样则是依据研究要求，主观地、有意识地在研究对象的总体中进行选择抽样。

非概率抽样主要包括判断抽样、巧合抽样等方法。非随机抽样方便易行，在争取时效或达到特殊目的实施的问卷调查中经常使用。但是，这类方法受主观和巧合因素影响比较大。例如在社会实践活动中确定样本，因为社会实践的主体是大学生，经验相对不足，如果判断不准，误差就会很大；再如，巧合抽样中常采取的"街头拦人法"，在北京中关村街头（中国科学院的众多院所，以及清华大学、北京大学等高校均在该地区）拦下的行人可能是两院院士，也可能是一名普通的退休工人，还可能是一名外来农民工。有时，由于在一些社会实践项目中考虑到资金或时间的客观制约因素，无法实施概率抽样时，可以使用非随机抽样的方法进行调查，很可能无法保证样本代表性，不能用来推论总体。因此，在整理总结结论时需予以解释分析，得出恰当的结果。为了使社会实践活动做得更好，笔者认为最好采取概率抽样（随机抽样）方法。一般来说，概率抽样包括如下几种方法。

1. 简单抽样

简单抽样，也称纯随机抽样、简单任意抽样法。该方法是从调查总体中完全按照随机的原则抽取调查样本，即先将总体中的每一个个体都编上号码，然后抽出需要的样本。简单抽样经常使用的是统计上的随机数表。简单抽样的不足之处是这种选择方式可能导致抽出的样本不一定具备代表性。例如，前述开展北京市大学生"村官"创业情况调查，如果简单抽样就可能导致抽出的样本存在男女比例失调等情况。

2. 等距抽样

又称机械抽样、系统任意抽样法。这种方法就是根据构成总体中个案出现的顺序，排列起来，每隔 K 个单位抽取一个单位作为样本。K 值指每隔多少个抽一个，计算公式：

$$K = N（总体个案数）/ n（样本个案数）$$

相对于简单抽样方法，等距抽样易于实施，工作量小，而且样本在总体中分布更为均匀，抽样误差小于简单抽样。它的不足之处在于容易出现周期性偏差。为了防止这种情况，社会实践者可以取一定数量的样本后，打乱原来的顺序，重新建立顺序，以纠正周期性偏差。

3. 分层抽样

分层抽样，也称类型抽样、分类抽样或分层定比任意抽样。分层抽样是将总体各单位先按照主要标志分组，然后在各组中采用简单或机械抽样方式，确定所要抽取的单位。分层抽样实质上是科学分组和抽样原理的结合。例如，在抽取北京市大学生"村官"创业情况调查的样本内，根据其所学专业类别（农科、非农科)以及担任"村官"的工作时间作为分组抽样的依据。

确定抽样的数目时,一般可以采用如下两种方法。

(1) 定比。就是对各个分层一律使用同一个抽样比例。抽样比例 f 的计算公式为:

$$f=n（样本个案数）/N（总体个案数）$$

(2) 异比。如出现其中某一层可供抽样的对象特别少,按同一比例抽样所获得的个案数量太少,就会影响这一层抽样个案的分析。要解决这个问题,就可以在这一层采用比其他层较大的取样比例,这叫作异比分层抽样。

在社会实践调查抽样时,实施上,可以首先将总体分成几个不同的小群体,各层间尽可能异质、各层内尽可能同质,然后从每层中利用随机抽样方式,依一定比例各抽取若干样本数。

分层随机抽样的步骤如下:①确认与界定研究的总体;②决定所需样本的大小;③确认变量与各子群,以确保抽样的代表性;④依据实际研究情形,把总体的所有成分划分成数个阶层;⑤使用随机方式从每个子群中按照一定的比例人数或相等人数抽取样本。在社会实践活动涉及的抽样调查中,就可以采取上述步骤。例如,总体是北京市某街道所有青年居民2万人,样本大小是1000人,根据男女的比例,比如是5.5:4.5,就从男士中抽取550人,从女士中抽取450人,分别抽取。

4. 整群抽样

整群抽样,也称聚类抽样、集团抽样。是以一个群组或一个团体为抽取单位,而不是以个人为抽样单位。使用整群抽样法的特点是,抽取的样本点是一个群组,总体内的群组间的特征比较相近、同质性高,而群组内彼此成员的差异较大。例如,要调查北京市一个郊区(县)大学生"村官"创业情况,可以抽取其中一个或几个乡镇进行调查。

整群抽样的步骤有:①确认与界定总体;②决定研究所需的样本大小;③确认与定义合理的组群;④列出总体所包括的所有组群;⑤估计每个组群中平均总体成员的个体数;⑥以抽取的样本总数除以组群平均个体数,以决定要选取的组群数目;⑦以随机抽样方式,选取所需的组群数;⑧每个被选取的组群中的所有成员即成为研究样本。

5. 多段抽样

多段抽样是一种较复杂的抽样方法,即从集体抽样到个体抽样,分成若干阶段逐步地进行。在各段之间则可采用简单的或分层的抽样法,在大规模调查时常用,不足之处是经过多段抽样,可能导致误差较大。

6. 其他抽样方法

除了以上几种基本的抽样方法,抽样方法还有很多,根据学生综合实践活动的特点,以下两种方法也可以采用。

一是推荐抽样,也称"雪球抽样",要求回答者提供附加回答者的名单,起初汇编一个比总样本要小得多的名单,随着回答者提供额外的回答者。其他名单意味着样本如雪球一样越滚越大。如果参与社会实践的大学生不知道调研对象总人数是多少,可用此方法预测总人数,然后进行概率抽样。

二是空间抽样,可以在特定的空间抽取样本,例如,调查一个大型活动参与群众的情况,可以在现场直接进行快速空间抽样,把参与社会实践调研的大学生分散开,按照一定的规律和数字间隔进行采访。

(四) 确定样本大小

样本大小又称样本容量,指的是样本所含个体数量的多少。样本的大小不仅影响到其自身的代表性,而且还直接影响到调查的费用和人力的投入。确定样本的大小,需要重点考虑的因素有精确度要求、总体的性质、抽样方法、客观制约(即人力、财力的因素)。

参与社会实践调研的大学生必须了解的是样本的大小与总体的关系不是成直接正比的关系。因此,在社会实践时选择样本大小,可以从这几个方面来考虑样本的数目。

(1) 在低年级阶段可以借鉴前人相似的研究,查阅资料,参考别人的样本数,作为参考。

(2) 根据资料分析的要求,样本的数目首先要够作资料分析。

(3) 根据统计的要求,样本的大小与抽样误差成反比,与研究代价成正比;这就需要依据"代价小、代表性高"的基本原则开展工作。对同质性强的总体,其差异不大，选择样本可以小一点。而异质性高的总体，则要选择大一些的样本。估计样本的大小可以用一个简单的公式：$n = (k \times \delta / e)$。式中，$e$ 是抽样误差，即总体的参数值与样本的统计值之间的差异；δ 是总体标准差，反映了总体变量值分散的程度；k 是可信度系数，反映样本对总体的代表性程度。例如，可信度为95%，可信度系数 $k = 1.96$，我们在决定样本大小的时候，要考虑到 k、δ、e 三个因素。

开展综合实践活动抽取样本时，应根据具体情况具体分析，选择适当的抽样方法，选取有代表性的小样本。

四、问卷设计

问卷就是为了完成社会实践调查工作而设计的问题或问题表格。问卷是为了达到调研目的和收集必要数据而设计的一系列问题。如何设计一份合格有效的问卷是社会实践活动必须要面对的重要问题。

（一）问卷的类型

1. 按问卷答案划分

按问卷答案划分，问卷可分为结构式、开放式、半结构式三种基本类型。

（1）结构式：通常也称为封闭式或闭口式。即选择题式的打钩或者画圈。此类问卷的优点是问题明了，被访者易答且答案标准化，便于统计分析，不足之处在于答案给定不能反映出回答者的真实想法，胡乱选择答案的可能性较大。

（2）开放式：通常也称为开口式。采用问答形式，不设置固定的答案。此类问卷的优点在于，可以充分反映答卷者的想法，尽可能收集更多的答案，特别是用于答案过多且不确定的问题，如"您目前最希望社区能提供哪些服务？"不足之处在于答案没有统一的标准，不利于统计分析，要求答卷者具有较高的文化水平和表达能力，回答拒绝率较高等。

（3）半结构式：介于以上两者之间，问题的答案既有固定的、标准的，也有让答卷者自由发挥的，吸取了两者的长处。这类问卷在社会实践调查中应用比较广泛。

2. 按调查方式划分

按调查方式划分，问卷可分为访问问卷和自填问卷。

（1）访问问卷：是由社会实践大学生进行访问，由大学生填答的问卷。此类问卷的特点是回收率高，填答的结果也最可靠，可是耗费的时间长，人力物力成本比较高，这种问卷的回收率一般都要求在90%以上。

（2）自填问卷：是由被访者自己填答的问卷。自填式问卷还可以分为邮寄问卷和发送问卷两类。邮寄问卷是由调查者直接邮寄给被访者，被访者自己填答后再邮寄回调查单位的调查形式。此类问卷的回收率低，调查过程不能进行控制，并且容易出现偏差，影响对总体的判断，一般来讲，邮寄问卷的回收率在50%左右即可。发送问卷是由社会实践大学生直接将问卷送到被访问者手中，并由调查员直接回收的调查形式，此类问卷的优点和不足之处介于访问问卷和邮寄问卷之间，回收率要求在67%以上。

3. 按问卷用途分

按问卷用途划分，可以分为甄别问卷、调查问卷和回访问卷（复核问卷）。

（1）甄别问卷：是为了保证被访者确实是研究调查的目标群体，在调查中是为了保证被访者确实是调查目标人群而设计的一组问题。在一般的问卷调查中，甄别的问题一般包括年龄甄别、性别甄别等为特定研究目的设定的问题。

（2）调查问卷：即问卷调查的主题、问卷的分析基础。

（3）回访问卷：也称复核问卷，是为了核实调查者是否按照要求回答及调查问卷是否有效的问卷。通常由甄别问题及调查问卷中的关键问题组成。

由于社会实践时间较短，且没有商业目的，甄别问卷、回访问卷使用较少。在实际操作过程中，大学生可以根据调查的需要，选择设计所需要的问卷形式。

（二）问卷结构内容

问卷表的一般结构有标题、说明、主体、编码号、致谢语和实施记录等六项。

1. 标　题

每份问卷都有一个主题，设计学生综合实践问卷时应开宗明义，反映具体的调研主题，使人一目了然，让受访者知道要调查什么，增强填答者的兴趣和责任感。

2. 说　明

问卷前面应有一个说明。这个说明既可以是一封致调查对象的信，也可以是导语，说明这个调查的目的意义、填答问卷的要求和注意事项，下面同时署上调查单位名称和年月。问卷的说明是十分必要的，不仅可以增强可信度也是尊重被访者的表现。

3. 主　体

这是问卷的核心部分。问题和答案是问卷的主体。从形式上看，问题可分为开放式和封闭式两种。从内容看，可包括事实性问题、断定性问题、假设性问题和敏感性问题等。

（1）事实性问题。被访者的背景资料，如姓名、性别、出生年月、文化程度、职业、工龄、民族、宗教信仰、家庭成员、收入情况等。

（2）断定性问题。假定某个调查对象在某个问题上确有其行为或态度，继续就其另一些行为或态度作进一步的了解，又称转折性问题。

（3）假设性问题。假定某种情况已经发生，了解调查对象将采取什么行为或什么态度。

（4）敏感性问题。指涉及个人隐私、社会地位、政治声誉，以及不被一般社会道德和法纪所允许的行为等。

4. 编码号

在问卷上统一为每个答案依次填上编号。如果一个问题有一个答案就占用一个编码号，如果一个问题有三种答案，则需要占用三个编码号。编码也可以不出现在每份问卷上，在需要统计分析时进行编写。设计编码号主要是为了在使用统计软件统计时录入方便而做的工作。

5. 致谢语

为了表示对调查对象真诚合作的谢意，研究者应当在问卷的末端写上"感谢您的真诚合作！"等致谢语。如果在说明中已经有了表示感谢的话，末尾就可以写，也可以不写。

6. 实施记录

实施记录主要是用来记录调查的完成情况和需要复查、校订的问题。格式要求比较灵活，一般调查者与校查者在上面签写姓名和日期。

以上问卷的基本项目，是要求比较完整的问卷所应有的结构内容。在学生综合实践中使用的问卷一般都可以简单些。

(三) 问卷设计的程序步骤

为使问卷具有科学性、规范性和可行性，问卷设计的步骤可以按照下列程序进行。

(1) 确定调研的目的、调查的范围、内容等相关背景信息资料。在正式设计问卷前，明确要问哪些问题，可能获得哪些结论，这对整个问卷的质量以及下面步骤的实施有一个引领的作用。

(2) 确定数据收集方法。选择哪一种数据的收集方法，采用何种调查形式，对问卷的设计都有影响。例如，自我回答的访问就要求问卷设计得清晰明了且简短，因为参与调研的大学生不在场，没有解释澄清问题的机会。电话调查则要描述语言清晰丰富以使回答者理解，而在个人访谈中就可以借助图片等方法完成调查。

(3) 确定问题的回答形式。问题的回答形式可以有开放式问题、封闭式问题、量表回答式问题。封闭式问题中有单选问题和复选问题（多项选择）。

(4) 决定问题的用词。用词必须清楚，避免诱导性用语，考虑到回答者回答问题的能力和意愿。

(5) 确定问卷的流程和编排。问卷的编排需有逻辑性。

(6) 评价问卷和编排。设计完问卷的草稿，应当首先自行评估，大学生也可以请比较有经验的指导老师进行评估，以修改编排问卷等。

(7) 预先测试和修订。在正式调查之前，需要预先抽取少量被访对象进行预测，以判断问卷的有效性及需要改正的地方。

(8) 评价和预测。主要是通过对问卷进行评价和预测，发现潜在问题，保障调查的顺利实施。

(9) 准备问卷，进入实施阶段。

(四) 问卷设计原则

(1) 设计内容必须与研究目的相符合。

(2) 考虑按不同的变量层次来设计问题。

(3) 问题要清晰，语言要易懂。由于调查问卷的目的是尽可能地获取被访者的信息，因此无论哪种问卷，问题的措辞与语言十分重要。语言措辞要求简洁、易懂、不会误解，在语言、情绪、理解几个方面都有要求。①多用普通用语，对专门术语必须加以解释；②要避免一句话中使用两个以上的同类概念或双重否定语；③要防止诱导性、暗示性问题，以免影响回卷者的思考；④问及敏感性问题要讲究技巧；⑤语言要浅显易懂，要考虑到回卷者的知识水准及文化程度，不要超过回卷者的领悟能力；⑥可以使用方言，如果被访对象在方言区访问时更应如此。

(4) 讲究问卷的格式，注意问题间的转接。有些问题只适用于一部分对象，必须先提出识别性问题，符合条件的再问下一类问题。

(5) 要注意问题的排列顺序。①应把简单的事实性问题放在前面，而把表示意见态度的问题放在稍后；②对于敏感性问题或开放性问题，应放在问卷的较后面位置，但不必全放在最后；③遵照逻辑发生次序安排问题的先后，时间上先发生的问题先问，不同主题的问题分开，同性质的问题按逻辑次序排列；④为了加强答案的可靠性，可以从正反两个方面或问卷的前后不同位置来了解同一件事情；⑤要把长问题与短问题混合使用，也可依照范围的大小，按从小到大的次序排列层层缩小。

总之，问题次序可以依照题目、逻辑的先后、重要性如何、范围的大小来排列。此外，在填表时需注意：对拒答、不答的问题，以最高编码编写，如资料是一格的填"9"，是二格的填"99"，以此类推。不应该回答的无此项资料可填"0"。

(五) 评价问卷的标准

如何评价问卷并根据测试结果修改问卷呢？良好问卷的评价标准是什么呢？中国台湾学者林振春先生对良好问卷提出了10点评价标准。

(1) 问卷中所有的题目和研究目的相符合。

(2) 问卷能显示出和一个重要主题有关，使填答者认为重要，且愿意花时间去填答，亦即具有表面效度。

（3）问卷仅在收集由其他方法所无法得到的资料，如调查社区的年龄结构，应直接向户政机关取得，以问卷访问社区居民是无法得到的。

（4）问卷尽可能简短，其长度只要足以获得重要资料即可，问卷太长会影响填答，最好30分钟以内。

（5）问卷的题目要依照心理的次序安排，由一般性至特殊性，以引导填答者组织其思想，而让填答具有逻辑性。

（6）问卷题目的设计要符合编题原则，以免获得不正确的回答。

（7）问卷所收集的资料，要易于列表和解释。

（8）问卷的指导语或填答说明要清楚，使填答者不致有错误的反应。

（9）问卷的编排格式要清楚，翻页要顺手，指示符号要明确，不宜有翻前顾后的麻烦。

（10）印刷纸张不能太薄，字体不能太小，间隔不能太小，装订不能随便。

（六）问卷调查主要类型

常用的问卷调查方法有访问、邮寄、发放等，需要考虑其利弊，确定采用哪种方法进行调查。

1. 访 问

由参与社会实践的大学生根据被调查者的口头回答来填写问卷的方式。采用访问的问卷方法，尤其是入户访问，具有资料较真实、可信度高、完整性高、回卷率高、问题可以追问弹性大等优点，但是也有访问时间长、成本高、代价高、受访者与访问者产生偏见或敷衍回答等不足之处。在此类访问实施过程中，需要注意以下几点。

（1）在抽样方法的选择上要进行充分的考虑，因为实施的代价比较大，尽量使样本具有代表性。

（2）问卷不宜太长，入户访问时间尽量在30分钟以内，印刷时双面印刷要比单面印刷效果好些，这样受访者会觉得好像短一些，不会耗费他很多时间。

（3）访问选择的时间应当在双休日或节假日为佳，在社会实践的研究项目中，访问员可以是自己，也可以在学校招募同学，告知被访者自己的学生身份，说清社会实践的目的，必要时出示学生证件，使被访者容易接受，减少拒访率。

（4）明确访问目的，严格控制访问时间，并且根据观察被访者分辨哪些是马马虎虎敷衍的答案，哪些是被访者真实的想法。为了避免影响被访者的意见，尽量完整地获取被访者的真实想法。

（5）注意访员的自身安全。

2. 邮　寄

邮寄与访问调查比较的优点是省钱，回卷者可以在他方便的时候回答问卷，匿名性大。但邮寄也有不足之处，主要是回复率低、缺乏弹性、无法追问不清楚的问题。邮寄问卷需注意以下几点。

（1）寄件人会直接影响到回复率，在开展社会实践时可以通过与政府部门、报刊等合作，并以联合的名义进行社会调查。

（2）应将回邮的地址、信封邮票都寄给受访者；在信封的封面上采取尊敬的礼貌的称呼，在信的最后要加上"请你必须在哪一天以前寄回"的手书，可以增加回卷率。

（3）诚恳地说明研究的目的，请求对方合作，如果资金条件允许，可以采取邮寄奖品（如纪念卡、明信片等）的形式提高回卷率。

3. 发　放

依靠组织系统发放问卷的方法。发放方式即由各级负责人讲明调查目的、要求，交代方法和步骤，在与单位沟通协商后，单位一般能够积极配合，这样的答卷效果好。但也可能遇到个别不配合的单位，会导致发放效果不佳，影响调查效果。

第六章　综合实践活动与德育工作融合

要实现学生综合实践活动与德育教育融合的目标，就应当从围绕思政课程开展综合实践、用课程思政理念指导高校专业综合实践两个方面入手开展工作，形成紧密配合的工作体系。

第一节　围绕思政课程开展综合实践

要实现学生综合实践活动与德育教育融合的目标，抓好思想政治教育课程是第一要务。

一、学生思想政治教育系统结构

把学生思想政治教育系统建设作为一个问题讨论，是因为人或人群生存在自然与社会两大环境当中，人作为自然系统的重要因素和改造自然的主体参与各项社会活动，而成为社会结构和秩序的重要因素；而且社会活动也是在组成社会的各个元素之间的特定关系中产生的，实践证明这些关系最终是依靠基本的物理相互作用维持，同时也遵从生命现象和心理现象的规律，属于完全客观的自然过程。因此，社会现象、社会结构和秩序也不是偶然的，演变和发展也必须遵从不依任何人的意志为转移的客观规律。我们可以认识到社会构成并非早期社会学者所认为的社会是人或人群构成的集合，而是大自然大系统的延伸，完全符合系统规律的客观的系统。

1. 学生思想政治教育系统的系统属性

按照"系统"定义分析，学生思想政治教育系统是比较典型的系统。学生思想政治教育系统是一个非常综合的概念，不仅因为思想政治教育系统是由很多元素相互联系和作用构成的整体，而且有许多不同的系统都被纳入其中，这些系统又含着各种各样的子系统。就物质而言，"人"必须符合生物学定义，人不仅是社会构成的重要因素，而且是社会重要的主体。人的生活、生产和其他社会活动，都需要一定的知识和技能，他们也必须作为思想系统包含在其中，并和社会的其他部分存在着互动关系。所以社会作为一个整体是一个非常复杂的、大的系统，也是人类认识到的最复杂的运动形式。在这个系统中，各种元素的物理本性存在着巨大差别，生命的、非生命的、物质的、非物质的、有意识的、无意识的、彼此相关、错综复杂。由于成员"众多"难以计数，因此统计规律性及相关技术在社会生活中起着重要作用。大学生思想政治教育工作是以传播人类"思想"，通过教育手段提高被教育者的思想水平，因此，必须用系统性思维去统领上述工作。

2. 学生思想政治教育系统的基本性质

学生思想政治教育系统具有综合性质，在具体问题中只能根据实际状况抽出某些侧面，分别建构各种不同类型的子系统，层次结构是学生思想政治教育系统的显著特色。由于学生思想政治教育系统中的子系统不仅有横向的结构，而且是有问题的逐渐演进形成特定的层次结构。这种层次结构不仅要遵循层次过渡的普遍规律，同时具有社会运动的特点。

学生思想政治教育系统的各个部分处在不断变化之中，学生思想政治教育系统的各个部分，尤其是人的思想能力结构，绝不是一成不变的，而是处在不断地调整和进化的过程中，因此可以说学生思想政治教育系统增加了一个时间维度，存在时间中的复杂性。

3. 学生思想政治教育系统的一般范围

关于学生思想政治教育系统范围的界定，有些是十分明确的，如大学生思想政治理论课教学、学生日常思想政治教育活动等，无须特别说明；有些则是容易被忽视的，如专业课教师在教学中介绍专业发展中的优秀人才的奉献精神、大学生参与专业实习时感受的祖国建设成果等。在思想系统与意识形态方面，也会把未必具有真理性的宗教信仰也纳入其中，不仅显示了社会系统的包容性，更在于他们对一定范围的人群的思想和行为起支配作用,有其不可忽略的现实作用。意识形态还包括占主导地位的社会思想,也包括不同理念的社会文化、知识水平、科学文化和文化教育。所以,学生思想政治教育系统中思想系统部分表现为大学生思想政治教育领域的知识或理论成果信息储存者,这也是思想政治理论课教学在学生思想政治教育系统中居于最重要地位的原因。

4. 学生思想政治教育系统的类型与构建

学生思想政治教育系统的类型与构建,主要包括大学生思想政治教育指导系统(组织系统)、学生思想政治理论研究系统、学生思想政治理论课教学系统、学生思想政治理论课教学实践系统、学生日常思想政治教育工作系统(学生工作及共青团工作)、学生社会实践系统和专业教学参与思想政治教育活动的教学系统等内容。

二、结合研学旅行开展德育综合实践意义及其典型案例回顾

教育部、国家发展改革委[①]等11部门印发的《关于推进中小学生研学旅行的意见》文件在阐述研学旅行工作目标时指出:"以立德树人、培养人才为根本目的,以预防为重、确保安全为基本前提,以深化改革、完善政策为着力点,以统筹协调、整合资源为突破口,因地制宜开展研学旅行。让广大中小学生在研学旅行中感受祖国大好河山,感受中华传统美德,感受革命光荣历史,感受改革开放伟大成就,增强对坚定'四个自信'的理解与认同;同时学会动手动脑,学会生存生活,学会做人做事,促进身心健康、体魄强健、意志坚强,促进形成正确的世界观、人生观、价值观,培养他们成为德智体美全面发展的社会主义建设者和接班人。"

中国共产党的十八大以来,习近平总书记围绕"培养什么人、怎样培养人、为谁培养人"这一根本问题,以高远的历史站位、宽广的国际视野、深邃的战略眼光,高度重视培养中国特色社会主义建设者和接班人,将中国特色社会主义事业后继有人作为一项重大战略任务,对加强学校思政课建设作出一系列重要部署。

---

① 中华人民共和国国家发展和改革委员会,全书简称国家发展改革委。

2014年5月30日上午，中共中央总书记、国家主席、中央军委主席习近平来到北京市海淀区民族小学，参加庆祝"六一"国际儿童节活动，并发表重要讲话。他指出："一个民族的文明进步，一个国家的发展壮大，需要一代又一代人接力努力。中华民族要继续前进，就必须根据时代条件，继承和弘扬我们的民族精神和民族优秀文化，特别是包含其中的传统美德。我们倡导的社会主义核心价值观，体现了古圣先贤的思想，体现了仁人志士的夙愿，体现了革命先烈的理想，也寄托着各族人民对美好生活的向往，要在全国人民中培育和弘扬，特别要注重从少年儿童抓起。"

习近平强调："少年儿童培育和践行社会主义核心价值观，要适应自身年龄和特点，做到记住要求、心有榜样、从小做起、接受帮助。要把社会主义核心价值观的基本内容熟记熟背，融化在心灵里，铭刻在脑子中，结合学习和生活等实践不断加深理解。要学习英雄人物、先进人物、美好事物，在学习中养成好的思想品德追求。要从自己做起、从身边做起、从小事做起，一点一滴积累，养成好思想、好品德。要听得进意见，受得了批评，在知错就改、越改越好的氛围中健康成长，努力做最好的我、在自己最好的方面。"

习近平指出："让社会主义核心价值观在少年儿童中培育起来，家庭、学校、少先队组织和全社会都有责任。家长要时时处处给孩子做榜样，用正确行动、正确思想、正确方法教育引导孩子。要注意观察孩子的思想动态和行为变化，善于从点滴小事中教会孩子欣赏真善美、远离假丑恶。学校要把德育放在更加重要的位置，全面加强校风、师德建设，根据少年儿童特点循循善诱、春风化雨，努力做到每一堂课不仅传播知识、而且传授美德，每一次活动不仅健康身心、而且陶冶性情。少先队要坚持开展组织教育、自主教育、实践活动，把广大少年儿童团结好、教育好、带领好。全社会都要了解少年儿童、尊重少年儿童、关心少年儿童、服务少年儿童，为少年儿童提供良好社会环境。对损害少年儿童权益、破坏少年儿童身心健康的言行，要坚决防止和依法打击。"

针对青少年开展思想政治教育，需要首先上好学校思想政治课，同时探索更多形象生动的形式开展有效的教育，以研学旅行为载体的中小学德育综合实践就是被广大学校认可的一种形式。

结合德育工作目标，开展研学旅行是学校的首选。做好研学旅行工作的关键就是在教育部、国家发展改革委等 11 部门印发的《关于推进中小学生研学旅行的意见》等纲领文件指导下，让学生掌握正确的文化理念，树立文化自信。因此，研学旅行活动设计者应当以德育为导向，把社会主义文化、"四史"[①] 知识、中国传统文化、中国现代社会制度等内容作为活动的重点，设计出符合青少年特点的德育及人文素养类型研学旅行活动。

在近代中国的以修学旅行（现代称为研学旅行）开展综合实践活动典型案例就是在陶行知先生支持下，紧扣时代脉搏的新安旅行团。

1840 年鸦片战争以来，中国逐步成为半封建半殖民地国家。一些仁人志士开始关注中国与西方文化的差异，在学习西方的"洋务运动"的背景下，清政府不断派遣留学生前往发达的欧美等国深造。甲午战争的失败，中国许多有识之士开始反思日本迅速崛起的原因，一部分留学生开始前往日本学习。修学旅行教育思想也逐步传入中国。

中国近代著名人民教育家陶行知先生提出过很多重要的教育思想，其中，生活教育理论在国内外都产生了重要影响。这个理论包括三部分内容：生活即教育、社会即学校、教学做合一。在这个教育体系中，生活教育理论的核心理念是"生活即教育"，也就是说生活决定教育，教育改造生活。围绕核心理念，根据"社会即学校"思想把整个社会作为一个大学校，通过学校与整个社会建立联系，实行开放式办学，努力让整个社会都担负起教育的职能，实现社会的全部资源都为教育所用。生活教育理论的教学方法论主要体现在"教学做合一"理念中，强调教学、学习要和生活实践、社会实践相结合，强调教育要和生产劳动相结合，反对学校教育与社会割裂、书本知识与生活实际脱节。在上述理念指导下，陶行知在任南京晓庄师范学校校长期间，希望用新的教育理论来改革中国的旧教育，并开展了一系列教育试验。

"1929 年春，安徽旅淮同乡会经理吴俊卿，专程赴晓庄学校面晤陶行知，表达了利用当地新安会馆产业开办学校的愿望，并希望陶行知玉成此事。陶行知慨然应允，选定李友梅、蓝九盛、吴庭荣三人，随吴俊卿赴淮安筹办。" 1929 年 6

[①] 党史、新中国史、改革开放史、社会主义发展史，全书简称"四史"。

月6日，新安小学在淮安的新安会馆旧址上建立。让学生具有"健康的体魄，生产的技能，艺术的兴趣，征服自然的本领，改造社会的精神"成为主要办学理念。学校最初由陶行知先生亲自任校长，后由他的学生汪达之继任，吴廷荣、李友梅、方与严、孙明勋等前后在校任教，为新安学校的创办和发展作出贡献。

20世纪30年代，日本侵略者开始对中国进行侵略。按照"人人可以做我们的先生，人人可以做我们的同学，随手抓来都是活书和学问"的教育理念，汪达之根据当时局势，按照把社会变为学校的想法，指导学生组建旅行团走出校园去上海。1933年10月22日，新安小学7名学生组成新安儿童旅行团，从学校出发，进行试旅行。陶行知先生亲自规划旅行线路并做出安排，新安儿童旅行团在上海参观教育学术团体、帝国主义的痕迹、中外宗教场所、贫民生活场所、"一·二八"抗战遗址等几十个地点。

历时55天的旅行，开启了生活教育的新篇章，验证新教育理论的实用性，在思想上和组织上为新安旅行团的创建做了准备。新安小学正式提出进行全国各地长途修学旅行的新安旅行团方案。

陶行知和他所在的生活教育社对新安旅行团进行修学旅行给予鼎力支持和帮助，他们讨论后建议对外以"实践'生活教育'和宣传孙中山先生'唤醒民众共同奋斗'的遗训"为宗旨，这样可以避免政治上的危险。陶行知为了在经济上帮助新安旅行团，将他母亲的五百元保险金捐了出来，并帮他们购买了一套电影放映设备，配上发电机、电唱盘片和几部旧影片。

为了保证旅行团效果，汪达之以新安小学名义发表了《新安旅行团告国人书》等5个文件，向外界解释说明新安旅行团的宗旨，做好了出发前准备，同时自己亲自担任顾问进行指导，并将新安小学的工作交给新安小学继任校长郭光庭老师。

1935年10月10日清晨，辛亥革命纪念日由14名学生为最初始成员的旅行团在新安小学礼堂举行了宣誓仪式。之后，由汪达之带领一行15人的新安旅行团正式出发。新安旅行团以实践教育和鼓动救亡为宗旨，从创建到结束经历17年的时间，行程达到5万里[①]。

---

① 1里=0.5千米。

新安旅行团出发后，最初到达华东地区，在社会大课堂中，开阔眼界、增长学识；然后，为支援抗日，远赴大西北，到冰天雪地的塞外，国防的最前线去劳军，把抗日精神和内地文化传播到西北各个民族；1937年抗日战争全面爆发后，新安旅行团参与保卫大武汉，坚守到最后一刻才撤离转移到长沙；1938年11月，奔赴西南，活跃在桂林，其间达到新安旅行团的兴盛时期；1941年"皖南事变"后，新安旅行团从桂林转移至苏北革命根据地，发动和组织十数万少年儿童参加革命斗争；解放战争爆发后，新安旅行团随军加入战斗，支援前线，参与土地改革，夜渡黄河，解放上海，最终迎来了民族解放的全面胜利。

正如当时的媒体评价的："新安旅行团完全是新兴的教育团体，他们是实验'生活即教育'的理论和方法。这种实验，就是从这庞大而复杂的社会里教育自己教育别人。他们不但要做实验教育工作，而且早负担起宣传抗战工作了。"新安旅行团的长途修学旅行，担负着教育和救亡两大价值和意义。

读万卷书，也要行万里路。现代中国的教育已不再局限于知识的传授和技能的习得，而是尊重生命、以人为本，立足学生的未来与发展，培养核心素养，提升综合能力，把学生培养成为身心健康、自律自强、思维创新、能力多元的人是时代的要求。突破传统的教育模式，让学生多途径、多方式获取知识，并提升对知识运用的意识，通过实践锻炼，提升和培养学生的关键能力和必备品格，是教育工作者在新安旅行团精神指引下做好研学旅行工作的关键。

三、围绕高校思想政治理论课程开展综合实践

在教育部关于印发《中小学综合实践活动课程指导纲要》的通知中，关于中小学综合实践活动推荐主题汇总说明将中小学综合实践活动方式分为考察探究活动、社会服务活动、设计制作活动（具体包括信息技术、劳动技术两个子类）、职业体验及其他活动四大类。

在中小学阶段，由于政治课只是一门课，要实现综合必须与其他课程和活动融合，这也是从教育部文件对中小学综合实践活动推荐的主题分类中，社会服务活动属于课程以外学生社会实践系统的根本原因。

综合实践引论

在中宣部①、教育部联合印发的《新时代学校思想政治理论课改革创新实施方案》的通知介绍课程体系时规定：大学阶段开设"思想政治理论课程"必修课程和选择性必修课程。大学阶段必修课程中，本科课程设置马克思主义基本原理、毛泽东思想和中国特色社会主义理论体系概论、中国近现代史纲要、思想道德与法治、形势与政策课程，加上在全国重点马克思主义学院率先全面开设的"习近平新时代中国特色社会主义思想概论"课程，本科阶段有六门必修课。文件同时要求："结合本校实际，统筹校内通识类课程，围绕马克思主义经典著作、党史、新中国史、改革开放史、社会主义发展史，中华优秀传统文化、革命文化、社会主义先进文化，宪法法律等，开设本科及高等职业学校专科选择性必修课。"这样仅在本科阶段，就有六门必修课，四类（每类至少可以开设一门）选择性必修课，合计有十门左右的思想政治理论课程。

上述课程从学科目录看分属于不同学科，因此，开展综合实践活动不仅具有可行性，而且具有现实意义。

1. 围绕高校思想政治理论课程开展综合实践的必要性分析

近年来，全国各地高校思想政治理论课教师积极探索和创新实践教学方法，虽然取得了一些成效，但多数没有达到预想效果，最突出的现象是大多数高校没有充足的实践课时保障。

根据思想政治理论课新课程体系（05方案）的规定和中宣部、教育部《关于进一步加强高等学校思政课教师队伍建设的意见》的要求，普通高校本科生开设的四门必修课程的总学分为14学分，从现有学分中划出2个学分开展实践教学。在教育部文件出台后，大多数高校为了平衡各门课教师之间的关系，将2个学分的实践教学的学时和内容分散到每门课程之中，一些高校用课堂上互动代替课程实践，也有的简单布置作业，要求学生调研，在有限的课时里完成思政课课堂教学和实践教学的各个环节，学时明显不足，长时间的、深入的、专题式的实践教学活动难以开展，有的时候甚至出现实践教学主题的重合。

2014年9月起，笔者结合2013—2014学年第二学期在北京某高校开展学生自愿参与的"思想政治理论课"课外实习情况反馈，设计了"思想政治理论课

---

① 中国共产党中央委员会宣传部，全书简称中宣部。

实践教学状况与需求调查问卷"。问卷设计封闭性问题 21 个，开放性问题 2 个。共发出问卷 280 张，回收有效问卷 271 张。通过调查获得了学生对思想政治理论课实践教学需求的第一手材料。

调查显示，学生认为影响高校思想政治课教学效果的前三位主要因素依次是大班教学、实践环节形同虚设、教学手段单一（表 6-1）。

表 6-1　影响高校思想政治课教学效果的前三位主要因素

影响高校思想政治课教学效果的主要因素	响应 N（个）	响应 百分比	个案百分比
实践环节形同虚设	210	36.8%	78.1%
大班教学，课堂组织难度较大，师生互动效果不明显	137	24.0%	50.9%
教学手段单一	87	15.3%	32.3%

学生针对思想政治课开展的哪种实践教学形式更好的回答又呈现出多样性特点，其中集体参观、实践基地、自主社会实践、社团活动选项均超过 50%（表 6-2）。

从表 6-1、表 6-2 的数据不难发现，学生更喜欢集体参观和社会调查，课外活动、网络等新媒体越来越被学生关注。因此，开展与教学内容密切相关的课外集体实习成为思想政治理论课教师提高课程教学效果的重要选项之一。

表 6-2　学生对思想政治课开展哪种实践教学形式更好的看法

思想政治课开展的哪种实践教学形式更好	响应 N（个）	响应 百分比	个案百分比
学生自行参与的假期社会实践或者社会调查活动	160	12.1%	59.5%
主题网站建设或者网络互动平台的建立	106	8.0%	39.4%
与学校的心理咨询工作相结合开设讲座或者举办活动	85	6.4%	31.6%
学校组织的素质教育讲座报告等	97	7.3%	36.1%
学校建立校外思想政治理论课教学实践基地	161	12.2%	59.9%
任课教师组织的专题讲座、案例点评、材料分析等	98	7.4%	36.4%
院部组织的各种参观考察和社会调查等	181	13.7%	67.3%
学校组织的各种主题教育活动	83	6.3%	30.9%

(续表)

思想政治课开展的哪种实践教学形式更好	响应		个案百分比
	N（个）	百分比	
以学生社团为引领，带动学生参与各种实践活动	155	11.7%	57.6%
学校组织的各种德育活动	95	7.2%	35.3%
校园板报或者学生办报	99	7.5%	36.8%
总计	1320	100.0%	490.7%

结合调研结果，笔者对部分思想政治课教师进行访谈式调研。教师认为2个学分，32学时，分散到四五门课程中，学时自然较少。以32学时2学分课程为例，分到课程的实践活动学时只有4个学时，教师一般是提出调研题目，要求学生调研，由于学时较少，学生敷衍了事比重不小，甚至出现极个别学生抄袭网上文章应付作业的现象。

因此，整合四门（五门）课程的实践教学内容，设置独立的"思想政治理论课综合实践"课程，单独纳入各专业人才培养方案，实施学分制，明确2个学分，按照一门独立课程考核，学生如果因故漏掉或成绩不合格，必须通过补修或重修，直到取得这个学分为止，是一个比较可行的思路。

2. 围绕高校思想政治理论课程开展综合实践的思路

围绕高校思想政治理论课程开展综合实践，需要严格按照课程建设，保证课程质量，在具体的工作中，应当做好如下几方面的工作。

首先，做好围绕高校思想政治理论课程开展综合实践的基础性工作。目前大多数高校的思政课教师对于实践教学认识不足，关注度不高。课程设计简单化，"放羊式"的管理，只是布置一些题目让学生自由完成，规定时间交上一篇文稿，评个等级即可。在有限的实践教学时间内，如何确定有针对性的实践教学主题，如何设置大型综合性调研项目等，缺少系统的认识，操作具有盲目性，甚至有的教师直接从网上下载实践教学题目，严重脱离当地和学生的实际，缺乏操作性。"思想政治理论课综合实践"课程的项目化实施能够克服以上弊端。学校统一编制选题指南，并开设知识普及性讲座，帮助学生掌握围绕选题设计、发放、回收、处理调查问卷的基本方法，以及调研报告基本学术规范。

其次，指导学生确定选题并实现项目化实施。指导从自己所学专业特点出发，结合家乡的实际情况，确定具体社会调研题目。努力保证具体选题都能围绕家乡的社会发展问题以及人们所关注的民生问题展开。课程的项目化实施是高校课程改革实施的新方向。它最早来源于职业教育领域，是指根据职业能力培养需要和地方产业发展需求，将专业基础课程和专业课程的教学内容设计成训练具体技能的项目，并根据项目组织原则实施教学和考核，以培养学生专业能力。"思想政治理论课综合实践"不同于职业院校的专业课程，但具有与一般实践课程相同的特点，是以社会需求为导向、以学生为中心、以培养学生综合实践能力为目标的，借鉴并创新课程的项目化实施模式，可以明确任务，使学生有明确标准可以遵循。"思想政治理论课综合实践"课程突出实践的综合性，指导教师将课程项目选题指南和学生实践手册分发到学生手中，学生可以结合选课指南，根据各自专业特点、学科交叉与自身特长相结合的优势，确定调研主题，学生自愿组合（5~8人），集中参与一个课题，每个课题组分散实践，在规定的时间内上交调查报告或论文，这种组织方式可以克服集中实践需要考虑的人力、物力、财力和安全因素，可以减少思政课教师评阅的工作量，使综合实践课程教学效果达到最佳目标，教学体系达到最优化的状态。

最后，建立完备的评分体系。"思想政治理论课综合实践"作为一门课程出现，建立一个动态、全方位的评价体系十分关键。教师要从具体题目选择、问卷设计、调研实施、调研报告写作等多个方面评分，尽量保证评分的公平性。

3. 围绕高校思想政治理论课程开展综合实践的保障和激励工作

首先，建立完备的安全预案保障综合实践的安全。开展思想政治理论课综合实践活动，安全工作最重要。因此，就要在保障学生全员参与的同时，建立合理、切实可行的安全保障体系。在具体的工作中，每一次实习前小组指导教师都要制定详细的安全预案保障综合实践活动的安全，对于参与学生较多的调研目的地，可以依据安全预案将学生逐层次分组，最底层小组为3人，每一层级均确定具体的负责学生。同时，将交通路线精确到点，下发全体学生。

其次，教师全程参与，保证思想政治理论课综合实践活动质量。在学生自主学习意识下降、自主学习欲望不强的背景下开展课外实习，如果仅仅是让学生自由选择时间参加,即便纳入教学环节也可能导致学生草草参观走过场;因此,即便是集体参观,教师切不可带进参观地点就撒手不管。要保证实习质量,教师全程参与很重要,例如,在参观"复兴之路"等展览时,教师全程讲解,并与学生互动交流,这样就可以保障课程理论教学形象化,让学生更加深刻理解"三个选择"①,达到综合实践的效果。

最后,努力创新实习形式,为优秀学生搭建展示平台。思想政治理论课综合实践活动中的课外参观实习可以让大多数学生获得感性认识,对于其中少数优秀学生则可为给他们创造更好的提升空间的方式进行激励。例如,在一般综合实践活动基础上开展"四史"遗迹寻访等课外访谈内容,可以让优秀学生能力得到进一步提升。访谈成果可以是对历史遗迹寻访的总结,或者是口述历史的访谈记录;但是,这类学生活动成果一般难以在重视问卷数据的思政课社会实践竞赛中获奖,也就难以引起普通院校有关部门重视。因此,教师一方面要逐步向学生渗透为理想和素质提升不计较名利的思想,这样才能使学生觉得参与这种活动不仅是兴趣,更有价值和意义;另一方面,还要努力争取一些红色遗迹单位和所在地政府的支持,协商组织讲解志愿者活动,在此基础上,努力争取举办直播、短视频大赛,在发挥自媒体传播红色文化的力量的同时,为优秀学生搭建展示平台,让学生取得更大收获。

第二节 用课程思政理念指导高校专业综合实践

为深入贯彻落实习近平总书记关于教育的重要论述和全国教育大会精神,贯彻落实中共中央办公厅、国务院办公厅《关于深化新时代学校思想政治理论课改革创新的若干意见》,把思想政治教育贯穿人才培养体系,全面推进高校课程思政建设,发挥好每门课程的育人作用,提高高校人才培养质量,教育部制定并印发了《高等学校课程思政建设指导纲要》。

课程思政指以构建全员、全程、全课程育人格局的形式使各类课程与思想政治理论课同向同行,形成协同效应,把"立德树人"作为教育的根本任务的一

---

① "三个选择"即中国选择了马克思主义,选择了共产党,选择了社会主义道路,全书同。

种综合教育理念。

《高等学校课程思政建设指导纲要》明确指出课程思政建设目标是："课程思政建设工作要围绕全面提高人才培养能力这个核心点，在全国所有高校、所有学科专业全面推进，促使课程思政的理念形成广泛共识，广大教师开展课程思政建设的意识和能力全面提升，协同推进课程思政建设的体制机制基本健全，高校立德树人成效进一步提高。"

"课程思政建设内容要紧紧围绕坚定学生理想信念，以爱党、爱国、爱社会主义、爱人民、爱集体为主线，围绕政治认同、家国情怀、文化素养、宪法法治意识、道德修养等重点优化课程思政内容供给，系统进行中国特色社会主义和中国梦教育、社会主义核心价值观教育、法治教育、劳动教育、心理健康教育、中华优秀传统文化教育。"

上述文件内容为在高校思想政治理论课以外领域开展学生综合实践活动时，实现思想政治教育贯穿人才培养体系的目标，以及促进学生综合实践活动与德育教育有机融合指明了方向。在具体的工作中，应当重点做好如下两方面的工作。

一、理解课程思政工作的实践本质

习近平总书记在全国高校思想政治工作会议上明确指出："做好高校思想政治工作，要因事而化、因时而进、因势而新。要遵循思想政治工作规律，遵循教书育人规律，遵循学生成长规律，不断提高工作能力和水平。要用好课堂教学这个主渠道，思想政治理论课要坚持在改进中加强，提升思想政治教育亲和力和针对性，满足学生成长发展需求和期待，其他各门课都要守好一段渠、种好责任田，使各类课程与思想政治理论课同向同行，形成协同效应。"

课程思政作为新时代思想政治教育工作的形式，对于培养高素质的人才十分重要，因此，理解课程思政的本质和社会方位意义重大。专业教学参与思想政治教育活动是思想政治教育工作的一部分，历史上，很多高校教师都自发地进行过探索。在习近平总书记讲话的指导下，课程思政工作由教师的个人行为变成学校有组织的行动，更加系统、更加全面。课程思政推进效果日趋明显。

在大学生思想政治教育系统中，需要更多教师参与其中，要实现这一目标就需要引进"人才柔性流动"概念专业，让专业课教师参与大学生思想政治教育工作。专业课教师参与大学生思想政治教育工作不仅可以进一步丰富大学生思想政治教育工作队伍，而且可以利用专业课教师的参与，以专业课教学和实践的方式，促进大学生全面发展。专业课教师要更好地参与到大学生思想政治教育系统中，就需要解决诸多问题，这将是接下来要探讨的问题。不论哪一个概念的外延，都存在可以科学地抽象出一般可能性，进而就可以揭示课程思政工程的深层本质。

课程思政是新时代高校学生思想政治教育工作中的一种新形式。笔者认为课程思政工作在本质上是一种特殊的社会实践活动。至于为什么要把课程思政工作的本质归结为一种特殊的社会实践，主要源于以下几个方面的原因。

首先，课程思政作为一种新型的高校学生思想政治教育工作形式，是一种典型的目的性人类活动，而不同于动物的本能活动和人类的无意识活动。众所周知，动物也在活动，但动物的活动主要是由遗传获得的本能活动，缺乏明确自觉的意识为其指导。某些高等哺乳动物虽开始具有人类意识的萌芽，其行为也有某种高于其他动物的目的指向性，但这终究是一种本能行为，它始终无法意识到其行为的意义。人类既有同动物相似相通的本能活动，又有与之完全不同的目的性活动。

人作为有生命的自然存在物，先天具有求生存、求安全的生物本能，这类活动是由先天遗传获得的无意识行为。而人之为人，人高出于一切动物的地方，就在于人还有另一类活动，就是由各类意识支配着的目的性活动，学生思想政治教育和专业课程学习便是其中的典型。

随着时代的发展与进步，高校学生思想政治教育工作面临的问题越来越复杂、计划越来越周密。课程思政作为学生思想政治教育工作领域的一种有目的性活动出现了，其目的就是在做好专业教学的基础上帮助大学生树立正确的世界观、价值观、人生观；正如习近平总书记2014年5月4日在北京大学考察时强调的："青年的价值取向决定了未来整个社会的价值取向，而青年又处在价值观形成和确立的时期，抓好这一时期的价值观养成十分重要。这就像穿衣服扣扣子一样，如果第一粒扣子扣错了，剩余的扣子都会扣错。人生的扣子从一开始就要扣好。核心价值观的养成绝非一日之功，要坚持由易到难、由近及远，努力把核心价值观的要求变成日常的行为准则，进而形成自觉奉行的信念理念。广大青年树立和培育社会主义核心价值观，要在勤学、修德、明辨、笃实上下功夫，下得苦功夫、求得真学问，加强道德修养、注重道德实践，善于明辨是非、善于决断选择，扎扎实实干事、踏踏实实做人，立志报效祖国、服务人民，于实处用力，从知行合一上下功夫。"因此，目的性是课程思政工作的第一重本质属性。

其次，课程思政工作是实现专业课程教学与思想政治教育目的的对象化活动，是主观见之于客观的实践活动。人类有目的的活动大体可以被分为两类：一类是客观见之于主观的认识活动，另一类是主观见之于客观的实践活动。前者即主体对客体的反映，其进程是由外到内、由客观到主观，目的在于认识客观世界；后者即主体对客体的能动改造，其进程刚好相反，表现为从内到外，由我及物，目的在于将主体自身的需要、意志、追求实现出来。显然，人类这两类活动都有明确的目的计划，但二者的目的指向却刚好相反。黑格尔将第二类活动看成绝对理念的对象化（或物化、或异化、或外化）过程，马克思则把它看成人类实现自由自觉本质的实践活动。毫无疑问，课程思政工作作为有明确目的指向的人类自组织活动，在整个工作过程中，无不渗透着教师的意向、偏好，以及大学生的情感诉求、价值取向追求。但是从本质上看，我们不能因为课程思政工作既包含主观思维活动又表现为执行教学计划的实践过程，因而不敢提它是实践活动而笼统地将它称为人的社会活动，这实际上是把实践看成缺少理性指导的纯感性活动。

最后，课程思政工作还是高校中一种基本实践活动。传统观点认为，在高校中教学、科研、学生日常思想政治教育等几种社会实践是最基本的。在当代的高等院校里，学生思想政治教育工作变得十分重要。不仅如此，如果忽视一些相关细节，对学生的成长也是十分不利的。如果没有必要的教育，学生在校生活中就可能没有秩序、规范、禁忌，离开了学生思想政治教育工作，学生活动等实践便无法进行，学生思想政治教育工作不当，必然造成高校学生工作的混乱或低效。课程思政实现了思想政治教育和专业课程教学的有机结合，实现两大基本实践活动融为一体。

综上所述不难看出，课程思政工作是有目的有计划的自觉活动；本质上不是直接改造客观世界的一般实践活动，不是局限于一时一地的实践活动，而是高校学生思想政治教育工作无时不在、无处不在的基本实践活动，是新时代高校学生思想政治教育工作的一种特殊形式。

既然课程思政工作在本质上可以归结为实践活动，就说明它具有实践的一般特征，同时也必然蕴含着一系列区别于其他实践的具体特性。

首先，课程思政工作作为一种实践，具有普遍意义上讲的实践共有的客观性。这是因为：第一，课程思政工作是由教师有目的地作用于大学生的活动。无论是学生思想政治教育工作主体——人（以专业课教师为主），或是学生思想政治教育工作客体——人（大学生）以及开展相关活动所涉及的财、物、时间、空间、信息，都是不以个人意志为转移的客观存在。这说明课程思政工作的两大基本要素是客观的。第二，课程思政工作中任何活动及其环节虽然体现了教师和学生的目的、意志、思想、情感，但科学有效的工作总是受高等教育规律的制约。因此，课程思政工作过程从根本上看不是教师主观随意的纯思维过程，而是通过种种教学活动作为中介实现主观的行为发生过程。第三，课程思政工作中任何活动最终都会形成某种结果，产生一定的效应。这种效应可能与人们期望预料的相符或不符，需要及时调整和改进；不仅如此，不同的人也将对此做出不尽相同或者完全相反的评价。这说明课程思政工作效果评价具有主观差异的一面。但是，教学效果的实际存在状态是不会以人们的好恶为转移，这说明课程思政工作所开展的活动结果也是一种客观存在。第四，课程思政工作中很多手段表现为一门"艺术"，在同一环境中对同一教育对象，不同的教育者可以而且必然导演出一幕幕情态各异的悲喜剧。这说明教育效果的好坏同教育者的主体素质、主观努力息息相关。但是课程思政工作又不是任意的，坚定的政治方向、明确的指导方针是统一的，任何具体工作都应遵循高校思想政治教育工作的客观规律。高校思想政治教育工作的规律性，也反映了课程思政工作的客观性。由此可见，无论是课程思政工作的基本要素还是它的现实过程，不管是教育的效果还是人们运用教育方法的艺术，都体现了课程思政工作的客观性。如果因为课程思政工作是由人参与，而人又有丰富复杂的主观世界便将课程思政工作看成纯主观的精神活动，这就抹杀了课程思政工作的客观性，其结果必将背离唯物主义原则而走向唯心主义。

其次，课程思政工作作为高校一种自觉的教育实践活动，还具有明确的目的性和周密的计划性。这里所谓的目的，是指课程思政工作活动所要达到的目标；所谓计划，是根据预先设计目标的要求和实际提供的多种可能，进行决策和制定计划。如前所述，课程思政工作区别于生物本能活动和人类下意识活动的地方，首先在于课程思政工作在进行以前，就预定了目标和计划，这说明该活动具有目的性和计划性。但是，一般社会实践活动也有目的和计划，这样就必须对二者的目的计划进行比较。按照人们通常的理解，一般的实践在于改造客观世界或探索客观规律。课程思政工作目的则是帮助人树立"三观"、提高素质、尽快适应环境并不断进步。笔者认为，一般实践的目的在于改造客观世界固然不错，但却过于笼统，因为实践是具体的、多样的，不同的实践各有其特殊的目的内容。课程思政工作目的同实践活动的目的是一致的，这种一致性从两个方面表现出来。一方面，实践的需要产生了相应的思想政治教育工作思路，实践的目的从根本上决定和制约着教学方案的设计。如果脱离实践的目的而另设教育的目的，这种目的要么是不真实的，要么必然因背离它的对象而注定不能实现；另一方面，课程思政工作作为教学领域的一种特殊实践，首要的任务就是给大学生专业课教学实践定方向，赋予实践活动明确的目的性，其次是通过各种手段，统一组织成员的行为目的，并控制整个实践过程沿着既定的目的运行，教育的目的又集中表现了实践的目的。如果脱离课程思政工作的目的，参与实践活动的各个人的目的就不可能统一起来，整个实践活动就会因此而丧失自己的目的。可见，一般社会实践同课程思政工作这种特殊性的实践虽然都具有目的性，但二者的目的是一致的。在一定意义甚至还可以说，脱离大学生思想政治教育实际的实践（这自然是一种假定）是很容易把大学生教育引入歧途的。

最后，课程思政工作作为高等院校教育工作系统的自组织行为，对各类专业课教学实践还起着组织、调节和控制等作用，具有诸如内聚性、协调性和有序性等特征。这里所说的内聚性，包括两层含义。第一层含义，课程思政工作是具体的，具体的课程思政工作有它特殊的实践对象和作用范围。如果课程思政工作的对象错位或范围无限扩大，势必造成学生思想政治教育工作的混乱和失控。这就意味着，课程思政工作是对一定教育对象的教育和在一定范围内的工作。课程思政工作中的内聚性，首先是指课程思政工作给它作用的实践活动确定对象和划定范围，以使实践系统同环境的内外界限一目了然。第二层含义，课程思政工作的内聚性还指课程思政工作对实践系统内组织成员的凝聚功能。人类实践活动是由单个个体实践者共同参与的群体活动，如果没有具体的组织通过各种方式将他们联系凝聚在一起，就不可能形成"合力"，自然谈不上实践。所谓协调性，是指课程思政工作过程中对具体实践活动的协调，这既包括对组织成员行为的协同一致，也包括对组织系统各成员之间关系的调整处理；既包括对实践过程人和物、物和物等多种相关因素的合理配置与适时调整，也包括正确处理组织与环境的复杂关系、维护二者的动态平衡。这就是说，协调是负责课程思政的教师实现自身预期目的的手段，以保证它所策划的实践沿着既定的方向正常进行。如果没有协调，具体活动中的组织工作便无存在的价值，各类实践也无法正常进行。

课程思政工作有着它无可估量的多种社会价值。当代社会思潮多元化、国际形势日趋复杂化，更需要有坚定的政治方向。青年大学生是未来国家建设的主力军，要把青年人培养成拥护社会主义制度的一代人，政治导向和青年工作必须常抓不懈。通过课程思政等一系列形式，完成塑造"三观"、帮助青年坚定政治信仰、培养社会主义建设后备军的任务。

二、明确参与大学生思想政治教育工作对专业课教师的要求

专业课教师参与大学生思想政治教育，是大学生通过专业课学习和实践活动增长才干的大好机会。学校相关管理部门应当充分理解"人才柔性流动"这一概念，在《关于深化新时代学校思想政治理论课改革创新的若干意见》《高等学校课程思政建设指导纲要》等文件精神指导下，引导专业教师参与到大学生思想政治教育工作中来。

当代大学生是祖国和民族的未来。高校思想政治理论课教学的重要任务就是要从巩固党的执政地位和培养社会主义建设者和接班人的高度，加强对大学生的政治理论教育；要使大学生自觉地承担起学习、研究和实践马克思主义理论的历

史责任，努力成为中国先进生产力的开拓者、先进文化的弘扬者和最广大人民利益的维护者。积极推进马克思列宁主义、毛泽东思想、邓小平理论、"三个代表"重要思想、科学发展观、习近平新时代中国特色社会主义思想进课堂、进教材、进学生头脑工作，是当前和今后一个时期高校思想政治理论课教育教学工作的重要任务。"三进"工作，最关键、最重要、难度最大的问题就是如何使先进思想进入学生头脑。

笔者认为，在进一步开展高校思想政治理论课的基础上，强化专业课以课程中的言传与身教为主要手段是实现"进头脑"工作目标的有效手段。要达到这一目标就要在具体工作中做好如下几方面的工作。

1. 坚定的政治信仰和与时俱进的思维是专业课教师参与大学生思想政治教育工作的基本要求

随着经济全球化步伐的加快和社会主义市场经济体制的不断完善，人们的思想方式和行为方式、道德标准和价值观念都在发生着一系列的变化。当代高校大学生出生、成长于改革开放发展时期，精力充沛，思维活跃，关心新鲜事物，并且敢于发表自己的看法。专业课教师参与大学生思想政治教育工作的性质决定了教师与学生可以通过专业课开展思想政治教育工作，人与人心理距离的缩小，创造了平等交流思想的机会。一方面，可以使学生与教师、特别是青年教师成为朋友，减少彼此之间探讨问题的拘束感；另一方面，也在一定程度上削弱了教师的绝对权威性。基于上述两点，学生们都可能将一些在思想政治理论课课堂上并没有提出的问题，特别是与实际的社会现象相关的问题提出来与教师讨论。因此专业课教师需要具备的基本素质就是：对马克思主义有坚定的信仰，同时拥有深厚的理论基础和科学的方法。只有这样才能保证专业课教师具有坚定的政治立场，才能保证对学生进行教育的指导思想的正确性和不动摇。

马克思主义具有三大本质特征：一是批判性和革命性，二是实践性，三是科学性。分析马克思主义发展的历程，就会发现科学实践是马克思主义理论的基石。马克思主义是深深扎根于实践、服务于实践，又在实践中不断发展的活生生的理论。马克思主义科学性的主要体现，是其在实践的基础上揭示了自然界、人类社会和思维发展的一般规律。马克思主义所具有的本质特征，使它具有"三不""四注重"的特点：不拘泥于书本，不拘泥于经验，不拘泥于已有的认识；注重对实践经验的理论抽象，注重对事物发展规律的理论揭示，注重对未知世界的理论探索，注重回答新情况、解决新问题、开拓新境界。这是马克思主义最宝贵的品格，也是马克思主义生机和活力的最主要源泉，更是学习和运用马克思主义的指南。江泽民同志说，一个民族要兴旺发达，要屹立于世界民族之林，不能没有创新的理论思维。在改革、建设和发展的道路上，新情况新问题层出不穷，亟须通过创新尤其是理论创新去解决。"要使党和国家的事业不停顿，首先理论上不能停顿。理论上不能停顿，就要不断推进理论创新。一部马克思主义史，就是一部理论创新的历史。理论创新，是需要我们高高扬起的旗帜。"因此，教师要在专业课理论和实践教学工作中达到良好的效果，就必须在牢固树立坚定的政治信仰的基础上，坚持与时俱进的原则，不断学习和研究理论创新的新成果，保证自身思维始终贴近时代的脉搏。这样，才会及时地用新观点、新方法解释新现象，解决学生提出的新问题。

在具体的教学工作中，教师的言传身教很重要。"其身正，不令而行；其身不正，虽令不行"说的是为官者，但也适用于教师，要求学生接受的一定是教师自身必须认同的，这不仅是课堂上口头的讲授，也应该是实践活动中的身体力行。试想一个执着于个人得失的人，如何有资格去谈论君子之道？连自己都不相信的东西又如何感动学生？教学相长，不仅指学问，当然包括道德修养。专业课教师在大学生思想政治教育活动中究竟处于什么样的地位，起着什么样的作用？笔者认为，专业课教师在这一过程中应该也必须起主导作用，言传身教是专业课教师、特别是青年教师的重要工作。

2. 言传是专业课教师对学生进行思想政治教育的重要手段

我们不能期望政治理论课程和专业课教学能解决所有的人生观、信仰、道德等问题，但是，也同样不能放弃一切可以对学生的人生观和信仰产生影响的机会。马克思列宁主义、毛泽东思想、邓小平理论、"三个代表"重要思想、科学发展观、习近平新时代中国特色社会主义思想的生命力，关键在于其理论体系和观点的正确性，同时，也在于其具有供大学生继承、发扬，并作为思想指南的价值。

中华民族五千年文明，不仅留给我们文化的遗产，更留给我们许多道德规范。因此，在专业课教学过程中，专业课教师应该结合现实社会和学生中的热点问题，结合社会主义建设的基本理论和中华民族传统美德来倡导学生确立或修正其道德意识，在具体的工作中，要处理好传统与现代的关系，引导学生正确区分和对待传统文化中的精华与糟粕。全盘否定固然不对，照单全收也失之偏颇，因此，要用社会主义道德和法制建设的规范对传统的道德规范进行过滤，为学生指明方向。在倡导和弘扬传统道德时一定要根据现实加以分析、补充和更新。因为我们的目的是建设有中国特色的社会主义的道德与文明。传统美德就在我们身边，从新加坡的成功、海尔集团的经营理念等事例，都可以让人们时刻感受到传统道德的无穷魅力和顽强的生命力，以及传统文化对现代生活的深厚影响。

当今社会的不良现象虽然是不符合社会主义道德的少数现象，但是，这些现象的存在不可避免地对学生产生影响。在平时的学习和生活中，学生与教师因为存在一些心理距离，往往不会将一些相对尖锐的问题提出来与教师讨论。专业课教师应该对在专业课教学尤其是实践教学环节中学生可能提出的问题有充分的思想、心理、知识准备。首先，专业课教师要坚定自己的信仰。作为非思想政治理论课的其他专业教师，对自身要求往往是做到熟悉并且熟练掌握专业知识，成为本专业的专家，并且成为学生做人、做学问的榜样，这样就可以成为一名基本合格教师。而对思想政治理论课教师的基础要求就是坚信自己所讲授的理论，理论水平高。要提高大学生思想政治教育保证的效果，专业课教师、特别是青年教师一定要向思想政治理论课教师学习，把好自己的思想政治关。其次，青年教师由于年龄上的原因，容易较快地成为学生的朋友；同样是由于年龄上的原因，青年教师与学生的心理距离比较容易拉近。为了保证大学生思想政治教育的效果，教师、特别是青年教师应该积极调整自己的心态。一方面，应该努力做学生的朋友，在具体的活动过程中给学生行动上以鼓励、帮助；另一方面，应该坚决以教育者身份要求自己，在具体的活动过程中给学生的思想上以启发、引导。最后，面对改革开放以来出现的新事物，大家的看法可能会有所差异，教师、特别是青年教师应该积极学习党和国家的政策，努力用新观点解释新问题；不仅如此，青年教师还应该积极向老教师请教，以更加系统的理论去教育学生。

3. 身教是专业课教师对学生进行思想政治教育的有效补充

在专业课教学实践活动中，专业课教师要和学生共同生活近半个月的时间。教师的一言一行、一举一动都会对学生产生影响，教师应该注意自身的行为，从一点一滴的小事对学生进行身教才会使教育达到更好的效果。

首先，用行为作为表率，可以直接感动学生。因为，教师文明的言谈举止对学生思想品质的形成起着修正作用。教师的一言一行都是教师内在素养的外在体现，都会给学生以潜移默化的作用影响。学生在专业课教学实践活动中，也正是通过这一点来了解专业课教师的思想。"桃李不言，下自成蹊"。教师注重修养，注意言行，处处给学生做出表率，言教辅以身教，身教重于言教，学生受到影响，其不良的行为和习惯受到约束，得到修正。

当代大学生多数为独生子女，自尊心都比较强。在专业课教学实践活动中，有的专业课教师看到学生在某个方面有点滴的不足，就马上会直截了当地指出，甚至责怪学生的不是。虽然这种工作方式比较直接，但是这样却不一定会有比较明显的效果。一般情况下，学生不但不愿意接受这样的管理方式，反而对这样的管理方式有明显的反感，甚至产生一种逆反心理。事实上，学生并不喜欢这样的管理方式，他们希望与老师建立一种亲密的朋友关系，一种平等的朋友关系。分析学生的思想状态后，我们不难发现在专业课教学实践活动中身教比言教更为重要。

其次，大处着眼，从小事做起。学生的思想政治教育必须从大处着眼。教育者必须认识到青年是继往开来的一代，是祖国的未来。新一代的青少年必须是关心社会、关心集体、关心他人、爱护公物、遵守公共秩序、文明有礼的一代。青少年公德教育能否做到这一点将关系到祖国的兴衰成败。"一屋不扫，何以扫天下。"如果一个人连起码的社会公德都不具备，又怎能有崇高的理想、高尚的情操呢？为此，公德教育又必须从小事做起。专业课教师不妨从学生在专业课教学实践活动中碰到的小事抓起，从遵守纪律、遵守公共秩序、爱护公物、讲究卫生、帮助身边有困难的人等事做起，用自己的所作所为促使学生自我管理，促进学生的行为养成。只要专业课教师能在专业课教学实践活动中从细微处要求，从小事做起，就一定能达到"促其思、晓其理、激其情、导其行"的教育效果。

在专业课教学实践活动中，教师应该严格遵守公共秩序、爱护公物、保护环境。例如，在公共汽车上，专业课教师为老年人让一次座位对学生的教育效果大大超过多次"尊老爱幼"的口头教育。

最后，还应当利用言教与身教的充分结合，加快学生的成长。从对学生的效果来看，在专业课教学实践活动中，专业课教师的身教重于言教，是一个不争的事实，但是，只有身教没有言教，教育效果就会大打折扣。因此，教师应该把握好言教与身教的时机，恰当地把两者结合起来。例如，在专业课教学实践活动中，专业课教师应该身教在先，言教在后；当遇到个别学生出现一些小的错误，教师应该首先用自己的行动给以更正，事后找学生单独谈话解决问题。这样，既保护了学生的自尊心，又不放弃对学生的教育，就会提高教育的效果。

专业课教学实践既是高校学生思想政治工作的重要组成部分，又是高校学生政治理论课教学的有益补充。专业课教师充分利用言教与身教的方法对学生进行教育，是专业课教学实践活动成功的保证，也是一个值得研究的课题。在具体工作中，使言教与身教有机结合，必将推动高校大学生思想政治教育工作的发展。

4. 充分发挥指导教师的理论与专业技术优势，提升大学思想政治教育工作效果

专业课教学实践活动中，指导教师不仅在处理一些社会问题中要率先垂范、言传身教，用表率作用优化对学生的教育效果；在面对需要解决的一些技术性问题时，更应充分发挥指导教师理论深厚、技术娴熟的优势，示范指导与启发鼓励相结合，增加学生独立解决问题的机会，提高其能力。这既可使理论教学延伸，凸显实践教学的优势，也可通过即时解决问题，在增强学生自信心和创新动力的同时，帮助学生树立热爱专业、学好专业知识为祖国奉献聪明才智的理想。

高校专业综合实践是高校专业教学的一部分，以往的观念中，往往认为专业实践是把课堂所学理论知识在实践活动中进行检验的过程，课程思政内容不多。在未来的工作中，不仅要提高专业课教师在实习、实践环节中开展课程思政的意识，还要与合作单位中的兼职教师及时沟通，帮助来自企事业单位的实践课程指导教师熟悉课程思政的理念、指导思想，引导这些"临时教师"结合自身所长开展言传身教，实现学生思想政治素养和专业实践能力双提高的目标。

第七章 综合实践活动与创新教育有机融合

马克思在《关于费尔巴哈的提纲》中说:"全部社会生活在本质上是实践的。"又说,"环境的改变和人的活动或自我改变的一致,只能被看作是并合理地理解为革命的实践。"人类社会中的生产实践技术、方法、工具的进步都是通过创新实践完成的。专业教育的重要任务就是培养政治素质过硬有创新精神的社会主义建设者。因此,教师在综合实践活动中融入创新理念,结合应用技术系统做好综合实践活动,才有可能实现综合实践活动与创新教育有机融合,进而实现综合实践活动与智育及专业教育的有机融合。

第一节 在综合实践活动中融入创新理念

在综合实践活动中融入创新理念,一方面要正确理解创造创新与综合实践活动的关系,另一方面要结合综合实践活动搭建创造创新教育的基本框架。

一、正确理解创造创新与生产实践的关系

引发生产实践技术、方法、工具进步的成果,源于人类创新性的精神生产实践。在近代之前,精神生产实践一直处于滞后的地位,创新性的因素一般都是在生产实践和交往实践中自发地产生的,精神生产实践,尤其是科学,基本上是对生产实践和交往实践经验的总结。精神生产实践与物质生产、交往相分离,科学没有取得独立的地位,采取自然哲学、政治哲学的方式存在。在这段漫长的人与人相互依赖的社会中,生产力的发展是缓慢的,人和人的交往方式没有太大的变

化，知识的更新也很缓慢，常规实践是主流，创新实践的频率非常低。近代和近代之后，科学取得了独立的地位，自然科学纷纷从哲学中分离出来，各种社会科学也在之后独立并发展起来，甚至哲学本身也开始落入凡尘，例如马克思提出："哲学家们只是用不同的方式解释世界，问题在于改变世界。"这时候科学不再是密涅瓦黄昏起飞的猫头鹰，而是时代的先锋。科学不再仅仅是生产和交往实践的经验总结，而是具有了自己独立的、理论化的知识体系。科学开始反哺生产和交往，成为生产中重要的甚至最为重要的因素，它首先应用于工艺和产品，然后应用于生产实践过程和生产实践组织。这时候的创新不断涌现，机器不仅很大程度地代替人的体力劳动，而且开始代替人的脑力劳动。生产力迅猛发展，人开始了世界性的交往，人们的精神生活丰富起来，人的自由得到了发展。创新实践超越常规实践成为人类实践的主流。

精神生产实践，是人类最高层次的实践，在创新实践中处于核心地位，正如专家指出的："精神生产的过程，从一定意义上讲是人从已知领域向未知领域探索的过程。因此探索性、创新性、风险性是精神生产的本质特征。物质生产的过程，是按照确定的程序、确定的目标进行的，同时，物质产品都有一定的质量和规格，只有按照精确的'复制'才不会出次品。"精神生产活动属于高级的精神活动，它是人类社会发展到物质劳动和精神劳动分离这种真正的分工出现后的产物。"从这时候起，意识才能摆脱世界而去构造'纯粹的'理论、神学、哲学、道德等等。"由于人类历史长期处于生产力发展水平较低的状态，精神生产实践经历漫长的发展过程之后，才取得了独立地位。马克思曾说："自然界没有制造出任何的机器，没有制造出机车、铁路、电报、走锭精纺机等。它们是人类劳动的产物，是变成了人类意识驾驭自然的器官或人类在自然界活动的器官的自然物质。它们是人类的手创造出来的人类头脑的器官；是物化的知识力量。固定资本表明，一般社会知识，已经在多么大的程度上变成了直接的生产力，从而社会生活过程的条件本身在多么大的程度上受到一般智力的控制并按照这种智力得到改造。它表明，社会生产力已经在多么大的程度上，不仅以知识的形式，而且作为社会实践的直接器官，作为实际生活过程的直接器官被生产出来。"他还预言说，"资本的趋势是赋予生产以科学的性质，而直接劳动则贬为只是生产过程的一个因素。""现实财富的创造较少地取决于在劳动时间内所运用的动因的力量……相反的却取决于一般的科学水平和技术进步,或者说取决于科学在生产上的应用。"

所以,精神生产不断成熟,自然科学、社会科学和哲学的独立化或科学化实际上经历了几千年的历史。

"科学活动既是一种精神生活现象,又是一种物质实践活动。作为一种精神生活现象,科学活动是知识的生产,它同物质生产有相似的结构。科学知识的生产要素为科学劳动者、科学劳动对象、科学劳动工具(仪器设备、图书报刊等)。科学劳动者处于社会总的关系中,又在科学活动中以一定的方式结合起来。科学劳动是社会总劳动的特殊部分。知识生产不同于物质生产,突出的特点是它的创造性。科学劳动的特点是自由劳动。科学的任务是正确说明和解释现实世界的过程和现象,探究其运动规律,揭示客观真理,进而对事物的发展做出正确预见,指导人们的实践活动。科学的最终目的,是在对世界的正确认识的指导下能动地改造世界,使人类在对自然界的关系中和在社会关系中获得自由。"

回顾历史不难发现,人类生产力经历了三个发展阶段:手工生产力、机器生产力和智能生产力(信息生产力或精神生产力)。在手工生产力阶段,人类的生产能力低下,主要依靠的是人自身的体力和灵巧。经济发展主要取决于对劳动力资源的占有和配置。古代许多战争的目的就是掠夺劳动人口,西方贩卖奴隶的活动一直持续到19世纪末。机器生产力阶段,由于蒸汽机和电力的发明和发现,机器在很大程度上取代了人的体力劳动,生产力急速膨胀,经济发展的决定力量在于对自然资源的占有和配置。第一次和第二次世界大战的根源就在于资源在强大的人类生产力面前开始变得稀缺,各国为争夺资源而展开了战争。智能生产力阶段,其实是机器生产力更高层次的发展。虽然机器仍然是人类生产力的主要载体,但是此时的机器科学技术含量明显提高,电子信息技术、材料科学、生命科学和航空航天技术等渗透其中,机器进一步取代人的劳动,不仅更大程度地取代了人的体力劳动,而且部分取代了人的脑力劳动,此时生产力的特点是自动化和智能化,因此可以暂且把这个时代的生产力叫作智能生产力。因此可以说,在采集渔猎社会和农业社会,生产力处于手工生产力阶段,社会的发展主要依靠劳动力资源；工业社会对应的是机器生产力，主要依靠自然资源；知识社会的生产力是自动化和智能化的生产力，主要依靠知识资源。

在智能生产力阶段，知识资源取代自然资源，成为第一位的经济因素。因此上述改变使当代生产力的构成除了实体性的因素（劳动力、劳动资料和劳动对象）以外，更渗透了科学技术、教育、信息和管理等因素，它们通过实体性因素在生产中发挥作用，而且在生产中的地位越来越突出。也就是说，与以往的经济形态相比，知识资源取代劳动力和自然资源，成为经济中最重要的因素。知识、科学是人类精神生产的产物，它本身就具有探索性、突破性的特点。人们不断追求未知领域，从而取得创造性的认识成果，并把它们应用到物质生产和交往领域。所以，创新实践是知识经济的应有之义，知识经济离不开创新实践。

从劳动力资源，到自然资源，再到知识资源，人类生产力的发展越来越依靠创新实践。当代人的生产力不是劳动密集型的生产力，也不是对自然资源的无限占有，它需要更多的科学技术成果，更多更优秀的知识型人才，更流畅的生产信息，更加合理的管理，这一切都依赖创新实践的力量。

马克思"普照的光"的理论认为："在一切社会形式中都有一种一定的生产决定其他一切生产的地位和影响，因而它的关系决定其他一切关系的地位和影响。这是一种普照的光，它掩盖了一切其他色彩，改变着它们的特点。这是一种特殊的以太，它决定着它里面显露出来的一切存在的比重。"手工劳动力阶段，社会的发展主要依靠劳动力资源；机器生产力阶段，主要依靠自然资源；智能生产力阶段，则主要依靠知识资源。当代人通常把这种以知识的生产、应用和创新为基础的经济叫作知识经济。

随着知识经济和全球化，创新成为当代实践最大、最基本的特点，创新实践地位的凸显本身就标志着人的发展阶段。创新实践与劳动的关系主要表现在如下几个方面。

首先，创新实践导致劳动产品丰富，可以为人的发展提供强大的物质基础，解决人类发展中由于物资短缺而带来的困境。

其次，创新实践提高了劳动生产率，缩短了必要劳动时间，为生产者赢得了更多的自由时间。

再次,创新实践改变了人类的生产方式。一方面是小批量、多品种和高效率的生产方式,代替了原来大批量、单一产品,但同样也很高效率的生产方式;另一方面是原来集中化的生产被分散化生产取代,职工可以通过网络在家里或者小办公室里分散工作,这样就使人的生产、生活更加个性化,人有了更多的自由空间。

最后,创新实践需要更多的知识性因素,因此劳动力结构也发生了变化,白领员工的比例具有绝对优势,这样就把工人从在资本主义生产中的"肢体"地位中解救出来,工人也是生产的头脑。

在人类经历了劳动力经济、资源经济,进入知识经济时代之后,人类实践的创造性更加突出,创新实践必将成为当代,乃至未来人类的实践方式。在当代,人类的知识创新,很快地转变为科学技术的创新,这必然带来生产力的极大提高和物质的极大丰富。人类交往实践的普遍化,在制度创新实践的规范下,健康有序地进行。人在实践中,逐渐消除脑力劳动和体力劳动的区别,劳动不再是谋生的手段,人们可以自由地发挥自己的天性和兴趣,自由而全面地发展。

不仅如此,教师在开展综合实践活动过程中,不能忽视精神生产是社会化大生产的一部分。马克思在《1861—1863年经济学手稿》中曾说:"什么是非生产劳动,因此也绝对地确定下来了。那就是不同资本交换,而直接同收入即工资或利润交换的劳动(当然也包括同那些靠资本家的利润存在的不同项目,如利息和地租交换的劳动)。凡是在劳动一部分还是自己支付自己(例如徭役农民的农业劳动),一部分直接同收入交换(例如亚洲城市中的制造业劳动)的地方,不存在资产阶级政治经济学意义上的资本和雇佣劳动。因此,这些定义不是从劳动的物质规定性(不是从劳动产品的性质,不是从劳动作为具体劳动所固有的特性)得出来的,而是从一定的社会形式,从这个劳动借以实现的社会生产关系得出来的。例如一个演员,哪怕是丑角,只要他被资本家(剧院老板)雇佣,他偿还给资本家的劳动,多于他以工资形式从资本家那里取得的劳动,那么,他就是生产劳动者;而一个缝补工,他来到资本家家里,给资本家缝补裤子,只为资本家创造使用价值,他就是非生产劳动者。前者的劳动同资本交换,后者的劳动同收入交换。前一种劳动创造剩余价值;后一种劳动消费收入。""作家所以是生产劳动者,并不是因为他生产出观念,而是因为他使出版他的著作的书商发财,也就是说,只有在他作为某一资本家的雇佣劳动者的时候,他才是生产的。"这说明精神生产和物质生产的各领域一样,也是随着社会发展而诞生的社会化大生产的一个部门。一种劳动是生产性劳动还是非生产性劳动,不以这种劳动是物质生产劳动还是精神生产劳动为标准。在资本主义制度下,只要是从属于资本主义的生产关系,即"资本交换"的关系,并为资本家创造了剩余价值,无论是物质生产,还是精神生产都是社会大生产的一部分;而在"收入交换"关系下的精神生产和物质生产都是非生产性的劳动。

马克思说:"这种为了价值和剩余价值而进行的生产,像进一步的说明所已经指出的那样,包含着一种不断发生作用的趋势,要把生产商品所必需的劳动时间,也就是把商品的价值,缩减到当时的社会平均水平以下。力求将成本价格缩减到它的最低限度的努力,成了提高劳动社会生产力的最有力的杠杆,不过在这里,劳动社会生产力的提高只是表现为资本生产力的不断提高。"马克思又在《1857—1858年经济学手稿》中指出:"资本的趋势是赋予生产以科学的性质,而直接劳动则贬为只是生产过程的一个因素。""现实财富的创造较少地取决于在劳动时间内所运用的动因的力量……相反的却取决于一般的科学水平和技术进步,或者说取决于科学在生产上的应用。"

在正确认识阶级社会创新与劳动的关系之后,还需要充分理解如下理念。

首先,人类最早的创新实践虽然具有偶然性的特点,但是却都源于解决人的基本生存相关问题的劳动实践。韩非子《五蠹》中说:"上古之世,人民少而禽兽众,人民不胜禽兽虫蛇。有圣人作,构木为巢以避群害,而民说之,使王天下,号之曰有巢氏。民食果蓏蚌蛤,腥臊恶臭而伤害腹胃,民多疾病。有圣人作,钻燧取火以化腥臊,而民说之,使王天下,号之曰燧人氏。"房子和火,都是为了解决人的基本生存问题而出现的发明和发现。

其次,创新在人力发展历程中作用明显显现的重要节点是劳动。当人类进入文明时代,出现了物质劳动和精神劳动这种真正的分工的时候,人们的创新实践才真正地进入了一个新的阶段,意识开始摆脱世界去构造理论,人的实践活动中有了知识性因素的参与。知识创新实践只是对人的生产实践和交往实践经验的总结,技术创新实践和制度创新实践只是人们对经验知识的直接应用,而且脑力劳动和体力劳动相互分离,人们很少自觉地把知识成果和生产联系起来,在生产中更多的是生产和技术的直接相互作用,在交往中也更多的是交往和制度的互动。

再次,任何创新实践都有人的体力和脑力劳动的参与。在生产实践领域,古代工具只是人类体力的有限延伸,它对人类劳动的代替是有限的,无论是石材工具,还是金属工具,新工具的制作和使用,主要依靠的都是人们的手工劳动,人的体力在劳动中是主导性因素,工具是辅助性因素;在精神生产领域情形也是相同的,它虽然是一种脑力劳动,但是人类的知识创新实践只是对人类体力劳动经验的总结,由于没有有力的技术手段,脑力劳动在大量重复性的浩繁工作中也带有了体力劳动的色彩;交往实践也是围绕着人的体力劳动的人与人的交往,人被束缚在体力劳动所决定的相互依赖的关系中,制度创新实践仅仅是对这种依附关系的维护。创新实践则包含了更多的知识性、智力性的因素。机器代替工具成为人类生产力的标志。机器和机器体系包含越来越多的知识性的因素,它不仅延伸了人的身体,而且延伸了人的大脑,在创新实践中,人们从体力劳动和重复性的烦琐脑力劳动中解放出来,专心于创造性的脑力劳动,因此极大地提高了创新实践的效率,技术的高科技化、知识的系统化和理论化、制度的体系化和完善化,是创新实践的成果。

最后,就与劳动密切相关的创新实践周期而言,创新实践表现为渐进性和革命性。古代创新实践的周期比较长,或者说频率比较低,很长时间才会有一项发明或发现,重大的发明和发现周期就更长,例如从弓箭发明到陶器的发明,经历了整个漫长的蒙昧时代的高级阶段。在整个古代社会,虽然也有石器到铜器,再到铁器的生产力的飞跃,也有火这样重大的发现,烧陶、冶铁、造船这样重大的发明,甚至在中国还出现了造纸术、印刷术、指南针和火药四大发明,它们一定程度地提高了生产力,扩大了人类实践的活动范围和人类经验知识的积累,但是没有带来科学技术的革命。而从近代到现代,仅仅300多年里,就发生了三次科技革命,从蒸汽机到发电机,再到以计算机为核心的现代高技术群,平均100年左右生产力就发生一次根本性的变革。在当代,科学技术的革命还在继续。

二、综合实践活动中融合创造创新内容的对策

创造，是人类语言中最有魅力的词汇。创造是人类最美好的行为，是推动人类文明历史向前的最重要、最高尚的行为。

人类社会的文明史，就是一部创造发明史。席卷全球的技术、经济竞争，与其说是人才的竞争，不如说是人才创造力的竞争。我国在这场竞争中的最大优势，在于拥有大量的人力资源，如果全民族创造力得以开发，中华民族必将永远立于不败之地。在许多人的印象中，创造是那些在人类历史上留下浓墨重彩的伟大人物的事情。事实上，对于普通人来说，创造不仅是可能而且是十分重要的。掌握创造创新知识，是现代社会对每一个人的要求，对于在校大学生更是必不可少的教学内容。

教师在综合实践活动中融合创造创新内容，要针对传统观念中关于创造认识进行分析，形成正确的教育观念。在传统的观点中有一种观点认为：创造是一种天赋，无法教授。然而，中外的种种成功的例子证明了这种观点的局限性。但是，这种观点的支持者仍然会从一些在人类历史上作出卓越贡献的创造型天才，尤其是那些在自己擅长领域中作用突出的成功者的例子中找到佐证。莫扎特、爱因斯坦或米开朗基罗都成为他们的好例子，但这进而说明对人类历史产生重大影响的天才们是没法制造的。

数学能力、艺术表达能力乃至运动天赋都有各种有用的级别，即使在缺少天才的时候也是如此。就像一组人参加百米比赛，发令枪响后，比赛开始，必然有的人跑得快，有的人跑得慢。他们在比赛中的表现依赖于天生的奔跑能力以及平时的努力训练。现在，假设有人发明了自行车，并让所有赛跑者进行训练，比赛改为自行车比赛。那么，每个人都会比以前运动得更快，但是，仍然是有的人快，有的人慢。

如果我们不为提高人类的创造力做任何努力，显然个体的创造能力只能依靠天赋。但如果训练者提供有效和系统的训练方法，我们就可以提高创新能力的总体水平。有的人仍然比其他人好，但每个人都可以学会创造技能，提高自己创造性解决问题的能力。天赋和训练之间根本不存在矛盾。每位教练员或教师都会强

调这一点。

事实上,学习创造学理论与方法和学习其他知识之间没有什么区别。一方面,教学可以将人们培训成有创造能力的人,另一方面,受教育者已有的天赋可以通过训练来提高。因此认为"创造无法学会"的观点现在已经站不住脚了。创造力具有"可教性"和"不可教性"。天赋是无法训练的,但训练可以激发潜能。也许教育工作者不可能训练出天才,但是有很多有用的创造并不是天才的功劳,要提高全民的能力,创造教育工作必不可少。

在马克思主义哲学中,实践是人的生存方式。"实践活动是创新性与常规性的统一,从实践的内容与形式、目的与手段、过程与结果等方面看,与原有实践具有同质性和重复性的是常规性实践,而具有异质性和突破性的就是创造性实践。"

人类的创造创新活动是人类活动中的典型形式,既然如此,创造创新活动属于实践范畴,而实践活动是认识的基础,也就是可以学习的。这就为前述的案例找到了理论依据,也帮助学生理解马克思主义哲学原理的价值。

两种不同性质的实践恰好代表着过去和将来,他们以现在为契合点,一个执着于未来,一个坚守于历史,构成人类生存的张力。在传统的观点中另一种观点认为,创造来自传统观点格格不入的思想。有许多创造是在打破旧有观点、观念的基础上实现的,有的人就会产生上述观点,觉得有创造性贡献的人必然拥有与传统观点有差异的观点,但是,没有前人的积累,有创造价值的观点,又从哪里来呢?难道是从天上掉下来的吗?没有旧有的事物作基础,任何新事物都无法产生,创造本身就是一个辩证否定的过程。批判地继承绝不等于全面打倒,与传统观点差异更不等同于与传统观点格格不入。

创造创新活动主要表现为实践活动本身的创造性和进取性,正如马克思在《德意志意识形态》中所说:"已经得到满足的第一个需要本身、满足需要的活动和已经获得的为满足需要而用的工具又引起新的需要。"人类不断以前人的实践成果为基础进行创造创新活动,这是人类科学技术发展的规律,也是人类进步的必由之路。

在传统的观点中还有一种观点认为,有创造力的人往往在右脑/左脑的使用习惯和开发上有一种明显的倾向性。于是，就产生了左脑或右脑主动性的观点。这种观点进而认为，惯用右手的人的左脑是大脑中"受过教育的"部分，识别和处理语言、信号，按我们已知的事物应该存在的方式来看待事物。右脑是未受教育的"无知"的部分。因此，在与绘画、音乐之类有关的事中，右脑单纯无知地看待事物。你可以画出事物本来的、真实的面目，而不是按你臆想的来画。右脑可以允许你有更完整的视图，而不是一点一点地构造事物。于是，在提到创造性思维时，这种观点认为，创造只发生在右脑，为了具有创造性，我们所需要做的就是停止左脑思考，开始使用右脑。

事实上，所有这些事都有其价值，但当我们涉及关于改变概念和认知的创造时，我们别无选择，只能使用左脑，因为这是概念和认知形成和存放的地方。通过 PET（Positive Emission Tomography，正电子发射断层成像扫描），有可能看出在任何给定的时刻，大脑的哪一部分在工作。在胶片上捕获到的放射线的闪光表明了大脑的活动。可以很清楚地看到，当一个人在进行创造性的思考时，左右脑会同时处于兴奋状态。这正是人们所期望的。

马克思主义哲学认为，世界是普遍联系的，如果割裂事物之间的联系对于世界的认识就是不全面的，综合考察所有认识对象才能全面认识事物本质。左右脑开发就体现出这种思想。

教师要结合综合实践活动目标，形成创造创新知识的教育体系，要完成这一目标需要关注的内容很多，如果详细介绍教师需要掌握的创造创新能力需要大量篇幅。本书将对上述内容进行简单、概括性介绍。

首先，要理解创造、创新的概念和创造的层次。

创新的英文为"Innovation"，起源于拉丁语"Innovare"，译义为"更新、变革、制造新事物"。1912年，经济学家熊彼特在其《经济发展理论》一书中首次提出创新概念，其定义是"生产要素的重新组合"，其宗旨是在经济领域中新技术、新发明在生产中的首次应用或科学研究成果的第一次商业化，其具体形式包括引进一种新产品、开辟一个新市场、取得某种原材料的新来源、采用一种新的生产方法或新工艺、引进新的企业管理形式。近一个世纪以来，由于创新活动的扩展和巨大作用，人们又把创新引申到其他相关领域，提出了制度创新、管理创新、知识创新等概念。

创造活动的根本特性在于其新颖性，无新颖性就不是首创，也就失去了创造的意义。创造的目的在于满足社会的需求，否则也就失去了创造的社会价值。尽管创新的概念首次出现在经济领域，但其宗旨是创造成果的延续和应用，是经济生产中的直接创造。因此，在创造的实践过程，创造与创新具有等同的意义和本质特征。

从上述概念中不难看出创意、发现、发明、创新与创造存在着层次性，是包容与被包容的关系。创意是感性思维中突发的灵感和顿悟，必须经过严格的检验或实施才能产生新颖的成果，通常表现为创造活动的起点或前奏。发现是以客观存在为前提的，经过探索研究产生创造性成果，是受客观条件或自然规律局限的创造活动。发明创造是以已发现的客观规律与事物为基础，以社会生产、生活所需的事物为目标，并以"全新"作为检验创造成果的标准。因而相对于革新，局部创造仍然有其局限性。至于创新，乃是将科学技术创造或科学发现所获得的规律性的知识应用于生产实践以创造出直接满足现实需要的新事物，从创造领域说，创新有技术创新和管理创新。从创造新颖性上，创新既可以是世界性的创造，也可以是地域性或部门性的创造；既可以是整体创造，也可以是局部创造。其突出的特点是创造成果的产业化、社会化过程。

美国创造心理学家泰勒提出的"创造五层次"的观点，同时也是依照产品性质和形态的一种分类方法，对创造实践活动具有全面的指导意义。其具体分类如下。

第一层次，表露式的（Expressiveness）创造。其含义是指创造即兴而发，但却具有某种创意的行为表现，如即兴表演、有感而发等。

第二层次，技术性的（Technical）创造。其含义是指运用一定科学理论、原理和思维技巧，针对解决某些实际问题而进行的创造。技术创造的实质过程是创造主体通过知识、技能、工具的作用，改变客体的性质与形态的实践过程，如物质功能单元的重新组合、原有物质形态的改变，通过建立新结构从而获得新的物质成果的创造，如多功能洗衣机、新造型汽车、后置发动机汽车等都属此类创造。

第三层次，发明式的（Inventive）创造。其含义是指在已有事物的基础上，产生出与以往有过的事物全然不同的新事物的创造。所谓原有事物的基础，可能是提供理论基础、原理基础、材料基础，而非同一性质的事物，如作为第一个发明出现的收音机、电视机、计算机等。发明性创造与技术性创造的区别在于，发明式创造生产出的产品的性质或功能是全新的，而技术性创造仅仅是对已有产品的结构性或功能范围等进行了技术性改进或创造的结果。

第四层次，革新式的（Innovative）创造。其含义是指不仅在旧事物基础上产生出新事物，而且是在否定旧事物或旧观念前提下，造出新事物或提出新观念的创造，如以数控机床代替普通机床。革新式创造与发明式创造区别是创造主体在熟谙旧事物、旧观念的基础上，对"未知"进行深入探索，产生出与原有知识体系完全不同的新事物、新观念，如用无性繁殖（克隆），打破了有性生殖的旧观念来繁殖动物。需要说明的是，这里所讲的革新或创造的内涵与过去国内"技术革新"式的创造是有本质区别的。

第五层次，突现式的（Emergentive）创造。其含义是指创造与原有事物无直接联系，突然产生出新观念的从无到有的创造，这也是泰勒使用了 Emergentive（深奥的）一词的原因。一些重大科学发现等就属于此类创造。实现式创造与革新式创造的根本区别在于，它并不完全是变革式改造旧事物、旧观念的结果，而是以一种全新的观念和全新的认识，揭示或发现前人根本无知的新事物或新规律，如 DNA 双螺旋结构的发现即属此类。

其次，教师需要了解系统观思维。

20 世纪初发生的物理学革命，以及 20 世纪中叶风靡全球的系统科学潮流，从整体上导致了机械论的衰落和系统观的兴起。这是当代最重要的变化之一。

现代科学思维方式是以系统观为主导的。那些以分析特定类型的系统为己任的新兴学科和分支得到异常的快速发展，在许多科学领域都涌现出这类研究方向，并成为当代科学发展的前沿。浏览一下各个科学领域，就会得到极为深刻的印象：系统科学已成为主导科学，系统观也已成为主导的思维方式。统观微观和宇观各领域的研究就会发现，生物学早就试图把自己的研究的客体看作系统，生命系统被定义为自组织系统。作为自然科学的基础学科——物理学，也把自己置身于系统运动之内。随着物理研究，从孤立系统到开放系统，从平衡态到非平衡态，从线性系统到非线性系统的发展，出现了耗散结构理论和协同学等物理学前沿学科，这些新兴学科不仅突破了传统物理学领域，而且本身就是一种研究一般复杂系统的系统理论。在数学中，突变理论的核心思想是有关系统的结构稳定性问题，突变理论对质变方式的研究是系统控制论的延伸。在心理学中，系统思维方式也较早得以广泛采用，受格式塔心理学所讲的"完形"心理系统的转换理论的启发，美国著名科学哲学家库恩提出在科学发展中规范的嬗替作用模式。美国科学家奎因提出的"整体性科学观"，也与此有关。著名瑞士心理学家皮亚杰的"发生认识论"，阐述的也是有关智力在不断建构过程中系统发展的观点。他借助儿童心理学研究的成果类比说明在认识发生问题上，认识的外源因素与内源因素的双向作用。格局或结构是人类认识事物的基础，通过同化和调节这两种适应外界刺激的形式，新的格局得以建构起来。建构理论以这种"被建立的"和谐，取代了传统的宇宙与思维之间"先定的"和谐。

微观和宇观领域的研究也表明，生命运动和社会运动的研究所涉及的不是单一物质运动形式，而是许多物质运动形式的关系和相互作用，涉及所谓"大系统""大科学"的问题。现代科学揭示了自然过程的整体性、地球的整体性、社会的整体性，也揭示了随着生产力的发展和社会的进步，出现世界政治、经济、文化发展的整体性，科学技术及其发展的整体性。显然，面对上述复杂的大系统，经验思维和分析思维是无能为力的，采用系统观代替机械论观点思考问题才是解决问题的最佳途径。

综上所述，系统科学不仅作为主导理论已渗入当代各门科学研究领域，而且也表明系统观是既适用于研究客观世界，又适用于研究人类认识的重要工具，已经成为现代科学思维方式的主导因素。教师在开展综合实践活动过程中，需要了解系统观思维，并用系统观思维指导综合实践活动。

再次，综合实践活动教师需要掌握创造性思维方式与方法。

人是如何思考的？人的精神生产是怎样进行的？科学研究表明，人是按照一定的方式思考的，人类大脑的活动、人的精神生产总是通过一定方式进行的。这就是思维方式的问题。"思维方式就是人的大脑思考问题的方式。大脑对信息进行加工活动的方式。从人类认识的角度,思维方式是人类精神生产的方式。"

思维方式是脑的机能与语言、符号、文字、信息、观念、判断等思维要素及其关系的统一。这种关系形成一定的思维结构、思维方式,是思维功能和思维结构相互作用的统一。

思维是客观物质存在的主体反映,思维过程本身是在一定客观条件中生长起来的,它本身是一个自然过程。没有客观事物(客体)的存在也就没有思维过程。因此可以认为,人的思维方式是以客观条件为依托的,是随着历史的进程形成和发展的。

人类思维的形成和发展,首先是由大脑发育决定的,思维活动促进科学、技术、社会生产力与社会的发展。同时,大脑的发育及其机能也不断完善,由低级到高级,由基本部分支配运动和直觉机能,到大脑皮层的不断发育,形成抽象思维的功能。也就是说,人的思维方式发展的自然过程,同大脑发育的过程相关。

人类思维发展,同社会生产力发展特别是科学技术进步相关。客观条件的发展为思维提供了关注的对象,也扩展了思维所面对的空间。恩格斯指出:"人的思维的最本质和最切近的基础,正是人所引起的自然界变化,而不单独是作为自然界,而人的智力是比例于人学会改变自然界的状况而发展的。每一个时代的理论思维,都是一种历史的产物,它在不同的时代具有完全不同的形式,同时具有完全不同的内容。因此,关于思维的科学,也和其他各门科学一样,是一种历史的科学,是关于人的思维的历史发展的科学。这一点对于思维在经验领域中的实际运用也是重要的。因此,首先,思维规律的理论并不像庸人的头脑在想到'逻辑'一词时所想象的那样,是一种一劳永逸地完成的'永恒真理'。形式逻辑本身自亚里士多德以来直到现在仍是激烈争辩的领域。而辩证法直到今天也只有两位思想家曾做过较仔细的研究,这就是亚里士多德和黑格尔。然而对于现今的自然科学来说,辩证法恰好是最重要的思维形式,因为只有辩证法才为自然界中出现的发展过程,为各种普遍的联系,为从一个研究领域向另一个研究领域过渡,提供了模式,从而提供了说明方法。"

在人类思维活动中,人们总是按一定的观念思考,构成主导性的思维方式。思维的根本功能在于解决问题。没有积极的思维,就没有科学的发展和社会的进步，也可以说没有思维就没有人类和人类社会。要实现创造创新，就要以掌握创造性思维方式与方法为前提。在工程技术领域还要掌握实现发明创造所需的创造原理和技法，建立有针对性的技术系统。

对于教师，尤其是基础教育领域的教师来说，专业背景是以自然科学或社会科学某一科学学科为基础的，工程技术所需要的基础理论课程在教育类专业中是没有的，因此，介绍发明创造所需的创造原理和技法以及技术系统也存在很大难度。本书对于这部分内容不进行展开介绍。而对于教师需要掌握的创造性思维方法、问题意识则是本章和接下来要介绍的内容，掌握这些知识对开展教育创新实践活动有很好的辅助作用。

能思维、会思维，更重要的是如何形成更好的思维，以提高思维的效果和效率。思维方式方法，是几千年来人们在实践中淀积的智能规律与方法，也是教师必须掌握的。

生产力发展和科学技术进步与思维方式发展具有一致性。按照科学技术与生产力发展的历史轨迹，占主导地位的思维方式，有四种主要形式：直觉思维、形象思维、逻辑思维（也称分析性思维），以及以非线性思维和整体性思维为代表的系统性思维。

思维形式的发展，同样有其自身的规律。直观思维—形象思维—逻辑思维—系统性思维也经历了由感观到形象，由形象到理性直至系统性，由外而内，由局部到整体系统的递进式发展过程。虽然主导思维的位置发生了变化，然而系统思维在思维过程充分融入了逻辑思维等的思维方式，使思维更为完善。因此，教师在掌握系统性思维的基础上还需要掌握其他创造性思维丰富综合实践活动体系，具体地说，教师需要掌握直觉思维、形象思维、逻辑思维、多向思维等创造性思维。

最后，综合实践活动教师需要问题意识及发现问题的能力。

问题是个司空见惯的词汇，人们在日常生活、社会活动或工作中总会遇到这样或那样的问题。因此，也就必须不断地回答问题或解决问题。培根有句名言：如果你从肯定开始，必将以问题告终；如果从问题开始，则将以肯定结束。而贯穿这句名言因果关系的中间环节是一个复杂的思维过程。物理学家波普尔也有过英明的论断：科学始于问题。问题是触发思维的起点，而解决问题又是思维的成果。问题是智慧的迷宫，探索问题才能获得新知识，丰富智慧，发展潜能，走向成功。也可以说，问题是思维的动力、目标，也是思维的产物，因为思维发现问题、界定问题。由于问题与思维有着难分难解的关系，因此综合实践活动教师研究思维和掌握创造性解决矛盾的方式方法帮助学生提升劳动及综合素质首先都要从问题开始。

在具体的工作中，综合实践活动教师需要掌握问题的分类及主要特征、发现问题的途径与方法，并在此基础上做好综合实践活动创新实践活动选题工作，并通过开展信息收集，运用适合于综合实践活动的创新技法，全面提高综合实践活动成效。

第二节　理解生产实践系统演化中创新推动综合实践活动

全面系统地看问题是马克思主义哲学的重要原理，生产实践是创新创业的基础，用正确的哲学思想看待生产实践系统的演化是实现创新知识讲授与综合实践活动结合的有效途径。

一个产品或物体都是生产实践系统的产物。系统由多个子系统组成，子系统由零件、部件，甚至元素构成，并通过子系统原理结构的相互作用来实现一定的功能。以大系统观论，系统处于超系统之中，超系统是系统所在的环境，环境中其他相关系统可以看作超系统的构成部分。

生产实践系统的进化是指实现系统功能的技术从低级向高级变化的过程，不管客观规律是否已经被创新者所认识，进化都必须遵循客观规律进行。认识和掌握系统进化的客观规律将有利于生产实践系统的进步，以提高生产实践系统水平和产品的开发能力，提升产品的竞争力。

生产实践系统的进化决定于其自身的成长、变异和环境的选择。环境变化改善了系统功能建构的基础条件和需求应用范围，对系统的进化影响更为显著。任何系统的进化机制可以归结为正、负反馈的某种往复循环过程，正反馈是系统变异产出的条件，而负反馈是系统变异稳定的条件，只有通过"正反馈—自生成"和"负反馈—自稳定"反复循环，系统的变异才能经选择而稳定存续下来。这一点也支持了系统是循序渐变进化的理论。生产实践系统进化的逻辑结构主要取决于其内部各子系统之间的相互作用，也受更大系统环境内外相互作用的影响。相关事物之间不平衡是常态，平衡是趋向。工艺进化也就在子系统间或大系统环境的相关关系和条件作用下，在平衡与不平衡间循环变动，螺旋上升以形成生产实践系统的进化。在综合实践活动中融合创造创新内容可以从如下三个方面入手。

一、理解生产实践系统进化过程

生产实践系统的进化规律是由创新者所掌握的工艺特点及生产实践系统本质特性所决定的，并贯彻其发展进程的始终，有总结过去、指引未来的双重作用。生产实践系统的进化受到客观环境的制约和人的主观能动性的影响，形成循序变化和突变两种机制，但是其演化机理是客观的，也是不以人的意志为转移的。因此，深入了解生产实践系统进化的理论与规则，是从事创造与创新活动不可或缺也不可回避的问题。

通过生物进化与生产工艺进化法则的类比，可以认识到生物进化是通过遗传变异和自然选择进行的。基因变异是进化本体的内部因素，而自然环境则是影响进化的外部因素。生物进化当然也包括人类的进化。生产工艺是人类征服和改造自然最基本，也是最重要的手段之一。生产工艺进化，也同样存在内部和外部两方面的影响因素，并可以划分为主观和客观两方面，客观的外部环境包括自然环境和已参与了主观因素的社会环境，客观的内部因素则是事物的自然特性和科学规律。主观因素则是社会的基本需求与人的主观意识和直接参与。这种人的参与，既表现为生产工艺的进化形式，也表现为生物的改良和异变。下面将就生产实践系统中的进化法则进行分析。

（一）以功能为基础的生产实践系统演化

生产实践系统的存在以需求功能为目的。功能的实现过程必须符合自然规律，也即得到了科学原理的支持。系统的功能原理是客观存在的，并不以人们是否已经认识到这种原理的内涵为存在条件。违反科学原理的系统功能是不可能实现的，如永动机。因此，可以认为系统功能原理即是系统演化的基础。

钻木取火与轮子应用是人类科学史具有重要意义的两项活动，是展现了科学原理——功能原理应用的典型事例,作为"縻母"的技能演化进程。

发现"天火"造就的熟食和用火是人类文明史上重要的里程碑,当自然火保存火种的方式已无法满足生存的需求时,掌握取火技术便成了当务之急。在生产劳动实践中,人类得以掌握"钻木"与"撞击"两项取火技能。钻木(以木钻石或钻木)的原理是摩擦生热(物理原理)和可燃物质达到燃点后自燃(化学原理)两项科学原理的融合。木材通过摩擦力转化的热能,首先碳化降低燃点,并在热量达到燃点后燃烧,达到了取火的功能。

以冲击力为能量转化媒介使物质自燃的取火功能原理与取火方式的技术,是使用比较久远的一种生产实践系统,其原始的技术过程是以石块击打燧石(俗称火石)或含有燧石成分的石头来实现取火功能的。燧石中含有稀土元素铈、镧等,属于易燃金属,在冲击力作用下产生碎屑;因其表面很大,与空气接触即可燃烧并释放出大量热量——即火花及颗粒达到高温炽热状态,迸出的火花点燃易燃物达到取火功能。

冲击取火技术是沿用比较久远的一种取火技术,直至火柴出现前,也在不断地演化,最早的演化方式是铁刀取代了石头以增加打击力强度和耐磨性,并以碳化棉(火绒)作为易燃物以降低燃点,取火更为容易。

火柴的发明改变了几千年的取火方式,其进化表现为摩擦表面与可燃物质的改变——用不同颗粒度的砂纸取代了木材(或石块),而对应的摩擦兼易燃物用黏结有易燃的磷、硫黄、石蜡的细木棒(一般为白桦)所取代,而取火技术的基本功能原理却没有改变,并足以彰显取火技能演化的"縻母"特征。安全火柴则是以磷(红磷)砂纸取代了石质砂纸,实现易燃物的结构转移,以避免一般火柴在粗糙表面均可取火的安全隐患。

打火机作为一项实用的取火产品,采用有齿摩擦轮使燧石颗粒更加细化、易燃,而燧石也被人造燧石所取代,增加了稀土金属的含量,更易于火花的产生和集聚;易燃物则使用燃点更低的汽油、燃气,实现了取火的现代化。这里,必须要指出打火机取火的基本功能原理并没有改变,其只是通过分功能的演化与科学化,提高了取火的技术含量与质量,提高了功能效率。所以,原理不变,工具和技能进步是生产实践的重要途径。

轮子乃至车辆的应用是人类历史上又一项重要进步，也是科学原理应用推动工艺进步的典型案例。轮子的应用是从古保持至今的一项技术，已有6000余年历史。通过实践中的认识和经验总结，使轮子的应用进一步扩大，主要有三个方向，即行走机械、动力机械与加工机械。

古人移动重物是在支撑面上用人力直接拖曳完成的，滑动的摩擦力过大，费时、费力、功效也太低。在重物下垫上圆木（滚杠），由滑动摩擦转变为滚动摩擦，不仅省力，"功效"也大为提高。最早的滚动技术是一根根整体的圆木（滚杠），虽然起到减少阻力的作用，但也出现圆木直径小，大圆木使用不方便等矛盾。将大型圆木锯成饼形，便成为轮子的雏形。把两个轮子中心掏空，中间穿上细一点的圆木轴，代替滚杠进一步达到省力、便捷的目的。在轴上装上平板则成为"车"。这也就成为轮子作为实用技术的起源。考古学家发现，约公元前4000年，有轮子的运输工具（车）在美索不达米亚平原被发明，在很短的时间内便得到迅速传播。人力车、畜力车用于战争、运输长达近6000年，直至生产出汽车、火车，而轮子的功能基本是一致的，这不能不说是技术历史的奇迹。

轮子滚动是通过外力（推或拉）与支撑面（地面等）的滚动阻力形成的作用转矩实现轮子滚动的，是以基本力学原理为技术基础的。如果引用"麋母"概念，轮子的性状——形状才是"麋母"，是技术进化的"根本"。至于轮子的尺寸、结构则是系统结构的问题，仍然在不断进化之中。

轮子的结构进化引起性能的变化，而与车厢的结构变动的相关性并不十分重要。例证表明，应用同种功能原理的生产实践系统，由于外界自然条件、工艺条件、新知识、工具的产生等需求环境和需求欲望的变化，生产实践系统也在不断地演化。具体有以下几种方式。

第一，系统（子系统）结构的改进、完善促进生产实践系统的演化。

车轮子自身的结构演化更为明了和直接。最原始的轮子为整体切断的圆木制成，不仅笨重而且不圆，使用功能和性能受到影响。为了使用需求，轮子的结构首先由整体轮改进为拼装轮，使圆度得到改进，对原材料的选择也得到了较大的适应性。轮子（车轮）进一步进化为组合结构：由轮毂、轮缘、轮辐（含辐条辐板）组装而成，增强轮毂强度的同时也起到减重作用。随着新材料新技术的产生,轮毂内嵌装了金属套并在轮轴嵌入金属条(间断、均匀分布),演化为初级滑动轮承,继而为滚动轴承所替代。轮辋结构中,在轮辋表面加装了金属辋,增加了轮辋强度和耐磨性。随着橡胶材料的使用,金属辋为胶车胎和充气胶车胎取代,完善了车轮结构,也增加了轮子附着性(轮表面有花纹)、耐磨性和减振性。

上述例证显示了单一功能基本结构随需求、材料、工艺等环境条件变化而产生相应的进化。在复杂的生产实践系统中,由更复杂的结构变化而带来的功能性提高与进化,也是一种较为普遍的生产方式进化形式。

第二,生产实践系统材料的替代促进了生产实践系统的演化。

随着生产与科学技术的发展,新材料层出不穷。作为系统输入的物理材料的替代,使系统功能的性质、效能不断地改善与提高,是生产实践系统演化的又一种形式。

打火机在系统原理不变的情况下,以天然气取代碳化棉乃至汽油,使取火技术由低级步入高级;以橡胶充气轮胎替代刚性轮胎不仅提高了其附着力、驱动性,也改善了车的减震性,并为提高车速创造了良好的条件。上述变化自然也带动了生产实践技能的进步。

第三,先进的工艺性是促进系统演化的又一项重要原因。

一个切实可行的科技原理和接近完美的结构设计要实现系统的良好功能,必须以先进的生产工艺为依托,由能工巧匠实施才能实现和不断地向高层次演化。

例如,打火机的小型化、便捷化就需要储气机体和出气口的密封,操纵打火、喷气协调问题都须有精密加工的工艺保证,这些都要有创新者去实现。有时汽车行驶中,风阻占动力消耗的 50%~70%(随速度变化而变化),减少风阻需要流线型等良好的造型,这并非只由车身设计所决定。好的造型,必须有良好的冲压工艺为依托和保证,只有掌握先进的工艺技术,才能保证车辆生产实践系统不断地优化、推陈出新。

第四,子系统进步引起的生产实践系统演化。

生产实践系统功能原理与主体功能结构不变的情况下,对个别子系统的功能原理与结构的改变,是生产方式进步的又一条可行的途径。例如,在汽车传动系统子系统中采用液力变矩器与行星变速系统,取代机械离合器与分级有机齿轮变速,即可减少变速时的冲击与操纵的复杂程度,无疑是汽车制造的有效演化。

(二) 技术转移中的生产实践系统演化过程

一个生产实践系统的进步与完善都是有目的、有针对性的,一般限于一定的领域甚至一个相对较小的应用范围。所谓技术转移是根据系统日趋完善的功能及其结构直接或稍稍改动、调整应用其他领域发挥功能作用,并继续发展的一种生产实践系统演化方式。技术转移是在人的主观参与引导下进行的,是建立在对客观环境的观察证实与实践经验基础上。生产实践系统转移演化有以下三种主要方式。

1. 产品功能演化

产品进化与生物进化最大的不同点在于产品进化有人的主观参与和引导,而人的主观参与引导并非异想天开,而是建立在对客观环境的观察认识所积累的知识与经验基础上的。以轮子为例,产品功能演化主要表现为以下两种形式。

(1) 作为动力转换的轮子"功能"的演化。从表7-1可以看到,加任何一种外力都可以使轮子转动。流水是一种自然动力,水轮也就成为轮子的另一种生产实践系统结构,而其功能却是实现动力的传递。

水轮是在轮辐边缘固定叶片的一种结构,通过流水的功能冲击叶片使轮子转动,并由轮轴输出转矩以带动其他机械系统做功。

水轮也是一种古老的工具,水轮的异变体现在叶轮及叶片结构改变、外动力介质性能改变等方面,并由叶轮不同结构与不同动力介质的组合产生进一步演化。

表7-1 外力与轮子转动关系

叶片形式	动力			
	水动力	蒸汽动力	燃油	空气动力
经向叶片、螺旋叶片	水轮机、水力叶轮机	蒸汽涡轮机	涡轮喷气发动机、内燃油涡轮机	风车

(2) 作为加工技术"轮子结构功能"的演化。轮子的旋转运动特性,作为加工系统首先应用陶瓷器具(毛坯)成形这一古老的工艺。陶土毛坯在轮上同轮子一起旋转产出径向离心力,操作者用手对泥坯施加适当的作用力,同时并向上沿着预定陶制器具形状(母线轨迹)移动制成毛坯,经烧制而成陶器。这种

应用于陶、瓷制品的旋转制坯技能一直被沿用到现在。按照器具基本成形原理，制坯转轮逐步演化为木工旋床，金属加工机床。

2. 工具结构演化

成熟的结构，无论是元素还是组件都有其相广泛的应用范围，如轴、曲轴、偏心轴、凸轮轴、曲柄连杆机构、偏心连杆机构等都在转移技术领域发挥有效的功能效用。这便是技术结构演化的现实反映。

轮子的单体应用于动力的传动工具，其也在不断地进化，由最早应用于中间传动的绳轮、圆柱形齿轮，如图7-1的牛转翻车，发展为皮带轮、链轮、齿轮等，也体现了技术进化的多样性。

图7-1 牛转翻车

3. 生产实践系统功能扩展演化

一些生产工具系统是为某些生产实践目标研制开发，并经实践所验证成为经典的生产工具，如各类机床、粉碎机等。随着人类生产生活的需求范围扩展，将典型的生产实践工具稍稍改进即可演化为适应其他领域的生产实践系统。例如，根据机床"球"加工等技术制成的苹果削皮制瓣机，根据粉碎搅拌技术研制的家庭用豆浆机、搅拌机等，均使原有生产实践系统实现了扩展演化。

二、掌握生产实践系统进化的基本原则

生产实践系统进化过程中，创新者有时可以通过生产技能和工具进化实现生产技能的提高。这个过程中应当关注如下的基本原则。

（一）生产技能进化中的自我增长原则

生产技能本身是为满足社会需求用以改造自然（含人工自然）的重要手段。而对于具体技能也有明确的需求，两者各自需求的目的是有区别的。社会需求通常是原则性的、定性的，掌握生产技能目则是具体的、明确的，甚至是有定量指标的。生产实践的目的与生产技能之间存在矛盾是客观的必然。

技能的发育有其内在的根据和机制，因此创新者是原动者，创新者技能的自我增长决定于内在矛盾机制。内在矛盾主要表现为生产目的与手段的矛盾、继承与创造的矛盾、结构与功能的矛盾、专门化与综合的矛盾、规范与实践的矛盾等，这些内部矛盾也就构成了创新者技能发展和进步的原动力。对于生产技能发展进化，生产目的与生产手段等相互作用、相互转化导致了创新者生产技能本身的自我增长。

应用这一法则促进生产提升应注意以下问题：一方面，生产目的不能脱离生产手段，两者必须相互依存、相互制约；另一方面，生产目的的合理性、可行性与生产手段的完善性、有效性互为依存。

（二）进化的连续性原则

生产实践的本质是根据需求完成某种功能。当需求功能不变的情况下，随着环境及需求品质要求的不断提高，生产实践系统进化则保持连续的变化过程，即在满足基本功能的情况下不断提高品质，而产生连续性的进化过程。

如锤子是用来粉碎（脆性物）和锻打（韧性物）的，以使被作用物体产生整体变形（尺寸或性状改变），这一过程中是用冲击力来实现系统功能的。古人最早使用石锤，为了增加打击力，改造为加柄石锤。当有了金属材料后，石锤进化为金属（铜、铁）锤，为了适应不同的打击需求，在锤部头的结构发生了性状变化。锤的进一步发展是由机械动力、流体动力代替了人力操作，演进为由偏心轴、曲轴带动的机械锤，以及由高压空气或蒸汽为动力的空气锤和蒸汽锤。

（三）创新者所使用的工具进化的多样性原则

如果说进化的连续是根据科技的进步、功能的需求提出更高的要求，使生产实践所使用的工具向复杂、高效发展，那么，进化的多样性则反映了根据需求的广泛性，向适应性与专业化发展和进化，反映了同类系统近似功能类型应用多种技能的发展趋势。

工具的多样性可分为纵向和横向两种进化趋势。现以运输生产实践系统这样一个庞大的体系来说明。

运输生产实践系统的基本功能是运送人和物，早期运输只有水上和陆地两种方式。运输工具可以包括人、畜、车辆、船舶，原动力除人力、畜力外，尚有风力、水力。随着科学技术的发展又出现了火车与飞机，原动力机也逐步为蒸汽机、内燃机、电动机、燃气轮机所取代，先进的磁悬浮列车采用的则是先进的电磁原理，这也是车辆原理一次质的突变。运输生产实践系统作用力分析如表7-2所示。

表7-2 运输生产实践系统作用力分析

运输工具	支持力	阻力	驱动力	类型
汽车	地面支持力	地面阻力、空气阻力	电动机、内燃机	客车、货车、特种功能车辆
火车	地面—铁轨支持力	铁轨阻力、空气阻力	蒸汽机、电动机、内燃机	客车、货车
船舶	水浮力	水阻力、空气阻力	蒸汽机、内燃机、风力（帆）、水力（桨、橹）	客船、货船、特种功能船舶
飞机	空气浮力	空气阻力	内燃机、涡轮喷气机	客机、货机、直升机、特种功能飞机

环境对系统的共同作用包括支持力、支持面阻力和空气阻力，为系统在保证适应环境的同时达到行进的目的，这就要求系统具有相应的特性与功能。

以船舶为例：船舶应用阿基米德原理制成中空适型结构（一般为流线型），利用水的浮力浮于水面，在桨、橹、帆、轮机驱动下，在水面上沿纵向前进实现运送人或物的功能。而船舶具体样式的差异，也对使用者提出不同的操作技能要求。

三、理解"洋为中用"，促进创新教育与综合实践活动融合

在全球一体化的时代研究创新、推动创新，就要研究中国与世界的关系，把其他国家的先进理念、知识、技术、方法应用到中国的创新实践活动中去，这就是"洋为中用"。

要实现"洋为中用"推动创新，就要正确理解"洋为中用"的内涵，分析"洋为中用"的应用范畴，这是对于大学生"三观"的要求。

1964年，就读于中央音乐学院音乐学系的二年级学生陈莲，关心国家大事，思考了一个问题：京剧界出现了前所未有的新气象，走在了文艺革命的前列，音乐界怎么办呢？基于思考，陈莲给毛泽东主席写了一封信，反映了学院存在的问题和自己的看法，并希望音乐教育也要革命化，跟上这热气腾腾的新形势。

陈莲这封信发出后，中共中央办公厅秘书室将信的内容摘要刊登在1964年9月16日编印的《群众反映》第79期上，题目是《对中央音乐学院的意见》。毛泽东主席从这期刊物上看到陈莲信的摘要，认为信写得好，正符合他当时领导的社会主义教育运动的大方向。当年9月27日，毛泽东主席决定将这封信反映的问题，批给主管意识形态的陆定一去办理，并在这个刊物的空白处给中央书记处书记、中宣部部长陆定一写了下面这段批示文字。

> 定一同志：
> 　　此件请一阅。信是写得好的，问题是应该解决的。但应采取征求群众意见的方法，在教师、学生中先行讨论，收集意见。
> 　　古为今用，洋为中用。

毛泽东主席关于陈莲来信摘要的批示，是目前从文献资料上可以见到的最早的关于"洋为中用"的表述。这里所谓"洋"一般泛指外国的，外国来的。因此，"洋为中用"意思是指批判地吸收外国文化中一切有益的东西，为我所用。

在面对"洋为中用"的理念的时候，人们往往会首先想到另外一个观点——"中体西用"。"中体西用"是"中学为体，西学为用"一语的缩词，是洋务派思想家与实践者对待中西文化的总原则，甚至有人认为这两种观点有很多相似之处。因为，两者都强调了"中"这个主体的作用，不同点在于论述所处的时代和阶级立场。

笔者认为，除了时代和阶级立场不同，两者还有一个差异就在于"西"和"洋"的区别，"中体西用"中的"西"指的是所谓"西学"，也就是西方的科学体系；而"洋为中用"的"洋"可以泛指一切外国的、外国来的事物。这里就蕴含着两层含义：第一层含义，这里的"洋"不仅包括科学技术，也包括一切可以为中国发展所用的先进理念、知识、技术、方法；第二层含义，这里的"洋"不仅包括西方国家，也包括一切国家。

不仅如此，"洋为中用"与"中体西用"另一个重大区别，在于两者对于外来事物的接受程度。

"中体西用"坚持"中体"，也就是"中学为体"。这里的"中学"指以三纲八目即明明德、亲民、止于至善；格物、致知、诚意、正心、修身、齐家、治国、平天下为核心的儒家学说。相对应地，"西学"指近代传入中国的自然科学和商务、教育、外贸、万国公法等社会科学。它主张在维护清王朝封建统治的基础上，采用西方造船炮、修铁路、开矿山、架电线等自然科学技术以及文化教育方面的具体办法来挽救统治危机。

"洋为中用"则是在不放弃中国传统优秀文化的同时，吸收一切国家的所有优秀可用的事物，而不是在思想领域抱着中国传统，一点也不借鉴和引进外来优秀事物。

中国选择了马克思主义思想，并把马克思主义思想与中国具体实践相结合，实现了历史性飞跃，本身就是意义重大的创新。

对于人类而言，不论是整体还是单一的个体都是一个系统。人类所处的自然界也是系统，科学技术体系则是人类建立起来的系统。创造创新活动更无法抛开系统而实现，研究系统与系统观思维是揭示系统理论本质的关键，也是开展创造创新活动的基础。

系统可以定义为：系统是由若干可以相互区别（独立）、相互联系而又相互作用的元素组成，在一定层次结构中分布，在给定的环境约束下，为达到整体目的而存在的有机集合体。系统本身往往又是它所从属的一个更大系统的组成部分。由于系统概念是逐步形成的，并且对系统的认识也还没有结束，系统的概念还在发展。因此，对系统概念的理解应持发展的观点。

任何事物都是系统和要素的对立统一体，系统与要素的对立统一是客观事物的本质属性和存在方式，它们相互依存、互为条件，在事物的运动和变化中，系统和要素总是相互伴随而产生，相互作用而变化。

1992年年初，邓小平在发表南方谈话时提出著名的"三个有利于"的论述，成为中国改革开放的指导思想。"洋为中用"理念中的"洋"恰恰体现出系统的综合性，"洋为中用"思想时刻提醒着创新者，只要是好的、正确的都是可以引进的。中国把马克思主义思想确立为指导思想，就是因为马克思主义思想符合中国国情，符合"三个有利于"。而实现马克思主义中国化，恰恰是"洋为中用"不断创新的表现。

从根本上说，人类社会是从自然界发展起来，属于自然界的部分。但从另一个角度，在社会的生产活动中，自然界又是人类开发的对象，它又"隶属"于人类社会。表面看来，自然界与人类社会是你中有我、我中有你的镶嵌关系，而实质上是表明应当区分的两种"自然界"的概念，包括人类社会和人类自身的自然界，可称为"广义的自然界"；而作为人类开发对象的自然界范围较为狭隘，称为"狭义的自然界"。逻辑上狭义的自然界不应包括人类自身，而是人类的生存环境，人类的自我开发，如智力、能力、体力等，尤其是智力开发，本质上是发展，和向自然界索取性开发，如开采矿物等，意义是不同的。狭义的自然界，不等于已开发的自然界，而是"要开发"的自然界，如海洋、宇宙空间等。

因此，"洋为中用"也就必然与上述内容的全部范畴密切相关。在确立正确的指导思想不动摇的前提下，"洋为中用"理念就可以为促进创新、推动国家各项事业发展作出贡献。

一个国家的发展需要技术，不断引进新技术并在此基础上进行创新实现技术进步，是一个在技术上落后的国家崛起的必由之路。这样，"模仿创新"就成为后发展国家和企业的必然选择，于是学者施培公先生对"模仿创新"给出如下定义："模仿创新是指企业以率先创新者的创新思路和创新行为为榜样，并以其创新产品为示范，跟随率先者的足迹，充分吸取率先者成功的经验和失败的教训，通过引进购买或反求破译等手段吸收和掌握率先创新的核心技术和技术秘密，并在此基础上对率先创新进行改进和完善，进一步开发和生产富有竞争力的产品，参与竞争的一种渐进性创新活动。简单地讲，模仿创新是后发者的创新。"

沿着模仿创新具体思路可以实现企业的发展。施培公先生这样论述："模仿创新的例子比比皆是，如家用磁带录像机是由索尼公司于1975年率先推向市场的，当松下公司意识到家用录像机巨大的市场潜力后，马上组织力量对索尼公司的Betamax牌录像机的结构造型、功能原理、工艺材料及其他技术参数进行全面剖析，并从中找出关键性的毛病：录像容量小，放映时间短。松下公司对此产品进行了模仿和进一步开发，不仅加大了放映时间容量，提高了性能，更使机型趋于小型化，并且在价格上低于索尼公司同类产品的10%~15%，销售量很快超过了索尼公司，占据日本录像机总销售量的2/3。再如1952年，创办不久的日本三洋公司看到洗衣机市场存在巨大潜力，而市场上出售的洗衣机性能却很不完善，质量也很不稳定，便打算生产自己的洗衣机。该公司从市场上购回各种不同品牌的洗衣机进行解剖研究，最后决定对英国胡佛公司最新推出的涡轮喷流式洗衣机进行仿制和改进，并巧妙地解决了专利权问题，于1953年研制出日本第一台涡轮喷流式洗衣机，并于同年夏天成批生产。这种性能优异、价格只及传统搅拌式洗衣机一半的崭新产品，一上市便引起巨大的轰动，为三洋公司带来了巨大的经济利益。"

对于一个国家而言，实现模仿创新有很多种路径可以选择。但是，在一个科学、技术、经济、生产都相对落后的国家，在开始发展自身经济时，以"洋为中用"为指导，采取引进购买型模仿创新是最能迅速取得效果的。对这个问题施培公先生这样论述："我国建国以来的发展历史已证明了这一点。早在'一五'期间，我国对苏联技术和设备进行了大规模的引进。在苏联专家的帮助下，我国工程技术人员对苏联技术进行了积极的消化吸收，对苏联的产品和设备进行了大规模的仿制和部分改进。这样的仿制对全面发展我国的工业技术体系，使我国的工业技术在短期内从一穷二白走向基本自立起到了十分重要的作用。改革开放以来，我国更是开展了大规模的技术引进，与此同时，引进基础上的模仿创新也在大量涌现。引进购买型模仿创新对我国若干支柱工业的发展和新兴产业的发展也起到了重要的作用。我国家电行业近年来的迅速崛起正是在引进基础之上大力推进模仿创新的结果。轿车工业也是如此，从20世纪90年代初开始，我国轿车生产厂家在吸收消化国外先进技术的基础上，尝试进行模仿创新，取得了一系列的成果，极大地促进了我国汽车工业的发展。如一汽集团在消化吸收美国、德国先进技术的基础上，推出了'小红旗'轿车，形成了自己的特色，其整车性能与'奥迪'相比并不逊色，而价格仅为奥迪100C3GP型车的3/4。该车一投放市场就供不应求，受到了市场极大的欢迎与关注。再如上海大众汽车公司在引进消化德国大众汽车公司轿车生产设计技术基础上，经多年国产化的努力积累了丰富的经验，掌握了轿车生产中的关键技术。从1992年开始，上海大众便在德国大众车的基础上联合巴西大众的设计力量，进行模仿创新，于1994年成功地推出了桑塔纳2000轿车。该车推向市场后，以其优良的品质、先进的功能设计而深受广大消费者欢迎，使我国轿车工业的发展上了一个新的台阶。"

在技术创新领域，创新者可以通过申请专利，以法律为武器保护自己的权利。但是，专利保护一般有一定范围，如图7-2所示。

现行的知识产权制度对率先创新的保护是不完全的，而且也不可能是完全的。侵权企业必须首先消化吸收受到知识产权保护的专利技术，在其获得技术要领后，在被保护范围之外的部分寻求技术突破。此外，由于处理专利侵权问题，必须要耗费大量的人力、物力、时间，要对技术发明实施更有效的保护，企业就必须形成自有的核心技术，即在生产或工艺流程等关键环节上保留一些技术诀窍（Know how），不申请有关专利，以免公开，如图7-3所示。

如果企业能将技术核心机密长期保持下去，那么它自身因此获得的利益的时间将远远长于专利有效期。这方面最著名的例子就是"可口可乐"饮料的秘密

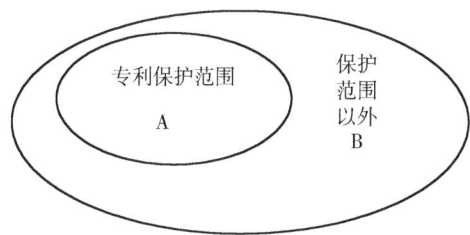

图 7-2 专利保护范围

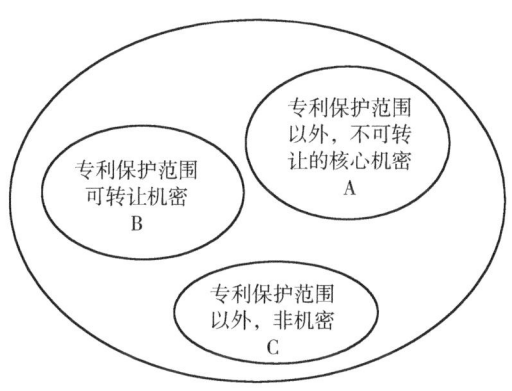

图 7-3 技术机密与专利保护范围

配方。在长达一百多年的过程中，该饮料的配方曾多次被改进，但它一直是可口可乐公司的最高核心机密，只有个别最高首脑才能接触到。可口可乐饮料的独特口感、风味和质量使其至今仍称霸于世界饮料市场。

作为一个模仿企业，以合法手段获得 A 部分技术、B 部分技术均是可能的。但是，以不合法手段获得 A 部分技术要比获得 B 部分技术难得多。模仿企业可能通过"反求破译"的方式，由 C 部分信息获得 B 部分技术或设计思想，但要获得 A 部分技术或设计思想"反求破译"的难度必然加大。这样，发明保护的风险就会随之降低。

"洋为中用"是实现创新的基础，但是，创新者要时刻提醒自己要实现"中用"就需要不断创新，形成自己的核心技术，这样才能够实现追赶甚至反超的目标。

虽然，实用主义思想在中国古代的生产领域影响很大；但是，这丝毫没有影响中国接受外来的物种和生产技术。以下中国历史上的创新实例就是比较典型的代表。

张骞两次出使西域，接触到各种充满异域风俗的生产生活信息，带回许多有特色的物产，同时也包括很多食物。这些物种的传入并逐步本地化，丰富了中华食物和药材的宝库。

汉代从西域传过来的物产有鹊纹芝麻、胡麻、无花果、甜瓜、西瓜、安石榴、绿豆、黄瓜、大葱、胡萝卜、胡蒜、番红花（藏红花）、胡荽（俗名香菜）、胡桃、酒杯藤以及很多药剂等，尤其是还有一些产量高、价格便宜的蔬果，这不仅丰富了统治者的生活，也让下层民众得到一些实惠。可以说，这是在农业生产领域的典型创新，物种的丰富本身就是"洋为中用"。

"洋为中用"在手工艺领域的典型案例就是珐琅工艺的引进到景泰蓝的产生。古代波斯帝国发明了古代珐琅工艺，这项发明通过丝绸之路传到了中亚国家，然后又传到中国。当被称为"佛郎嵌"的西亚珐琅艺术传入中国后，与中国固有的青铜、玻璃、釉料、陶瓷、掐焊丝镶嵌、金银器等多门技艺结合，在元末明初形成景泰蓝（掐丝珐琅）这种综合性艺术。

第八章 综合实践活动与体、美、劳融合

我国的教育方针强调"德、智、体、美、劳"全面发展，努力实现综合实践活动和德育、智育、体育、美育、劳动教育五方面工作的有机结合。在讨论综合实践活动与德育工作、创新人才培养融合之后，就需要讨论综合实践活动与体、美、劳融合问题。

第一节 综合实践活动与体育、美育有机结合

在艺术、体育等领域，劳动者的先天基础是能否从事这项职业的重要因素，这种先天优势很容易成为社会关注的焦点，文体明星成为很多人的偶像。在体育、美育工作中增加综合实践活动内容，更容易吸引学生，实现综合实践活动与体育、美育有机结合大有可为。

一、综合实践活动与体育有机结合

现代体育教育是现代教育的重要组成部分。现代教育理念的进步也对体育教育起到了促进作用，同时体育事业的进步也丰富了体育文化的内涵，为综合实践活动提供了宝贵资料。为此要做好两方面的工作。

1. 结合竞技体育教育理解体育劳动文化内涵

一百多年来，现代奥林匹克运动会已经成为世界上被人关注最多的一个社会事件。每四年一届的夏季奥运会和同样每四年一届的冬季奥运会，在带给人们高水平的比赛的同时也成了传播体育文化的载体。现代奥运会承载的体育文化是对

古希腊时代兴起的古代奥运会文化的继承和发展。每次奥运会的圣火采集仪式都会把全世界的关注聚集在雅典，传统奥林匹克的圣火采集，是一次形象生动的体育文化教育与传播活动。

"更高、更快、更强"的奥林匹克格言，"互相理解、友谊、团结和公平竞争"的奥林匹克精神，都充分体现出"为建立一个和平美好的世界作出贡献"的奥林匹克最终目的。体育教育的目的是帮助学习者在身体健美、均衡和体态端正的基础上达到意志品质高尚、身心尽善尽美的境地。这是体育教育尤其是体育文化教育的重要目的。现代竞技体育规则对于竞赛时间、竞赛流程都有明确规定。这样，体育活动的参与者就比较容易通过遵守体育比赛规则，养成遵守制度的习惯，通过参与团体比赛，养成团结配合意识、互助协作意识等团队精神，这种在体育比赛中养成的习惯逐步内化到人的行动之中，就可以逐步变成体育活动参与者自身人文素质的一部分，对于形成健全向上的人格意义重大。个体人格的养成对于职业生涯会有所帮助。而更多人素质的提升，是整体国民素质提升的基础。因此，可以说体育文化是大国民素质养成的重要组成部分。

体育文化特性与体育文化的形式密切相关。竞技体育文化，追求的是向人类极限挑战的过程，同时也会承载着为国家和团体争取荣誉的任务。为实现运动目标而忍受伤痛参加比赛获胜或完赛的例子不胜枚举。1968年墨西哥城奥运会的马拉松比赛，坦桑尼亚运动员阿赫瓦里在距离起点19千米处因碰撞而摔倒，膝盖受伤，肩部脱臼，但并未就此退出，而是一瘸一拐地跑到终点，赢得了全世界的尊重；在中国近现代体育史上，有为民族、国家而拼搏的运动员代表刘长春、容国团以及中国女排等。通过体育教学片的观看和教师讲授，学生不仅可以看到运动员取得成功的辉煌，也能看到运动员在训练中的艰辛。

"参与比取胜更重要"这句格言最早是美国一位主教提出来的。1908年伦敦举办第四届奥运会时，顾拜旦引用了这句话。后来，顾拜旦在1936年奥运会演讲时也说过："奥运会重要的不是胜利，而是参与；生活的本质不是索取，而是奋斗。"这一原则已被世界各国运动员和广大群众所广泛接受。体育教育可以帮助学生理解：奋斗精神是人类得以繁衍生息、繁荣昌盛的重要品质，是人类最伟大、最可称颂的内在力量。赛场的奋斗是人类奋斗的一个缩影，奥林匹克精神要求人们具有坚忍不拔的进取精神和克服一切困难的英雄气概。任何一个职业都是需要辛勤劳动才能有所建树，劳动的过程有时比结果更重要。

2. 结合养成正确体育锻炼观理解体育劳动者锻炼的意义

在一段时期里，有一种观点很有市场："体力劳动者每天工作所消耗的能量不少，因此，不需要再进行锻炼。"要应对这种观点，综合实践活动中就要引入人体医学知识，帮助学生理解，劳动只是部分人体器官参与，即便是体力劳动也不能完全调动全部身体部位参与。

群众体育文化则主要体现在体育活动给参与者带来的快感和美感，并给社会带来健康和活力，全面发展与和谐发展就成为群众体育文化的核心理念。中国传统体育文化和历史悠久、博大精深的中国传统文化密切相关，追求与自然的和谐是其真谛。中国传统文化认为健康和长寿的根本因素在于人体的内部而不在于外部，人可以通过与自然的交换排除身体内部的浊气、吸取真气、五脏通达、六腑调和。中国传统体育虽然动作简单，很少有强烈的肌肉运动却内涵深刻，重视自身修炼、追求内在和谐之美，是中国传统体育文化的精髓。

加强中国传统体育文化教育，可以帮助学生在养成锻炼习惯的同时理解中华文化博大精深。受中国传统文化的影响，中国传统体育在价值上表现出"中庸"的价值原则。在整个体育过程中，强调"养生化"的价值主线，不刻意追求外在的负荷与强度以及肌肉的收缩方式。力求通过养生，使人体与自然相互交融，汲取日月精华，天地灵气，而五脏通达，六腑协调。这是对西方体育价值取向上崇尚力量，力求通过体育达到肌肉与力量、速度的完美结合，在整个体育锻炼过程中，强调通过剧烈的大负荷肌肉训练，来塑造完美的人体形象理念的有益补充。中国传统体育文化中人与自然、人与社会和谐的思想，对于解决现代竞技体育领域出现的诸如"无道德竞争"等弊端意义重大。因此，可以在体育课程和校园体育活动中推广中华武术，并以此为平台开展"武德"教育。在教学和校园活动中，教育学生继承传统武德中的精华，把习武同发扬祖国灿烂文化、热爱祖国联系起来。培养学生强烈的民族自豪感，维护中华民族的尊严；有宽广的心胸，对人民要以礼待人，不恃武伤人，不以强凌弱；对危害祖国、人民利益的坏人坏事要敢说敢管，见义勇为；保持不盗名、不夺利、不保守，乐于助人的美德；尊老爱幼，尊师重道，对前人和长辈的著作和经验要虚心学习，认真钻研，努力学习技术，刻苦练功，培养慈、勇、智、恒的坚强意志，拥有良好的身体素质，文武双全，为社会作出更大的贡献。

二、结合艺术鉴赏教育与实践开展综合实践活动

艺术鉴赏教育是许多学校面临的新课题，构建一个相对独立又与原有教学体系相结合的学生培养体系是实现艺术鉴赏教育目标的关键。因此，笔者认为，从指导学生课外艺术鉴赏活动和组织优秀学生开展艺术实践两方面入手，促进学生成长是发挥教师专业特长、拓展综合实践活动空间的有效途径。

1. 指导学生课外艺术鉴赏活动，帮助学生认识艺术劳动

随着经济的发展，经济在文化事件中的影响力越来越大，一些不利于青年人世界观形成的事件经常被娱乐界热炒。如何在突发性事件出现的第一时间，向学生传播正确的理念，是学校教育工作者的重要责任。然而，一场美国小调的评选，可以成就数以亿计的利润，一晚没有营养的喊麦，可以囊括数十万元现金的打赏。赚钱无可厚非，可是，钱赚了，留下的毒瘤谁来买单？学生拼命地对着电脑练饶舌的问题谁来解决？学生的"偶像"出现劣迹，谁来负责给他做出解释？要解决上述问题，就要分析问题的根源，对学生开展全方位教育。

中国，历来不缺文化，但近代以来由于一段时间的落后，一部分中国人缺乏文化自信，其背后深层次的问题，是我们的文化表现方式出问题了，我们对传统文化的认知理解出问题了，我们对价值导向的把控程度出问题了，最关键的是我们的思想认识出问题了，我们对人民群众的文化服务出问题了。关注了不该关注的，支持了不该支持的，传播了不该传播的，给予了不该给予的，脱离了不该脱离的。

要建立文化自信，就要兼容并包，在这个过程中，就要整合多种力量、利用多种手段帮助学生建立文化自信，绝对不能把这个问题简单推给学生辅导员和思想政治课教师了事。让非艺术专业背景的综合实践活动课程教师完成对上述文化现象进行解读是有一定难度的。虽然在学生综合实践活动领域，艺术教育工作者不是第一责任主体，但是，艺术教育工作者完全可以利用自身的优势，通过指导

学生开展艺术鉴赏综合实践活动传播正能量。

要实现通过学生课外艺术鉴赏活动开展综合实践活动的效果，建设艺术鉴赏类社团体验艺术劳动是重要手段。学校内的学生社团组织是学生自愿组成，为实现参加者的共同愿望，按照其章程开展活动的非营利性群众组织。学生社团的活动以保证完成学生的学习任务和不影响所在学校正常教学秩序为前提；以有益于学生的健康成长和有利于学校各项工作的进行为原则。学生社团组织和活动的目的是活跃学校的学习气氛，提高学生自己管理自己的能力，丰富学生的课余生活。学生社团可以根据学校的不同情况，利用学生的课余时间，开展各种形式的活动，以交流思想，切磋技艺，互相启迪，增进友谊。

在当代学校中，一般由同级党组织授权团的组织对学生社团进行管理和具体的指导，学生会应该积极配合和支持学生社团的工作，丰富校园文化生活。同时，也要求学生社团必须自觉接受学校团委、各院系团委的领导，必须遵守宪法、法律以及学校各项规章制度。社团活动不得妨碍学校各类正常工作和教学、生活秩序。学生社团的会员应当是具有正式学籍的在校学生。学生社团应当适应社会发展需要，积极开展健康有益、丰富多彩的课外科技文化艺术活动，促进学生德、智、体、美、劳全面发展。然而，历史上有个别学校由于在社团管理上的疏漏，导致个别学生社团活动不规范，甚至出现接受一些不明身份组织资助，从事一些不利于学生成长的活动。个别学生社团的偏离轨道，导致一些学校的团组织为了避免隐患，大量审核批准一批娱乐性学生社团。娱乐性学生社团充斥学校第二课堂，看似风平浪静，实则对学生影响较大。一方面，我国教育发展迅速，使学生社团在职业学校和高等学校中的作用越来越大，同时基础教育阶段也通过学生社团丰富校园文化生活，第二课堂社团活动过度娱乐化，必然影响学校学习风气。另一方面，看似娱乐化的学生社团活动，也容易成为西方思潮和习惯传播的温床，"动漫社"学生身着带有典型日本暴力文化的服装行走于校园，"感恩节""万圣节""圣诞节"等大量带有西方宗教文化特点的节日庆祝成为一些社团的例行活动，这些现象必须引起学校教育工作者的高度重视。因此，开展学生社团活动帮助更多学生掌握艺术鉴赏方法，体验价值观正确、符合社会发展的艺术劳动实践活动，挤压对学生有负面影响事物在校内的空间，是符合时代发展的选择。

  艺术鉴赏类社团是学生社团的一个重要组成部分，在扶植学生艺术鉴赏类社团的过程中，应该讲究方法、寻求特色。在学生艺术鉴赏类社团建设工作中，要做好学生教育和实践活动两方面的工作。博物馆、美术馆、剧院等机构作为进行公共艺术教育的重要阵地是学校艺术教育的有益补充。充分利用上述资源开展艺术鉴赏活动，是帮助学生提高艺术鉴赏水平和介绍艺术家劳动规律，进而理解艺术领域劳动特点、树立文化自信的有效途径。然而，对于大多数艺术鉴赏水平的普通人，参观博物馆、美术馆时，如果选择自行参观往往难以理解很多艺术作品的内涵和创作过程。虽然很多博物馆、美术馆组建了志愿者讲解团队，但是也会出现志愿者讲解时间固定、在非讲解时间参观没有机会听讲解的情况发生。

  组织学生周末集体去文化艺术类博物馆参观并为学生进行专业讲解，可以为学生提供更加形象、生动的学习场所和学习机会。

  剧院作为一个城市传播文化艺术的场所和市民欣赏艺术的殿堂，代表着一座城市乃至一个民族的文化品位，除演出、服务、交流等传统功能外，开展公共艺术教育既是剧院本身发展的需要，也是政府建立公共文化服务体系的需要。剧院可以通过举办与演出相配合的拓展活动、艺术普及教育活动、公益活动、配合学校艺术教育的活动、走出剧院的活动等，进行公共艺术教育助力综合实践活动。因此，组织学生观摩戏剧是拓展学生学习空间的另一有效手段。在具体工作中，可以组织学生去剧场观摩戏剧，也可以邀请艺术团体进入学校演出，在学校开展艺术教育。综合实践活动课程教师可以抓住契机，介绍艺术家劳动的特点，帮助学生理解艺术领域劳动的本质，体味美育中的劳动元素。

  依托学生艺术鉴赏类社团建设为学生创造实践活动的机会，主要是引导学生参与到艺术类场馆的志愿服务活动中去，用志愿服务这种特殊形式，体验与艺术活动相近的劳动。

  志愿服务（Volunteer Service）和志愿者（Volunteer）是人类社会文明、社会进步的重要标志。志愿服务的原始意义为"因自由的意志而行事"，志愿服务的解释和定义因时间、空间、群体等因素而纷繁复杂。总体来说，志愿服务是一种自愿的，不计报酬和收入，协助他人，改善社会的服务行为。志愿者，依据中国青年志愿者协会给出的定义，是指不为物质报酬，基于良知、信念和责任，自愿为社会和他人提供服务和帮助的人。

志愿者活动始于欧美国家的博物馆。1907年美国波士顿艺术博物馆开始使用义工（即志愿者），至今志愿者活动已有100多年的历史。如今，志愿者在发达国家已是家喻户晓并普遍存在，如澳大利亚志愿者人数占全国18岁以上总人口的31%，其中首都堪培拉志愿者达8.1万人，占成人比例的36%，志愿者组织在澳大利亚社会生活方面发挥着巨大作用。社会学家认为，志愿者数量的多少、志愿服务水平的高低，一定程度上反映一个国家、一个地区、一个社会的文明水平。中国青年志愿者行动由共青团中央于1993年12月启动，并伴随建立社会主义市场经济体制的进程发展，虽然只有20余年的历史，但发展迅速，志愿服务涉及社会诸多方面，呈现出生机蓬勃的局面。其突出特点是在短时期内青年志愿者行动即获得广大青年的广泛认同和积极参与，同时在弘扬友爱、奉献、互助进步的社会风气，提高全社会的道德水平方面发挥了不可替代的作用。

学生在博物馆、美术馆从事志愿者工作，可以通过不领取报酬的志愿劳动获得"自我内心"的快乐和成就感，让通过志愿者的劳动"分享艺术的快乐"始终伴随着学生成长是教师引导学生参与艺术类志愿者活动并渗透劳动体验的目标。不仅如此，艺术类课程教师还可以发挥自己的特长，在学生参与志愿者活动的全过程辅助博物馆、美术馆开展培训，帮助学生在实践活动中提高艺术欣赏水平和参与志愿服务的劳动技能。

2. 开展艺术作品鉴赏与带领优秀学生创作活动实现艺术劳动体验

红色文化是指自中国共产党成立以来，在长期的革命战争年代形成的一系列的革命文献、文物、革命歌曲，以及革命战争遗址、纪念地、革命根据地、革命领袖人物故居，其中凝结着革命精神、革命传统和文化氛围等。红色文化本身就是一种优秀的、传统的、民族的文化。它承载了中国共产党波澜壮阔的革命史、艰苦卓绝的斗争史、可歌可泣的英雄史，以及不懈追求的奋斗史，体现了中华民族的精神品质和党的优良传统作风，是建设和发展中国特色社会主义的强大精神支柱。

因此，可以在开展艺术作品鉴赏活动时，举办"红色文化"说唱会，实现体验艺术表演劳动过程的目标。依托活动,热情讴歌中国共产党领导中国革命和建设取得的伟大成就,展现时代风貌;在开放的、友好的、情感式、体验式的艺术表演劳动情境中,在情理交融的氛围中,增进学生对于"三个选择"的认同,以及对于革命战争岁月中奋斗与牺牲的勇士的崇敬和怀念,同时通过交流合作和舞台展示,用艺术表演这种劳动形式增强参与者的自信和表达表演能力,增进学生相互之间友谊和集体凝聚力。

具体活动可以采取多样化形式,如唱红歌、朗诵红色诗词,分享红色旅游的照片、见闻,讲述革命战争时期的故事和轶事,讲述最喜爱的红色影视剧的精彩片段,表演话剧小品等。鼓励原创的以红色文化为背景的作品,可以适当增加伴舞等。演出服装、演唱或朗诵伴奏、小品道具等相关材料由参赛选手自行准备或制作。所表演必须是传承经典的红色作品,主要包括五四运动以来中国各历史时期的革命歌曲、社会主义建设时期和改革开放以来的新民歌等各类健康进步、励志向上的歌曲;战争革命、改革开放题材的诗词、散文、故事、影视剧观感、红色旅游见闻讲述等。

非艺术类院校的学生中,也有一些学生艺术素养是比较好的。教师可以通过指导艺术作品展演等活动,给学生参与艺术作品创作、提升素质的机会。

艺术作品是以具体艺术表现方法为手段,以现场或视频画面和声音为媒介或载体,在舞台或视频播放工具上创造形象,再现和反映生活的一门艺术。

艺术作品的创作是一种非常复杂的人类劳动实践活动,这是因为很多现代艺术都是向综合艺术发展的过程。人类的一些艺术门类的创作属于个体创作,比如绘画、诗歌等。然而舞台和影视作品的创作,可以说几乎包括了所有的艺术门类。比较典型的有编剧艺术、导演艺术、美术设计艺术、音乐艺术、表演艺术等,而指导学生拍摄影视作品还涉及摄影艺术、剪辑艺术、录音艺术等。很多艺术作品的创作是一个大的生产过程,而且缺少哪一门类都没有办法完成创作。在艺术创作中,这些艺术门类一般没有非常分明的界限,艺术的综合性,最大限度地吸取了这些艺术门类的手段和技巧。

艺术作品创作劳动是指艺术作品创作形成的全过程,在普通学校,拍摄影视类艺术作品的条件是比较难的。因此,舞台剧目的创作是比较典型的形式,这个过程一般要经历前期筹备、指导排练、正式演出（比赛或评比）三个阶段。当然，在学校中有时还会包括后期展演环节，这四个环节都是提高包括学生劳动素质在内的综合素养的过程。

在前期筹备阶段要帮助学生了解剧本创作的劳动过程。剧本是戏剧艺术创作的基础，指导教师首先面对的任务就是剧本创作。剧本是以文字形式表现未来剧目内容的一种文学式样，它是所有戏剧作品的文学基础，其优劣取决于作者的素养及对戏剧特性和社会生活的熟悉程度，属于戏剧文学创作范畴。剧本的创作过程，大的方面与小说创作相似，同样需要丰富的生活根基和写作技巧。其表述与结构，则要求精练严谨，要有很强的视觉形象感。完美的戏剧剧本，可以使人像是在观赏一组活动的画面，可以激发起丰富的想象和创作激情。教师可以通过讲解剧本创作的劳动过程，让学生理解艺术品创作劳动的复杂性。

演员的选择和剧本同样重要，在专业的影视和戏剧创作中，往往都是先有剧本后有演员。从演员本身的素质来讲，演员有"本色演员"和"性格演员"之分。性格演员是指善于运用表演技巧来塑造各种各样不同性格的人物演员。这类演员具有很强的可塑性，戏路较宽，擅长通过独特的表演进行人物形象的再创造，塑造出的角色不同于演员自己，不同于自己扮演过的其他人物形象，也不同于其他演员扮演过的同一人物形象，同时每一个形象都具有不同的性格。本色演员是指演员的形象比较接近于生活。在普通学校没有艺术表演类学生，非专业演员中很难挖掘出"性格演员"，只能寻找"本色演员"。不仅如此，还要根据学生熟悉的情况开展文学剧本的创作。

在剧目排练阶段，学生对剧本的理解是最关键的一环。为了让学生更好地演好角色，可以通过参观和体验剧中人物劳动方式理解人物性格，而这一过程恰恰可以实现在综合实践活动中提升学生素质的目标。

以大学生支教优秀典型武汉大学电气工程学院大三学生、支教志愿者赵小亭（1990年5月21日至2010年7月21日）遇难后其他大学生的表现为艺术创作切入点，北京农学院创作的独幕剧《杀鸡》获得第四届北京大学生戏剧节独幕剧优秀剧目奖。在排演过程中，学生对贫困地区吃住条件较差理解得不够深刻，甚至有个别学生提出了北京超市一只鸡价格并不贵的疑问。为了拍好剧目，指导教师采取了解读故事发生环境的方式，辅助创作。

为学生系统介绍胡焕庸线及其相关问题，帮助学生理解经济不发达地区生产力水平。胡焕庸线，即中国地理学家胡焕庸（1901—1998年）在1935年提出的划分我国人口密度的对比线，最初称"瑷珲—腾冲线"，后因地名变迁，先后改称"爱辉—腾冲线""黑河—腾冲线"。该线从中国东北边境的黑龙江省黑河市（原名"瑷珲"）一直延伸到中国西南边境的云南省腾冲市，大致地划分出中国人口在区域上的分布，体现了中国人口东南和西北分布区域的悬殊差异。胡焕庸线，在中国人口地理上起着画龙点睛的作用，在地理学（特别是人口地理学与人文地理学）以及人口学上，具有重大意义。它是一条奇特的线，也是中国历史与地理发展的一个分水岭。

首先，它是一条人口地理的分界线。由东北至西南，从黑龙江黑河市到云南腾冲市作一直线，就是我国的人口地理分界线。以此线为界，约有96%的人口居住在约占全国土地面积36%的东南部地区，约4%的人口居住在约占全国土地面积64%的西北部地区。

其次，它是一条自然地理的分界线。它基本上和我国400毫米等降水量线重合，两边地理、气候迥异，所以它不仅是我国人口民族地理分界线，也是我国自然地理分界线。线东南方以平原、水网、丘陵、喀斯特和丹霞地貌为主要地理结构；线西北方是草原、沙漠和雪域高原的世界。

再次，它是历史地理分界线。从历史上看，这条线是中原王朝直接影响力和中央控制疆域的边界线，是汉民族和其他民族之间战争与和平的生命线，还是中国历史地理分界线。从这条线的周边，可以清晰寻找中华文明的影响是如何从中原地带，一点点拓展到西部与北部。

最后，这条线不仅是人口的分界线、地理的分界线、气候的分界线、历史的分界线，它还是一条文明分界线：它的东部，是农耕的、宗法的、科举的、儒教的……一句话，是大多数人理解的传统中国；而它的西部，则是或游牧或狩猎，是部族的、血缘的、有着多元信仰和生活方式的非儒教中国。当下，这条看不见的线仍然主宰着中国东、西部的人口地理分布，与提出时相比，西部有些地区的人口增加了，但东多西少的格局基本上没有什么太大的变化。在此基础上，引导学生查阅贵州省、都匀市、平塘县三个层面的人均收入、文化环境等数据。

在开始排练之前,邀请学校参加支教活动的学生介绍组织农民工劳动情况,并邀请贵州来京务工人员介绍当地生产劳动水平。这样,学生虽然没有机会去实地体验生活,却比较容易理解剧本背景环境中普通居民劳动的辛苦,也逐步理解创作者所要表达的思想,为学生在排练和后期展演活动过程中把握人物形象,取得演出成功奠定了基础。

第二节 综合实践活动与劳动教育有机结合

习近平总书记在深刻阐释劳动创造的重大意义时指出:"劳动创造了中华民族,造就了中华民族的辉煌历史,也必将创造出中华民族的光明未来。"2015年4月28日,习近平总书记在庆祝"五一"国际劳动节暨表彰全国劳动模范和先进工作者大会上,阐释了唯物史观的一个重要论断:"劳动是人类的本质活动,劳动光荣、创造伟大是对人类文明进步规律的重要诠释。"

2020年3月20日印发的《中共中央 国务院关于全面加强新时代大中小学劳动教育的意见》明确指出:"以习近平新时代中国特色社会主义思想为指导,全面贯彻党的教育方针,落实全国教育大会精神,坚持立德树人,坚持培育和践行社会主义核心价值观,把劳动教育纳入人才培养全过程,贯通大中小学各学段,贯穿家庭、学校、社会各方面,与德育、智育、体育、美育相融合,紧密结合经济社会发展变化和学生生活实际,积极探索具有中国特色的劳动教育模式,创新体制机制,注重教育实效,实现知行合一,促进学生形成正确的世界观、人生观、价值观。"

笔者认为德、智、体、美、劳是一个系统有机的整体,同时劳动教育"注重教育实效,实现知行合一"属于典型的综合实践活动,而且具有"促进学生形成正确的世界观、人生观、价值观"的目标,说明劳动教育具有更加明显的思想政治教育属性。

习近平总书记在十九大报告中强调要"弘扬劳模精神和工匠精神,营造劳动光荣的社会风尚和精益求精的敬业风气"。要在劳动教育中弘扬劳模精神和工匠精神，就要首先从两个方面入手理解行业文化：一方面，研读农业本质马克思主义农业思想，理解农业劳动的基础地位；另一方面，结合劳动教育培育工匠精神，体验现代劳动文化的系统性。

一、理解马克思主义农业思想，保持涉农劳动教育的正确方向

农业生产是最重要的人类活动之一，是人类生存不可或缺的实践活动，尤其是当代全世界人口已经超过78亿人之后，没有农业是不可想象的。农业的发展，是人类发展的基础。在农业的发展历程中，农业产业的具体功能不断分化和细化，人类对农业的认识也不断深入。中国古代对农业的认识为"辟土殖谷曰农"，西方农业（Agriculture）一词来源于拉丁语Agricultura，Agri的意思是田地，Cultura是指栽培、耕作。但是，也必须看到关于农业概念外延之争古而有之。最早关于这个问题的论争可以从瓦罗在《论农业》中的叙述见到："和农业有关的是只有土地的播种呢，还是要牵连带到土地上来的诸如牛羊等这样一些东西。"瓦罗进一步分析，"因为一个所有主从他的土地直接或间接取得的一切受益，不能一律归之于农业，只有那些在播种之后，从土地里生长出来以供人们消费的东西，才可以归之于农业。"由此不难发现，古代农业的重点是种植业。

查阅古今中外文献，可以找到关于农业重要地位的论述。《尚书》中说"食为政首"，《国语·周语》中说"夫民之大事在农"，《劝农诏》中说"国以民为本，民以食为天"，《王祯农书》中提到"农，天下之大本也。故古先圣贤，敬民事，首重农"，毛泽东指出"手中有粮，心中不慌"。古希腊思想家色诺芬十分重视农业的社会地位，认为农业是其他技艺的母亲和保姆，是增加财富、维持军队开支和缴纳贡物的手段，是锻炼身体、培养技艺和造就人的手段。亚当·斯密则认为，农业提供国民经济中每年全部生产物的一部分，为都市和工业提供原料与生活资料，为工业提供了制成品的市场。

在农业产生之前，人类主要依靠简单的采集、狩猎方式生存，利用来自大自然的生物作为食品来源。此时由于没有剩余食品，人类社会发展缓慢。只有当人类生存所需的食品得到基本的满足之后，人类才能不断进步。正如马克思所论述的："最文明的民族也同最不发达的未开化民族一样，必须先保证自己有食物，

然后才能去照顾其他事情。财富的增长和文明的进步,通常都与生产食品所需要的劳动和费用的减少成相等的比例。"

以种植业和养殖业为主要形式的农业生产的出现,为人类发展提供关键条件。农业生产力和劳动生产率的不断提高,人类生存所需的食物不断增多。剩余产品增多,使得一部分劳动力可以从农业中分离出来,其他产业和经济形式逐步出现,人类开始从事其他生产和文化、政治活动。马克思认为:"在一个国家里,剩余劳动首先必须在农业中出现,然后才有可能在从农业取得原料的那些工业部门中出现。""农业劳动的这种自然生产率,是一切剩余劳动的基础,因为一切劳动首先而且最初是以占有和生产食物为目的的。"

1989年版《辞海》中对"农业"一词的解释为:"利用植物和动物的生活机能,通过人工培育以取得农产品的社会生产部门。"

农业的产生并不是人类"突如其来的灵感",而是人类长期改造自然的结果,在自身进化过程,形成人类社会与自然的关系,是改造、协调、妥协的结果。旧石器时期,农业尚未产生,制造石器、利用火,可以提高人类采集植物和捕猎动物的效率,丰富了人类食物来源。然而,在早期的采集、捕猎活动中,人们无法控制作为食物的动植物的生长和再生产,而只能靠自己的体力和耐力在自然环境中获取所需的产品,刀耕火种成为农业的表现形式。日本技术哲学家星野芳郎认为:"为了支配自然,人类领悟或认识自然规律,并把它们在实践中加以利用,这就是技术的本质。"随着时间的推移,人类关于植物、动物的知识和实践经验越来越丰富。植物、动物生长特性及其与环境关系的经验逐步成为技术知识的基础。

作为劳动教育的重要领域,农业技术的特性表现为如下几方面特点。

首先,农业技术具有复杂性。农业生产主要形式包括对农作物、畜禽的品质改良、培育、饲养、利用和繁殖,并防治为害农作物、畜禽的病虫、杂草等。为了给农业生物有机体生长创造良好的营养、温度、湿度环境,开展土壤耕作、施肥、水利灌排、机械利用等工作,干预和改造自然生态环境。生物有机体的自然机制有自己独特的特点,是具有自身的客观规律的。现代农业在使用农业技术的干预和改变动植物固有属性的过程涉及因素很多,是一个极其复杂的过程。

其次，农业技术受到空间和时间影响。空间主要指地理和气候条件，空间的差异导致完全不同的农业技术体系，如我国北方和南方种植或养殖品种、耕作方式、饲养方式和管理方式都完全不同。时间是指不同历史阶段的农业生产技术形态也大不相同。

再次，农业技术过程和农业生产过程可以在一定时期内分离。在工业领域，生产流程是对原材料进行开采、加工的过程。在生产过程中技术连续地作用于技术对象，并与生产过程几乎同步。在农业领域，生产流程则是自然再生产和经济再生产的混合体，生产对象和自然条件等因素对农业生产影响巨大。虽然，农业技术涉及耕作、栽培、管护、收获等环节，但是，农业技术并不是连续地作用于技术对象的，即农业生产实践劳动过程间断时，农作物和所养殖动物的生长过程仍然在进行，依据人类的需要、技术目的和生物生长规律生产出人类所需的农产品。正如马克思指出的："农业是一种特殊生产方式，因为除了机械过程和化学过程以外，还有有机过程，而对自然的再生产过程只要监督和指导就行了。"

最后，农业技术与自然关系十分紧密。"植物和动物是由长期以来在自然中建立起来的方式养育、生长和再生产的。它们之间的内部联系也同样自然。"在农业生产领域中，人们依靠土体作为生产资料，种植农产品，饲养动物，解决人类生存必需。农业技术的产生与使用，彻底改变了人与自然的关系。"农业导致了人与自然间一种在本质上是新的关系。人在农业实践中，应用了对于生物界的生殖规律的知识，就控制了生物界，如此就可以大大地减少依靠外界条件，这是以前所做不到的。最早的农业也许不过是仅仅把松地面，或就是园艺性质的。即使是在这样低下的水平，农业实践对于人类的物质文化和社会文化，曾起到一种爆发性的影响。和在旧石器时代任何一次转变相比较，农业就标志着一个新进步等级，其所导致的是在质的方面有所不同的一种新社会，因为在同一块土地上可以养活的人，在量的方面已大大增加了。"

马克思主义是中国社会建设的指导思想，研究马克思的相关论述对弘扬农业文化做好劳动教育意义重大。

马克思主义思想形成的时期正是在农业文明向工业文明过渡的时期，马克思十分重视农业的基础作用，他指出："一切工业劳动者都要靠农业、畜牧业、狩猎业和渔业的产品维持生活这一早已尽人皆知的经济事实。"在1868年1月3日写给恩格斯的信中，马克思写道："我想向肖莱马打听一下，最近出版的有关农业化学的书籍（德文的）哪一本最新最好？此外，矿肥派和氮肥派之争现在进行得怎样了？（从我最近一次研究这个问题以来，德国出版了许多新东西。）他对近来反对李比希的土壤贫瘠论的那些德国作者的情况了解点什么吗？他知道慕尼黑农学家弗腊斯（慕尼黑大学教授）的冲积土论吗？为了写地租这一章，我至少要对这个问题的最新资料有所熟悉。"

马克思十分重视人类对农作物生长的技术性干预。他指出："印度、波斯等地，在那里人们利用人工渠道进行灌溉，不仅使土地获得必不可少的水，而且使矿物质肥料同淤泥一起从山上流下来。兴修水利是阿拉伯人统治下的西班牙和西西里岛产业繁荣的秘密。"同时指出："所谓永久性改良——这种改良通过各种耗费资本的方法来改变土地的物理性质，部分地也改变土地的化学性质……一块土地天然是平坦的，另一块必须加以平整；一块土地有天然的排水沟，另一块则需要人工排水；一块土地天然有很深的泥土层，另一块则必须用人工去加深；一块黏性土地天然含有适量的沙，另一块则只有靠人工造成这种情况。"

农作物种类、地域、气候等因素直接导致农业技术和物种的多样性。虽然农业技术种类繁多，但归根到底还是农艺与农业生产品种两大类技术。农艺技术围绕农作物生长过程展开，耕作、栽培、管护、收获、贮藏等生产环节是该过程主要表现形式；农产品品种技术包括选种、育种、杂交、嫁接、转基因等改良农作物的方法，以及与之相关的仪器设备制造及操作使用技术。农艺流程技术是围绕农作物生长周期而展开的，例如，间苗技术只在作物的幼苗期施行，收割技术只在作物成熟期使用。在这一过程中一些现代技术进入农业领域，"一切现代方法，如灌溉、排水、蒸汽犁、化学产品等，都应当广泛地用于农业。"如施肥、灌溉技术在多数地域，对于多数农作物都是适用的，形成地域、气候、作物品种等通用技术。在农艺流程技术基础上，逐步产生了相对独立的农业生产品种技术，主要表现为育种技术体系，品种技术兼有农艺流程技术形态特征。两种技术形态相互依存、相辅相成，形成农业生产活动的技术基础。

马克思指出，在小农经济时代，"土地所有制的这种形式以及由此造成的把土地分成小块耕种的方式，排斥了采用现代农业改良措施的任何可能性"。农业生产所需土地的规模小型化奠定了小农经济的基础，马克思指出："小块土地所有制按其性质来说就排斥社会劳动生产力的发展、劳动的社会形式、资本的社会积聚、大规模的畜牧和科学的不断扩大的应用。"马克思认为："这种生产方式是以土地及其他生产资料的分散为前提的。它既排斥生产资料的积聚，也排斥协作，排斥同一生产过程内部的分工，排斥社会对自然的统治和支配，排斥社会生产力的自由发展。它只同生产和社会的狭隘的自然产生的界限相容。"马克思进一步指出："在小块地制度下，土地对于所有者全然是生产工具。但是土地的肥沃程度随着土地被割碎的程度而递减。使用机器耕作土地，分工制度，大规模的土壤改良措施，如开凿排水渠和灌溉渠等，都愈来愈不可能实行，而耕作土地的非生产费用却按照这生产工具本身被割碎的比例而递增。"

资本主义经济发展带了工业文明，也对农产品带来了巨大的需求，这必然导致农业技术科学化、工业化。马克思指出："资本主义生产方式的重要结果之一是，它一方面使农业由社会最不发达部分的单纯经验的和机械地沿袭下来的经营方法，在私有制条件下一般能够做到的范围内，转化为农艺学的自觉的科学的应用……一方面使农业合理化，从而第一次使农业有可能按社会化的方式经营。""资本能够固定在土地上，即投入土地，其中有的是比较短期的，如化学性质的改良、施肥等，有的是比较长期的，如修排水渠、建设灌溉工程、平整土地、建造经营建筑物等。"人类早期经验是农业生产活动的基础，科学发展将农业技术科学研究范围扩大。生物学、化学、生理学、遗传学、微生物学、土壤学和气象学等学科的研究成果与实验方法，逐步渗透到农学研究领域。人类通过对作物、土壤、肥料、气候等所做的大量实验，形成了农业科学门类，古典农学进化为现代农业科学。农业技术开发在科学研究基础上逐步展开，逐步以相关科学成果为依据，有目的、有计划地推进，从而打破了以经验摸索为主导的小农技术发展模式。这就是农业技术的科学化。马克思指出："随着自然科学和农艺学的发展，土地的肥力也在变化，因为各种能使土地的要素立即被人利用的手段在发生变化。""科学终于也将大规模地、像在工业中一样彻底地应用于农业。"

马克思在分析农业的发展落后于工业的原因时指出："工业的前提是比较老

的科学——力学,而农业的前提是崭新的科学——化学、地质学、生理学。""如果真正农业上的资本构成低于社会平均资本的构成,那么,这首先就表示,在生产发达的各国,农业的发展没有达到加工工业那样的程度。撇开其他一切部分有决定作用的经济情况不说,这个事实已经由下述情况得到说明:机械学,特别是它的应用,同发展较晚而且部分地还十分幼稚的化学、地质学和生理学,特别是同它们在农业上的应用比较起来,发展得比较早,而且比较快。"

马克思指出,在小农经济时代,"农民的劳动则是孤立的,他们的生产资料是零星分散的……由于农艺学的新发展,这种生产方式本身已经老朽了。""只有大工业才用机器为资本主义农业提供了牢固的基础……虽然种地的人数减少了,但土地提供的产品和过去一样多,或者比过去更多,因为伴随土地所有权关系革命而来的,是耕作方法的改进,协作的扩大,生产资料的积聚等。"

马克思在论述农业技术工业化时指出:"修建巨大规模的排水工程,采用圈养牲畜和人工种植饲料的新方法,应用施肥机,采用处理黏土的新方法,更多地使用矿物质肥料,采用蒸汽机以及其他各种新式工作机等,总之,耕作更加集约化就是这一时期的特点。"科学技术和资本迅速向农业领域渗透,在获取剩余价值的同时,也迅速改变农业技术的面貌。"在这个时代里,不单是科学的农业,而且还有那新发明的农业机械,日益使小规模的经营变成一种过时的、不再有生命力的经营方式。正同机械的纺织业排斥了手纺车与手织机一样,这种新式的农业生产方法,一定会无法挽救地摧毁小土地经济,而代之以大土地所有制。"马克思高度重视农艺学现代农业的基础性作用,他指出:"农业资本家把农艺学应用到他们的土地上来又提高了土地的出产。""在自然肥力相同的各块土地上,同样的自然肥力能被利用到什么程度,一方面取决于农业化学的发展,一方面取决于农业机械的发展。这就是说,肥力虽然是土地的客观属性,但从经济学方面说,总是同农业化学和农业机械的现有发展水平有关系,因而也随着这种发展水平的变化而变化。"

中国也一直将农业作为国民经济的基础。改革开放的总设计师邓小平同志一贯坚持经济工作要确立"以农业为基础、为农业服务"的思想,他指出,"工业越发展,越要把农业放在第一位"。因此,理解马克思主义农业思想,尤其是结合中国国情理解马克思主义中国化成果中相关理论是保持涉农劳动教育的正确方向。

二、结合劳动教育培育工匠精神

研究工匠精神十分必要,而要深入阐述这个问题,就需要首先了解工匠与工匠精神的基本特征。《辞海》《辞源》中对于工匠一词的解释十分相似:手艺工人、从事手艺的人。

在人类起源的初期,为了自身的生存,人类首先需要对生活资料进行采集,包括采集野果,捕获森林中的野兽、水中的鱼,然后进一步培植和采集农作物果实。农、林、牧、渔被归之人类生存的基础,在这个基础上才有农产品和林木的加工。

一般来说,人类在农业领域从事工作是需要技能的。但是,往往这种技能不被认为是一种手艺。这一点在中国传统文化中表现得十分明显。因此,在中国的习惯中,工匠参与的活动领域一般情况下不包括传统的农业生产内容;按照现代产业的分类,工匠参与的活动领域属于第二产业和第三产业。

从哲学角度讲,精神是过去事、物的记录及其记录的重演。首先,精神物是过去事、物在现实物中的记录。其次,精神事是精神物在现实物中的重演。记录:以新叠旧式的暂态变化;重演:以旧启新式的暂态变化。记录和重演都是沿"宇宙之道"作定向前行,即都是按"宇宙三律"作"物忆现检,趋同离异"的局部循环,其区别只在于变化前后暂态的不同。就外延方面而言,精神包括所有的精神物件和精神事件。精神物件是占空有界,拥质有限的。精神事件是历时有尽,占空有界,拥质有限的。人类精神是宇宙精神之一种,是记忆于人体中或记录于人造物中的过去事物。

2016年里约奥运会中国女排获得冠军,使人们关注一个词:女排精神。时任主教练郎平接受记者采访时说:女排精神是什么?女排精神不是赢得冠军,而是有时候知道不会赢,也竭尽全力。是你一路虽走得摇摇晃晃,但站起来抖抖身上的尘土,依旧眼中坚定。正如郎平主教练分析的,来里约前的目标是争取奖牌。这其实是对女排实力的客观评价,而从争取前三的实力到获得冠军的结果,就是精神的作用。

工匠精神，是指工匠对自己的产品精雕细琢、精益求精、追求更完美的精神理念。工匠们喜欢不断雕琢自己的产品，不断改善自己的工艺，享受着产品在双手中升华的过程。工匠精神的目标是打造本行业最优质的产品，其他同行无法匹敌的卓越产品。

首先，优秀的工匠们都是注重细节，精益求精。他们对细节有很高要求，追求完美和极致，不惜花费时间精力，孜孜不倦，反复改进产品，对精品有着执着的坚持和追求，把品质从99%提高到99.99%，其利虽微，却长久造福于世。

其次，优秀的工匠们都严谨、一丝不苟。他们在工作中不投机取巧，必须确保每个部件的质量，对产品采取严格的检测标准，不达要求绝不轻易交货。

再次，优秀的工匠们都具有耐心、专注、坚持的特质。他们在工作中永远不会停止在专业领域追求进步，无论是使用的材料、设计还是生产流程，都在不断完善，努力实现不断提升产品和服务的目标。

最后，优秀的工匠们都是专业、敬业的。工匠精神的目标是打造本行业最优质的、其他同行无法匹敌的卓越产品。

当今社会心浮气躁，追求"短、平、快"（投资少、周期短、见效快）带来的即时利益，从而忽略了产品的品质灵魂。因此企业更需要工匠精神，才能在长期的竞争中获得成功。当其他企业热衷于"圈钱、做死某款产品、再出新品、再圈钱"的循环时，坚持"工匠精神"的企业，依靠信念、信仰，看着产品不断改进、不断完善，最终，通过高标准要求历练之后，成为众多用户的骄傲，无论成功与否，这个过程中他们的精神是完完全全的享受，是脱俗的、也是正面积极的。

"工匠精神"出现在政府工作报告中，让人耳目一新，有媒体将其列入"十大新词"予以解读。古语云："玉不琢，不成器。"工匠精神不仅体现了对产品精心打造、精工制作的理念和追求，更是要不断吸收最前沿的技术，创造出新成果。

工匠精神落在个人层面，就是一种认真精神、敬业精神。其核心是：不仅仅把工作当作赚钱养家糊口的工具，而是树立起对职业敬畏、对工作执着、对产品负责的态度，极度注重细节，不断追求完美和极致，给客户无可挑剔的体验。将一丝不苟、精益求精的工匠精神融入每一个环节，做出打动人心的一流产品。与工匠精神相对的，则是"差不多精神"——满足于90%，差不多就行了，而不追求100%。我国制造业存在大而不强、产品档次整体不高、自主创新能力较弱等现象，多少与工匠精神稀缺、"差不多精神"显现有关。

要结合劳动教育培育工匠精神，需要从两方面入手，一方面，要认真研究其他国家的工匠精神；另一方面，发现和弘扬中国传统的工匠精神。笔者认为，值得我们学习和借鉴的典型国家，在欧洲是德国，在亚洲是日本。

在世界上很多人的印象中，德国产品的特点是结实、耐用和精美，有高质量的保证。德国产品赢得全世界尊敬的原因，是和德国人严谨、一丝不苟和精益求精的"工匠精神"密切相关的。而使德国人具备"工匠精神"的社会环境特点是值得深入研究和学习的。

德国作为世界瞩目的制造业强国，源于国家一直以来注重制造业人才的培养，其关键因素在于德国的"双元制"职业教育体系。德国小学生四年毕业之后就会面临人生最重要的一次"分流"。成绩优异的学生会进入文理中学，准备报考研究型大学。其他人数众多的学生将进入为职业教育打基础的中学，这部分学生中学毕业之后或者经过职业培训后就业，或者进入应用科学大学继续学习。在"双元制"教育体系中，进入为职业教育打基础的中学学习的学生可以交替在学校和企业学习，学校讲授理论知识，企业提供实践操作机会。德国政府规定德国企业需要义务提供职业教育的培训岗位，这样就可以保证进入职业教育体系学习的学生能够顺利进入企业或者工厂，跟随有经验的技师学习第一手的应用型知识。学生在企业实习过程中，企业对学生的培训工作都会着眼于解决实际问题，师傅传授给学徒的都是当下应用在生产第一线的实用知识和技术，这样，学生们在学校所学习的理论知识指导下，经过在企业中的实习和培训，就会取得职业认证资格，这样的毕业生就很容易成为企业不同生产岗位上合格的技师。因此，在企业实习和培训的学生，是未来企业生产线上的员工，德国企业在与学校合作开展职业培训工作都会十分认真、一丝不苟。不仅如此，企业为了保证自身的长期发展，还会想方设法留住优秀的实习学生。值得一提的是，德国的职业教育尤其是高等职业教育并不等同于低学历。在应用科学大学，毕业生同样可以获得硕士学位，这类高校为德国输送了七成左右的工程师。

在德国，工程师是所有职业中收入最高的职业之一，仅排在医生和律师之后，位列第三。即使是没有接受过高等教育的技师的收入也会高于全国平均工资，较高的收入使工厂里的技师和工程师成为受人尊敬的职业选择。不仅如此，德国技师还拥有顺畅的晋升通道，技师还可以进入应用科学大学，取得文凭后成为工程师。德国的很多技师除了生产之外，还能同时维护设备和负责质量检查，生产上多面手使他们更具备竞争力。在把产品质量视为企业生命的德国，一个技师出现两次以上的错误将面临巨大的职业压力；一个技师因为生产中出现质量问题而被解雇，今后很难再在行业内找到新的工作。因此，技师非常重视产品质量，这也是德国人形成严谨、一丝不苟和精益求精的"工匠精神"的原因之一。

在德国的历史上，十分重视中小企业发展，并将中小企业视作国家经济支柱。在商业领域，绝大部分德国企业都是中小企业。德国的中小企业有着其他国家同类企业不具备的特征：首先，很多德国中小企业都是历史悠久的家族企业；其次，绝大多数德国中小企业都不会因为短期的市场波动随意改变原有的较长期的发展战略；最后，德国中小企业大多会从一个看似不太起眼的细分市场开始"深耕"，不断积累技术优势，最终拥有全球领先的技术，成为行业领先者。掌握行业内最顶尖的技术，打造质量最高的产品是德国中小企业的共同的理念。德国的"工匠"们追求的是用最好的技术打造最好的产品，这样，产品就会位于行业顶端，售价很高。

制造业强国日本培育"工匠精神"是以其"匠人精神"为载体的。日本学者认为："匠人精神"是得益于一贯吸收中国古典文化精髓，逐步形成的日本精神文化。"匠人文化"的实质是中国的传统思想与日本固有精神的结合，匠人和农民都认为自己的工作是"天职"，必须对天忠诚，因此都会竭尽全力用心工作。日本的农民文化、町民文化和武士文化的基础都来自中国。

日本是一个资源匮乏的国家，市场竞争激烈，在激烈的竞争环境中企业必须努力以质取胜，追求精益求精，生产更精良的产品。在日本，由政府主导的科技研发，在数量上仅占日本科技创新的20%，其余80%的科技创新都是由企业完成的。日本企业生产和开发是一体的，注重创新，企业不创新就会倒闭。因此可以说，民间企业是日本科技发展的主力，"匠人精神"是日本科技发展的源泉。

在日本，企业主动学习新技术和新知识开展自主创新、提高工作熟练程度，形成了日本经济发展的重要支柱。生产高附加值的产品必须依靠高素质的劳动者，只有经历不计较眼前利益、不辞劳苦、努力学习技能的过程，才能培养高水平的技术工人。因此，体力劳动和脑力劳动收入差别不大，工人的薪资水平在全世界都处于前列，蓝领工人在社会上也受到相当尊敬。坚实的物质基础使得技术工人可以全身心投入工作当中，不断创造出新产品。

中国的手工业是经过历史积淀的行业，也是中国传统工匠精神的源泉。如何解决当前面向大众的传统工艺产品设计单调、制作简陋、包装低劣等问题？怎样改善传统工艺领域模仿传统的多、创意创新的少，陈设把玩的多、实用日用的少，大众的不精致、精致的不大众等现象？文化部[1]在全国非遗[2]保护工作会议上提出启动制定传统工艺振兴计划，促进传统工艺走进现代生活、现代设计走进传统工艺，促进传统工艺提高品质、形成品牌、走进生活、增加就业。

继承和发展传统工艺，日本的一些做法是值得借鉴的。事实上，日本的"工匠精神"不只表现在制造业工厂，还存在于大量民间手工艺人身上。日本《文化财产保护法》将工艺技术作为需要保护的非物质文化遗产，非物质文化传人不仅受到社会各界尊重，其中的重要非物质文化遗产传承人更是社会地位甚高。日本政府为了保护重要无形文化财产，对"人间国宝"每年提供200万日元的特别扶助金；同时，为培养传承者的项目和公开展示文化遗产的项目补贴部分经费。学习民间手工艺必须经过长期培训才能出师，而工艺品制作异常烦琐，原料也不便宜，所以利润并不丰厚。如漆器表面镶嵌的贝壳和象牙雕刻，所用原料都非常昂贵，算上原料和成本，几乎没有利润可言，从业的匠人能坚持下去多是出于对传统手工艺的热爱和希望将技术传下去的愿望。在日本，对传统工艺的热爱是大多数人在经济状况很一般的情况下坚持行业的原因。

---

[1] 中华人民共和国文化部，简称文化部。2018年国务院机构改革，不再保留文化部，组建中华人民共和国文化和旅游部，简称文化和旅游部。

[2] 非物质文化遗产，全书简称非遗。

党的十八届五中全会明确提出，要"构建中华优秀传统文化传承体系，加强文化遗产保护，振兴传统工艺"。振兴传统工艺上升为国家战略，是对非遗保护工作的新要求，也是全面提升非遗保护水平的新契机。文化部启动制定传统工艺振兴计划，基本目标是在尊重非遗真实性、整体性和传承性的前提下，搭建起传统工艺与艺术、学术、现代科技、现代设计及当代教育的桥梁，明显提高传统工艺从业人群的传承水平，明显提高传统工艺为现代大众的接受程度，明显提高传统工艺制品的品质和效益，明显提高传统工艺对城乡就业的促进作用。

围绕传统工艺振兴计划的制定，未来文化和旅游部将着重开展三项措施。一是以传统工艺为重点实施好研修研习培训计划，进一步选择能够充分反映手工精神、生活化程度高、产品可成系列的项目，协调高校和企业开展更加专门的研修、研习及培训，帮助传统工艺从业者开阔眼界，提高设计和制作水平，着重培养其走进生活的意识和追求精致与完美的手工精神。二是鼓励和支持优秀文创企业、设计企业和高校到民族地区及传统工艺项目所在地，包括各个文化生态保护实验区，设立工作站。三是支持商业网站与相关专业网站设立传统工艺展示和销售平台，帮助传承人推介传统工艺产品，特别是其创新产品。

与上述三项措施相配套，文化和旅游部还将鼓励和支持企业与高校申请设立文化和旅游部重点实验室，解决与传统工艺相关的关键技术问题；以民族地区和18个文化生态保护实验区为重点，依托传统村落和历史文化街区，再增设一批非遗传习中心，促进形成浓厚的传习和交流氛围；在具备条件的历史文化街区、文化生态保护实验区、自然与人文景区，支持设立非遗展示、展演和产品展销基地；利用非遗节、非遗博览会等平台，举办多种形式的传统工艺比赛。

培养年轻人对传统工艺的喜爱，使他们能够耐得住性子学习，十分重要。有关部门和学校，尤其是培养技能型人才的职业院校，应该抓住这一契机，邀请非物质文化传承人作为校友教师，与现代教育有机结合，推动工匠精神培养。

在大工业时代，如何全方位理解工匠精神是一个比较现实的问题，如下问题是值得关注的。

一方面，应当以系统论观点为指导，把塑造工匠精神工作植入大工业化时代背景之中；以引导未来从业者自觉遵守职业道德为第一要务，保证高校培养的毕业生迅速适应企业的发展。工匠精神的实质是对职业道德的遵守。职业道德是指从事一定职业的人在职业生活中应当遵循的具有职业特征的道德要求和行为准则，涵盖了从业人员与服务对象、职业与职工、职业与职业之间的关系。包括爱岗敬业、诚实守信、办事公道、服务群众、奉献社会。工匠精神崇尚劳动和贡献社会的人生价值，主张通过积极的劳动创造奉献人生、改变世界，这有助于在公众中引导确立正确的社会价值观。工匠精神尊崇爱岗敬业、诚实守信、服务群众、奉献社会的职业道德规范，有助于规范行业和社会主义市场秩序。我们正处在积极应对经济新常态，转变经济发展方式，实施创新驱动发展战略的新时代，需要所有职业的从业者自觉遵守职业道德，弘扬工匠精神；因此，弘扬工匠精神是对一切职业的道德呼唤。

要把专业技能水平培养提到重要地位，使之与职业道德有机结合。在现代化的大生产中随着产品精度的提高，企业的废品率也会相应提高；要在保证精度的情况下降低废品率，只能靠提高技术水平以及生产者的技能水平。只有职业道德没有技能也不可能做好工作，只有让拥有高尚职业道德的工匠具备更高的专业技能水平，才能更好地为中国特色社会主义现代化建设，实现"两个一百年"作贡献。

另一方面，要把培养工匠精神和提高创新意识、创新能力结合起来。近现代工业发展进程中，美国之所以成为全球经济的领先者，关键在于其不断创新。因此，创新意识和创新能力是大工业化时代工匠精神不可缺少的要素。对于当下的中国而言，工匠精神具有特殊意义，它契合于以改革创新为核心的时代精神，有助于诠释和展现中国精神的力量。工匠精神是在平凡的岗位上为社会作贡献，尤其体现了职业道德中的爱岗敬业与奉献社会。在当代中国，社会发展离不开改革创新，改革创新是社会发展的重要动力。改革创新是进一步解放和发展生产力的必然要求；改革创新是全面深化改革、推动经济社会全面发展的重要条件；改革创新是建设社会主义创新型国家的迫切需要。

首先，研究工匠精神培养就要把工匠和工匠精神放到社会发展的大背景下去综合思考。虽然，工匠可以不花时间和精力去研究哲学、社会学，但是，高等职业教育研究者、高等职业教育工作者，需要研究和思考与工匠和工匠精神密切相关的哲学、社会学问题，例如，探讨实践活动特点及发展规律，研究工匠及其生产实践系统的主要内容，分析培育工匠精神的主客体特点及其矛盾关系。这些工作看起来与工匠技能培养没有关系，却是培育工匠精神、教授工匠技能等工作的前提。只有解决相关的哲学问题，才能确保培育工匠精神工作获得思想方法的支持。

其次，工匠精神是抽象的，但又需要以过硬的技能为基础。就像女排精神一样，有人说要学习女排精神并发扬光大，可是仅仅学精神是不够的。中国男子足球队2018年参加世界杯预选赛亚洲区决赛阶段比赛，首场虽然输给了韩国，但是打出了气势，于是国人满意，认为女排精神学好了。可是，认真反思不难发现，女排精神应该是一直都在的，中国队世界大赛五连冠时存在，里约奥运会一路拼搏最终夺冠时存在，甚至在战绩不理想时也是存在的。因此，一个优秀的工匠或一群优秀的工匠，不会因为境遇或生产实践环境变化了就失去了工匠精神。我们谈培养工匠精神，不能就精神而谈精神，在当下一名工匠需要掌握现代的科学技术知识，并把知识与不断进步的技能有机结合，这是工匠赖以谋生的资本，也是工匠生产实践系统的基础，更是塑造工匠精神的奠基石。

再次，工匠与技术、技能以外问题的关系可能有多种情况，在工匠精神培养中应当高度重视思想品质和职业道德的培养。工匠的社会责任感往往表现为他们对社会和工作的态度。热爱国家、立志服务社会、坚持精益求精生产高质量的产品是工匠精神的表现。这些优秀的品质以往大多是通过师傅带徒弟的方式去实现，越来越多的现代工匠都是经过高等职业院校系统学习后走向生产实践第一线的，因此，高等职业院校有义务在思想政治教育理论课程教学和实践活动体系中把热爱国家、社会责任感教育内容与学生从业涉及的问题结合起来，培养优秀工匠所需的品质，并将职业道德教育融入其中，形成有利于培育工匠精神的思想政治教育工作体系。

复次，优秀的工匠不看非技术、技能方面的书刊，也有可能在自己的实践中去琢磨、总结、概括一些规律。但是，必须承认这条道路是相对漫长的，得到的结论往往因为不具备明晰的条理，甚至会不正确、不系统和不全面。如果能够在学习过程中增加一些相关课程，引导他们进行一些课外阅读，并且与自己在实践活动中的体验——对照，往往会较快地得到有益的启示。工匠也有不同的类型和层次。有的从事制造、操作、维修工作刚刚入门，有的是工作多年的高级技师，后者工作经验丰富，会更加理解对工匠开展非技术、技能教育的重要性。因此，虽然在传统的以工厂生产线为载体的工匠培养体系中，往往要等到工匠成为高级工人、工人技师、高级技师后才会有人意识到要学习非技术、技能方面的知识；但是，当代中国高等职业教育发展是迅速的，在高等教育阶段就应当把工匠参与创新活动所需要的创造性思维、问题意识，乃至于工匠取得成果后，总结、传播经验所需的表达能力这些曾经被学校忽视而没有纳入教学体系的内容编写进教学计划。

最后，工匠精神培养是系统性工作，综合、全方位的实践能力培养是培养工匠精神的另一重要内容。工匠的工作是最直接地改造世界，他们实践的成果也被广泛传播使用。虽然工匠的工作也需要总结，甚至可以提炼出工匠精神，但是，工匠工作仍然是具体实践活动，不需要坐而论道。因此，在高等职业院校中坚持实践教学与理论课程相结合，建立双师型教师团队，引进优秀工人高级技师作为学校兼职教师，建立起具有自身特色的第二课堂校内实习、实践体系。在此基础上，开拓校外教育空间，努力与相应的公司、企业合作建设学生能够真正参与到生产实践活动之中的实习基地；创造学生顶岗实习条件，让学生提前到企业生产第一线认师傅、学本领，给学生创造尽快适应未来工作环境的机会。这样就可以培养出进入企业后马上就能用得上的人才，学生的竞争力也会迅速提升。学生毕业后进入企业也有机会把所学知识和技能用到工作中，迅速脱颖而出，成为后备技师以及工匠精神的传承者。

参考文献

阿奇舒勒，2004. 哇！发明家诞生了创造性解决问题的理论与方法 [M]. 舒利亚克，英译，范怡红，黄玉霖，汉译. 成都：西南交通大学出版社.
巴里·康芒纳，1997. 封闭的循环 [M]. 侯文蕙，译. 长春：吉林人民出版社.
班固，2005. 汉书 [M]. 北京：中华书局.
贝尔纳，1959. 历史上的科学 [M]. 伍况甫，译. 北京：科学出版社.
贝塔朗菲，1987. 一般系统论 [M]. 林康义，等译. 北京：清华大学出版社.
陈昌曙，1993. 哲学视野中的可持续发展 [M]. 北京：中国社会科学出版社.
陈昌曙，2012. 技术哲学引论 [M]. 北京：科学出版社.
陈淑连，黄日恒，1992. 机械设计方法学 [M]. 北京：中国矿业大学出版社.
邓小平，1983. 邓小平文选：第2卷 [M]. 北京：人民出版社.
恩格斯，1972. 自然辩证法 [M]. 北京：人民出版社.
冯友兰，1984. 三松堂学术文集 [M]. 北京：北京大学出版社.
傅世侠，罗玲玲，2000. 科学创造方法论 [M]. 北京：中国经济出版社.
高志亮，李忠良，2004. 系统工程方法论 [M]. 西安：西北工业大学出版社.
韩非，1995. 韩非子·五蠹 [M]. 北京：北京燕山出版社.
韩非，2010. 韩非子·显学 [M]. 呼和浩特：人民出版社.
黑格尔，1980. 小逻辑 [M]. 贺麟，译. 北京：商务印书馆.
黄楠森，杨寿堪，1993. 新编哲学大辞典 [M]. 太原：山西教育出版社.
简召全，2011. 工业设计方法学 [M]. 3版. 北京：北京理工大学出版社.

金林祥，胡国枢，2009. 陶行知词典［M］. 上海：上海百家出版社.

景中强，2004. 马克思精神生产理论研究［M］. 北京：中国社会科学出版社.

李喜先，等，2005，技术系统论［M］. 北京：科学出版社.

李宗正，1996. 西方农业经济思想［M］. 北京：中国物资出版社.

梁启超，2003. 梁启超散文［M］. 上海：上海科学技术文献出版社.

列宁，1956. 哲学笔记［M］. 中央编译局，译. 北京：人民出版社.

列宁，1990. 列宁全集［M］. 北京：人民出版社.

林政春，1993. 社会调查［M］. 台北：台湾五南图书出版公司.

刘向兵，2020. 劳动通论［M］. 北京：高等教育出版社.

罗玲玲，1998. 创造力理论与科技创造力［M］. 沈阳：东北大学出版社.

罗玲玲，2006. 创新能力开发与训练教程［M］. 沈阳：东北大学出版社.

马克思，1975. 资本论［M］. 北京：人民出版社.

马克思，1995. 资本论［M］. 北京：人民出版社.

马克思，2006. 1844年经济学哲学手稿［M］. 北京：人民出版社.

马克思，恩格斯，1961. 马克思恩格斯全集［M］. 北京：人民出版社.

马克思，恩格斯，1963. 马克思恩格斯全集［M］. 北京：人民出版社.

马克思，恩格斯，1971. 马克思恩格斯全集［M］. 北京：人民出版社.

马克思，恩格斯，1972. 马克思恩格斯全集［M］. 北京：人民出版社.

马克思，恩格斯，1974. 马克思恩格斯全集［M］. 北京：人民出版社.

马克思，恩格斯，1975. 马克思恩格斯全集［M］. 北京：人民出版社.

马克思，恩格斯，1980. 马克思恩格斯全集［M］. 北京：人民出版社.

马克思，恩格斯，1995. 马克思恩格斯全集［M］. 北京：人民出版社.

迈克尔 A. 奥尔洛夫，2010. 用 TRIZ 进行创造性思考实用指南［M］. 2版. 陈劲，朱凌，郑尧丽，等译. 北京：科学出版社.

毛泽东，1991. 毛泽东选集［M］. 北京：人民出版社.

毛泽东，1999. 毛泽东文集［M］. 北京：人民出版社.

内尔·诺丁斯，2009. 幸福与教育［M］. 龙宝新，译. 北京：教育科学出版社.

庞元正，董德刚，2004. 马克思主义哲学前沿问题研究［M］. 北京：中共中央党校出版社.

钱学森，等，1987. 组织管理的技术——系统工程［N］. 文汇报，1987-09-27（1）.

乔治·巴萨拉，2000. 技术发展简史［M］. 周光发，译. 上海：复旦大学出版社.

乔治·巴萨拉，2002. 技术发展史［M］. 周光发，译. 上海：复旦大学出版社.

施培公，1999. 后发优势［M］. 北京：清华大学出版社.

斯塔夫里阿诺斯，1999. 全球通史［M］. 吴象婴，等译. 上海：上海社会科学院出版社.

宋应星，2008. 天工开物［M］. 沈阳：万卷出版社.

孙国林，2010. 毛泽东"古为今用　洋为中用"批示的来龙去脉［J］. 党史博览（11）：42-43.

陶行知，1937. 什么是生活教育，生活教育社编. 生活教育论集［G］. 上海：上海书店出版社.

瓦罗，1981. 论农业［M］. 王家绶，译. 北京：商务印书馆.

王维堤，唐书文，1997. 春秋公羊传译注［M］. 上海：上海古籍出版社.

吴明泰，刘武，谢燮正，1985. 工程技术方法［M］. 沈阳：东北工学院出版社.

习近平，2014. 习近平谈治国理政［M］. 北京：外文出版社.

习近平，2014. 习近平在参加北京市海淀区民族小学庆祝"六一"国际儿童节活动时强调：让社会主义核心价值观的种子在少年儿童心中生根发芽［N］. 人民日报，2014-05-31（1）.

习近平，2016. 习近平在全国高校思想政治工作会议上强调：把思想政治工作贯穿教育教学全过程　开创我国高等教育事业发展新局面［N］. 人民日报，2016-12-09（1）.

习近平，2016. 在庆祝中国共产党成立95周年大会上的讲话［N］. 人民日报，2016-07-02（2）.

习近平，2017. 决胜全面建成小康社会 夺取新时代中国特色社会主义伟大胜利——在中国共产党第十九次全国代表大会上的讲话［M］. 北京：人民出版社.

许登孝，2003. 孟子导读［M］. 成都：四川辞书出版社.

亚里士多德，1965. 政治学. 吴寿彭，译. 北京：商务印书馆.

亚历山大·科萨科夫，威廉姆·N. 斯威特，2006. 系统工程原理与实践［M］. 胡保生，译. 西安：西安交通大学出版社.

杨清亮，2008. 发明是这样诞生的：TRIZ理论全接触［M］. 北京：机械工业出版社.

易杰雄，2000. 创新论［M］. 合肥：安徽文艺出版社.

于克旺，1986. 试论系统的概念和分类［J］. 理论探讨（4）：79.

约翰·齐曼，2002. 技术创新进化论［M］. 孙喜杰，曾国屏，译. 上海：上海科技教育出版社.

岳增瑞，2002. 努力成为勇于和善于创新的典范［J］. 求是（20）：21-23.

张牧，1989. 新安旅行团的诞生［M］//载陈明，等. 烽火五万里：回忆新安旅行团. 北京：北京城市经济社会出版社.

张伟刚，2006. 科学方法论［M］. 天津：天津大学出版社.

张子睿，2005. 创造性解决问题［M］. 北京：中国水利水电出版社.

张子睿，2008. 大学生创新与创业能力提升［M］. 北京：科学出版社.

张子睿，2015. 创造创新理论与实践［M］. 北京：光明日报出版社.

赵惠田，谢燮正，1987. 发明创造学教程［M］. 沈阳：东北工学院出版社.

朱文坚，刘小康，2006. 机械设计方法学［M］. 2版. 广州：华南理工大学出版社.

邹珊刚，1987. 技术与技术哲学［M］. 北京：知识出版社.